슬기바다 **10**

육도·삼략

태공망(太公望) · 황석공(黃石公) 지음 | 유동환 옮김

홍익

·

·

『육도·삼략』을 펴내며

올해는 병서와 함께 했던 한 해였다. 일찍 찾아온 더위와 함께『손자』를 읽었고, 한 여름의 흘러내리는 땀 속에서『육도』와『삼략』을 옮기다 가을을 맞이하였다. 돌이켜 보면 병서와의 인연은 홍익출판사에서 병서를 교열하면서 시작되었다.『손빈병법』,『이위공문대』,『사마병법』,『오자병법』,『제갈량병법』을 교열 보면서 새롭게 병서의 매력에 빠져들게 되었다.

그 과정에서 병서란 싸움판에서 쓰이는 권모술수나 모략술에 지나지 않으리라는 생각은 여지없이 깨지고 말았다. 다른 사상서와 마찬가지로 하늘과 땅과 사람이라는 중국 철학이 그리는 온 세상에 대해서 매우 깊고 정교한 통찰이 담겨져 있었다. 게다가 쉽게 인의도덕이니 천명이니 본체니 하는 형이상학의 가설들을 던져 놓고도 현실에서 한 발을 빼 버리는 다른 정통 사상들과 달리, 병가의 사상들은 가혹한 현실에서 한 발도 떼지 않는 굳건한 책임 의식도 발견할 수 있었다.

싸움의 책인 병서에서는 오히려 싸우라고 가르치지 않는다. 정말로 피할 수 없을 때, 어쩔 수 없는 최후의 방법이 전쟁이라고 가르치고 있다. 모략의 책인 병서에서는 오히려 모략보다는 대의명분을 강조한다. 위로는 군주로부터 아래로 백성에 이르기까지 모두 전쟁의 이유를 공유하여 한 마음이 됐다면 이를 성공시키기 위해서 모략이 필요한 것이다. 병서에는 전쟁 없는 세상을 그리는 이상이 있다.

어쨌든 남의 글을 읽거나 옮기는 과정을 통해서 '무경칠서' 가운데 『울료자』를 제외하고 거의 다 접해 보았다. 병학의 드넓은 세계에 한 발 들여놓은 데에 지나지 않겠지만 잠시 쉬었다가 우리나라에 많은 영향을 미친 송명시대 이후의 병서들 가운데 좋은 작품들과 다시 만나보고 싶다.

사실 이번의 『육도』와 『삼략』 작업은 병학의 비조인 손자를 옮겼으니 그다음 책쯤이야 하는 자만심에서 출발하였다. 그런데 아뿔싸, 곳곳이 지뢰밭이었다. 먼저 위서 논쟁이 분분한 책인 만큼 두 책의 내용에 뒤섞여 있는 여러 시대의 용어와 사상들을 갈래 지우는 데 무척 힘이 들었다. 또한 고대 문장의 압축적인 표현은 적과 아군의 어느 쪽을 주어로 보아야 하는지 여러 주석서들조차 헷갈리고 있어서 도무지 장님 코끼리 만지기였음을 고백하지 않을 수 없다. 독자들은 이 점을 염두에 두고 차분히 읽어 주기 바란다. 이러한 난관을 통과해서 차분히 읽는다면 다른 병서와 달리 통치술에서 전략전술에 이르기까지 큰 스케일로 전개되는 두 책의 세계와 만날 수 있을 것이다.

한 가지 아쉬운 점은 『손자병법』에서는 죽간본에서 새로 발견한 없어진 다른 부분들을 복원하였지만, 이번에는 여러 병서와 역사서에 남겨진 『육도일문』을 발견하고도 작업을 완성하지 못하였다. 의례적으로 보이지만 나중에 완성하겠다는 약속을 남긴다.

덧붙여 성큼 성큼 지나간 부분을 치밀하게 집어내며 꼼꼼하게 글을 교열해 준 홍성민 동학에게 감사한다. 마지막으로 여름 한철 연구실을 집삼아 나가는 하숙생 아빠를 붙잡으며 졸라댄 맏딸 혜민이에게는 미안한 마음을, 멋모르고 빠이빠이 해준 방글이 혜준이에게는 고마운 마음을 전한다.

토끼해 한가위 다음날 방학동 두루재에서
유동환 삼가 적다

『육도』차례

옮긴이의 말 ·· 2

제왕의 용병술과 용인술의 비전, 『육도』와 『삼략』 ······················· 8

문도(文韜) ·· 34

무도(武韜) ·· 73

용도(龍韜) ·· 91

호도(虎韜) ·· 140

표도(豹韜) ·· 179

견도(犬韜) ·· 200

상략(上略) ·· 228

중략(中略) ·· 258

하략(下略) ·· 268

文韜

文師

文王將田史編布卜曰田於渭陽將大得焉非龍非彲非
虎非罷兆得公侯天遺汝師以之佐昌施及三王文王曰
兆致是乎史編曰編之太祖史疇爲禹占得皐陶兆比於
此文王乃齋三日乗田車駕田馬田於渭陽卒見太公坐
茅以漁文王勞而問之曰子樂漁邪太公曰臣聞君子樂
得其志小人樂得其事今吾漁甚有似也殆非樂之也文
王曰何謂其有似也太公曰釣有三權禄等以權死等以

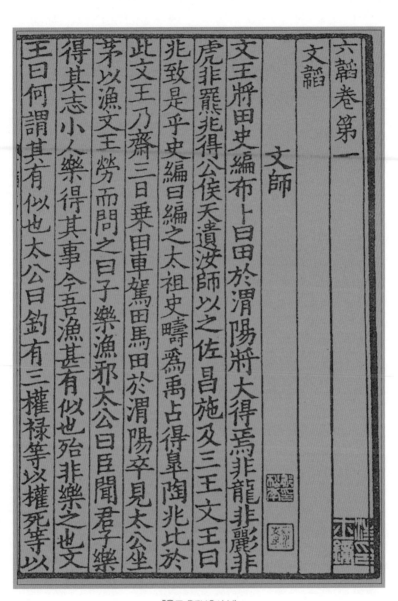

『육도』(『백부총서』본)

제왕의 용병술과 용인술의 비전,
『육도』와 『삼략』
— 하늘과 땅과 사람을 아는 자가 천하를 얻는다

중국의 춘추전국시대가 제후국 사이의 투쟁의 역사였다는 것은 잘 알려져 있다. 약 500년에 걸쳐 진행된 전쟁이 얼마나 심한 것이었을까? 그

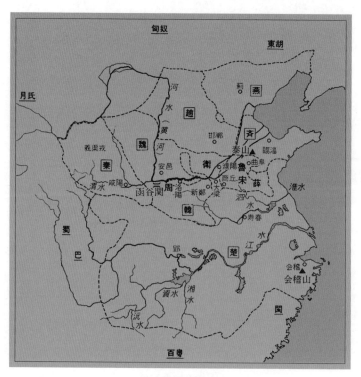

전국시대 칠웅도

창병(槍兵)

마부(馬夫)

궁수(弓手)

전국시대의 전차와 승무원 구성

것은 단적으로 춘추시대 초기에 131개나 되던 작은 성읍 국가들이 춘추
말기에는 칠웅(七雄, 秦·楚·齊·燕·韓·魏·趙)이라 불리는 겨우 7개 나라로
압축되어 버렸다는 한 가지 사실만으로도 쉽게 상상할 수 있다. 그런데
이 시대의 격렬한 투쟁을 더욱 촉진한 것은 아마도 춘추시대 말기에 발
명된 풀무[鞴]를 이용한 야금 기술의 비약적인 진보 때문이었을 것이다.

그때까지는 2마리 내지 4마리의 말이 끄는 두 바퀴 전차(戰車)에 활을
든 궁수(弓手)와 청동으로 만든 창[矛]을 손에 든 장창병 그리고 말을 모
는 마부까지 3명의 귀족 장교가 타고, 그 뒤에 20명 남짓 보병이 뒤따르
는 형태가 부대 편성의 기본 단위였다.

그런데 쏟아져 나온 철제 병기의 출현은 뛰어난 파괴력과 함께 200여
미터의 사정거리를 갖고 있는 쇠뇌[弩]의 발명, 단독으로 움직이는 기병

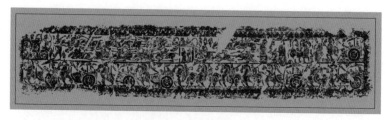

기병과 전차의 출현

(騎兵)의 도입과 서로 어울려서 삽시간에 전차 중심의 전투 형태를 과거의 유물로 밀어내 버렸다. 그리고 싸움 자체의 성격, 규모, 속도 등을 그 전과는 비교도 되지 않을 정도의 격렬한 것으로 바꾸어 버렸다.

한편으로 야금 기술의 비약적인 진보는 농업 생산의 능률도 획기적으로 증대시켰다. 그 결과 잉여생산물이 생겨나게 되었고, 잉여생산물의 교환을 위해 상업이 발달하였으며, 수공업의 발전을 재촉하면서 우후죽순처럼 크고 작은 지방도시가 형성되기에 이르렀다. 이러한 경제적 상황의 변화는 대가족을 중심으로 토지에 종속되는 종법적인 혈연 공동체를 해체시켰고, 백성들이 처음으로 자유롭게 움직이고 말할 수 있게 만들었다. 이른바 제자백가의 시대를 부른 것이다. 그러나 한편으로 그만큼 경제적 이윤을 차지하려는 투쟁은 더욱 가열되었던 시대였다.

그런 의미에서 중국에서 춘추전국시대는 그야말로 피가 피를 부르는 전쟁의 시대인 동시에 그 가혹한 난세를 어떻게 살아나갈 것인가에 대한 모색이 활발하게 이루어진 시대이다. 다양한 개성이 연달아 튀어나와, 저마다의 주장을 경쟁하던 질풍노도의 전환기라고 해도 지나친 말은 아니다.

병법 분야에서도 병가의 시조라고 하는 『손자』(孫子)의 지은이 손무

(孫武)는 춘추시대 말기, 『오자』(吳子)의 지은이 오기(吳起)는 전국시대 초기, 『손빈병법』(孫臏兵法)의 손빈(孫臏)은 전국시대 중기에 활약하였다. 오래 전부터 전해져 온 엄청난 병서들이 거의 이 시대 전후의 경험에 기반을 두고 쓰여졌다.

병가의 시조 손무

물론 『육도』(六韜)와 『삼략』(三略) 역시 지은이와 전승 과정에 대한 수많은 의견에도 불구하고 춘추전국시대의 경험에서 자유롭지 않은 병서이다. 그리고 이러한 경험을 승화시켜 명실상부한 병서의 바이블로『손자』,『오자』,『사마법』(司馬法),『울료자』(尉繚子),『이위공문대』(李衛公問對)와 함께 '무경칠서'(武經七書) 가운데 한 책으로 뽑혀 널리 전해져 내려왔다.

1. 『육도』와 태공망

먼저 『육도』는 「문도」(文韜), 「무도」(武韜), 「용도」(龍韜), 「호도」(虎韜), 「표도」(豹韜), 「견도」(犬韜)의 6권 60장으로 이루어져 있는 책이다. 제목의 '도'(韜)는 본래 활이나 칼을 넣어두는 활집이나 칼집을 가리키며 '도'(弢)자와 같은 글자이다. 또한 '거둔다', '싼다', '감추다', '곳간', '창고'라는 뜻도 있다. 이런 뜻이 발전해서 지혜의 보고(寶庫), 가슴속에 감

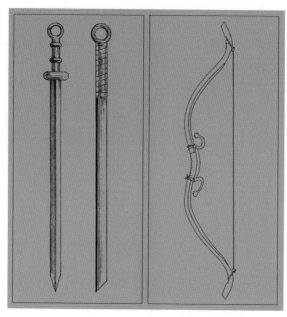

전국시대의 검(왼쪽)과　　　　전국시대의 활
도(오른쪽)

추고 있는 비책(秘策)이라는 의미로 확대되어 쓰였다. 결국 '육도'란 '천
하를 다스리고 군대를 움직이는 여섯 가지 비책'으로 풀이할 수 있다.

　이『육도』는 외형상 기원전 12세기에 은(殷)나라의 폭군 주왕(紂王)을
무찌르고 주(周)나라를 세운 무왕(武王)과 아버지 문왕(文王)이 태공망
(太公望) 여상(呂尙)에게 나라를 다스리고 군대를 움직이는 방법을 물으
면 태공망이 대답하는 형식으로 구성되어 있다.

　그런데 문왕과 무왕을 보필하여 주나라를 창건하였고,『육도』의 지은
이로 전해지는 태공망이란 어떤 사람인가. 본래 성은 강(姜)이고 이름은
상(尙)이다. 그의 조상이 우(禹)임금의 치수 사업을 도운 공로가 있어, 우

주나라를 세운 문왕(왼쪽)과 무왕(오른쪽)

(虞)와 하(夏)시대에 여(呂, 지금의 하남성 남양 서쪽) 땅에 봉해졌으므로 여씨가 되었다. 일설에는 그의 자는 자아(子牙)라고 하며, 문왕이 상보(尚父)라는 존칭으로 불렀다고 한다. 또한 문왕의 아버지 태공(太公)이 오래도록 기다리며 바라던[望] 사람이라 하여 태공망 또는 강태공(姜太公)이라고도 부른다. 그밖에도 여망(呂望)이나 여아(呂牙)라는 호칭이 쓰인다.

그가 언제 태어났는지에 대해서는 기록이 보이지 않고 『고본죽서기년』(古本竹書紀年)에 "주나라 강왕(康王) 6년(기원전 1073년)에 태공망이 죽었다"는 기록만이 보인다. 또 『울료자』(尉繚子) 「무의」(武議)에 이런 이야기가 실려 있다.

"강태공은 나이 70살에 은나라의 수도인 조가(朝家)에서 소잡는 백정노릇을 하였고, 맹진(孟津, 지금의 하남성 맹

주나라의 현신 태공망

은나라 주왕의 폭정

현)에서 밥장수를 하고 있었다. 70살이 되도록 그의 재능을 인정해 주는 군주가 없어, 그가 나라를 위해서 의견을 올리면 사람들이 모두 그를 미친 늙은이라고 비웃었다. 그러나 문왕을 만나자, 전군을 이끌고 목야(牧野)의 들판에서의 일전으로 은나라를 멸망시키고 천하를 평정하였다."

그리고 『맹자』(孟子) 「이루」(離婁)에는 태공이 은나라 주왕의 폭정을 피해서 동해가에 살다가 문왕이 떨쳐 일어나자, 천하의 존경을 받는 원로로서 귀의하였다는 구절이 보인다. 이러한 기록을 모아서 미루어 보면, 태공은 주왕 15년(기원전 1140년)에 72살이나 73살 정도의 나이로 문왕을 만난 것으로 보이며, 그가 태어난 때는 대략 기원전 1212년 즈음으로 추정할 수 있다.

아무튼 태공은 동해가에 숨어살았다는 기록 외에 『육도』의 「문도·문사(文師)」을 보면 위수(渭水)에 숨어 지내며 낚시질로 세월을 보내다가 문왕을 만나는 과정이 전설적으로 서술되어 있다.

이 기록은 같은 내용이 중국 최초의 정사인 『사기』(史記) 「제태부세가」(齊太夫世家)에 조금 더 자세히 쓰여져 있다. 그 기록 가운데 태공망이라는 호칭의 유래가 문왕의 입을 통해서 밝혀지고 있다.

"나의 돌아가신 아버지 태공에게서 '성인이 주나라로 올 것이다. 주

나라는 그의 덕택으로 일어나리
라'는 말을 들은 적이 있었는데,
그대야말로 그 사람이다. 나의 아
버지 태공이 당신을 기다린 지 오
래되었다."

『사기』를 지은 사마천

사마천이 기록한 태공망 설화
이외에도 일개 천한 낚시꾼으로
평생을 살다가 80살이나 되어서
일약 대정치가로 올라선 이 사람
에 관해서는 수많은 설화가 전해
지고 있다. 이러한 기록과 설화들은 문왕으로 상징되는 정치와 도덕적
명분과 태공망으로 상징되는 현실적 군사력이 손을 잡았음을 보여주고
있다. 그리고 이를 통해서 은나라 주왕이 저지른 폭정과 학살을 응징
하며 주나라라는 신왕조를 건설
하는 투쟁사를 절절히 읽어낼 수
있다.

뒷날 중국에서는 태공망을 병
학(兵學), 곧 군사학의 원조로 받
들어 당(唐)나라 때에는 문묘(文
廟)에 공자를 모시고 무묘(武廟)
에 그를 모시기도 하였다. 또한
뒷날 그의 봉지였던 제(齊)나라에
서 나온 『관자』(管子)나 『사마법』

유가의 시조 공자

(司馬法) 등의 법가서와 병가서에도 그의 영향이 적지 않은 것으로 평가되고 있다.

2. 『삼략』과 전승자들

『삼략』은 진시황(秦始皇)이 세운 진(秦)나라 말기에 황석공(黃石公)이 태공망 여상의 병법을 한나라의 개국공신인 장량(張良, ?~기원전 186년)에게 전수해 준 책으로 전해지고 있다. 이 책『삼략』의 '략'(略)은 전략이나 책략을 의미하고, 「상략」(上略)·「중략」(中略)·「하략」(下略)의 3부로 구성되어 있다.

먼저『삼략』의 지은이에 대해서는 책이름이 처음 등장하는『수서』「경적지」를 비롯해서『당서』(唐書)「예문지」(藝文志)나『송사』(宋史)「예문지」(藝文志) 등에는 '황석공 3권, 하비신인(下邳神人) 지음'이라고 적혀 있다. 다시 말해『삼략』은 황석공이 하비(지금의 강소성 비현)의 이상(圯上), 곧 흙다리 위에서 장량에게 내려 준 책이라는 것이다. 또한 당(唐)나라 때에 태종(太宗) 이세민(李世民)과 명장 이정(李靖)의 병법 토론집인『이위공문대』에서 이정은 "장량이 배운 것은 태공의『육도』와『삼략』이다"라고 말하고 있다.

이러한 주장들은 정사인『사기』의 「유후세가」(留侯世家, 유후는 장량이다)에 실려 있는 다음의 내용에 근거하고 있다.

뒤에 탁월한 전술가로 천하에 그 이름을 알려지게 된 장량은 자가

당나라 태종 이세민과 명장 이정

자방(子房)이며 원래 진시황에게 멸망당한 한(韓)나라 재상의 후손이었다. 그가 아직 혈기왕성한 이름 없는 젊은이였을 무렵의 일이다. 그는 전부터 시황제를 암살하여 부모와 조국의 원한을 풀려고 기회를 엿보며 모든 가산을 기울여서 자객을 끌어 모았다. 그리하여 기원전 218년 진시황이 동쪽을 순시할 때 박랑사(博浪沙, 지금의 하남성 양무현 동남)라는 곳에서 큰 철퇴로 진시황을 저격하였으나 실패하고 말았다.

그러자 쫓기게 된 장량은 이름을 바꾸고 하비 땅으로 숨어 지내던 어느날이었다. 한가로이 어슬렁거리고 있는 장량은 변두리의 흙다리 위에서 한 허름한 옷차림의 노인을 만났다. 그런데 그 노인은 느닷없

한(漢)나라의 개국공신 장량

천하통일의 위업을 이룬 진시황제

이 자기가 신고 있는 짚신을 다리 밑으로 떨어뜨리고 이렇게 말했다.

"여보게, 젊은이. 다리 밑에 내려가 내 신발 좀 주워 주게."

장량은 화가 났지만, 노인의 허리가 활처럼 구부러지고 손발은 끔찍하게 여위어 서있는 것조차 불안해 보이는 노인을 위해, 다리 밑으로 내려가서 신발을 주워 왔다. 그러자 이번에는 발을 내밀며 신을 신겨 달라고 하였다. 장량이 신을 신겨주자 조금은 만족스러워하며 빙긋거리고는 아무 말 없이 가버렸다. 잠시 뒤 그가 다시 돌아와서 장량에게 이렇게 말하였다.

"젊은이는 가르침을 베풀만한 사람이구만. 닷새 뒤 아침 일찍 여기 와서 나를 만나게."

그런 말을 남기고, 노인은 터벅터벅 사라져 갔다. 노인의 말이 이상했지만 장량은 닷새 뒤에 날이 새자마자 약속한 장소에 가 보았다. 노인은 벌써 흙다리 위에 와 있었고 그의 모습을 보자마자 불쾌한 표정으로 입을 열었다.

"노인네와 약속해 놓고 늦게 오다니 말이 되느냐. 오늘은 돌아가고 닷새 뒤 일찌감치 다시 나오게."

다시 닷새 뒤에 장량은 첫 닭이 우는 것과 동시에 집을 나가 약속 장소로 달려갔지만, 결과는 마찬가지였다.

그래도 장량은 포기하지 않고, 다시 닷새 뒤에 한 밤중에 집을 나가 약속한 흙다리 위로 향하였다. 그 덕택에 노인보다 먼저 도착하여 기다릴 수 있었다. 이윽고 다가온 노인은 반가운 얼굴로 책 한 권을 주면서 이렇게 말하였다.

황석공과 그의 신을 주워오는 장량

"이 책을 잘 읽으면, 너는 꼭 제왕의 스승이 될 것이다. 또한 10년 뒤에는 새로운 왕조가 일어날 것이며, 13년 뒤에 제북(濟北)의 곡성산(穀城山) 기슭에 놓여 있는 누런 돌[黃石]을 보게 될 것이다. 그 누런 돌이 바로 나다."

그리고는 아무 말 없이 사라져서 다시는 나타나지 않았다. 날이 새고 나서 그 책을 펴 보니 바로 『태공병법』(太公兵法)이었다. 장량은 언제나 이 책을 옆에 끼고 거듭해서 읽고 외우며 가슴속 깊이 새겼다고 한다.

위에서 말한 내용은 『사기』에 실린 기록의 뼈대를 옮긴 것이다. 이를 요약해 보면, 결국 황석공이라고 스스로를 밝힌 이상한 노인이 장량

에게 태공망의 병서를 내려 주었다는 구전 설화와 딱 들어맞는다. 결국
『삼략』의 지은이도 태공망이고 황석공이 전승자라는 이야기가 된다.

3. 『육도』와 『삼략』은 위서다

그러나 『육도』와 『삼략』이 전통적으로 주나라의 태공망이 지었다고
전해져 왔지만, 실제로 연구해 보면 태공망의 이름을 빌려서 뒷사람이
만든 책임이 분명하다. 비범한 정치가이며 전략가였던 태공망은 춘추시
대에 이미 병법가에게는 모범적인 인물이었으므로 그의 권위를 빌려 온
것으로 보인다.

먼저 『육도』라는 책이름이 등장하는 최초의 기록은 전국시대의 작품
인 『장자』(莊子) 「서무귀」(徐無鬼)에 실려 있는 '금판육도'(金版六弢)이다.
그런데 후대 학자인 사마표(司馬彪)와 최선(崔譔)은 모두 이 책이름이
『주서』(周書)의 한 편명이라고 고증하였다.

그 다음으로 고대의 대표적인 도서 목록집인 『한서』(漢書) 「예문지」
(藝文志)에 따르면, 『육도』는 병가에 속하지 않고 이상하게 유가에 속해
있고, '주사육도육편'(周史六弢六篇)이라고 써 있다. 한서의 대표적인 주
석가인 안사고(顏師古)는 이렇게 설명하고 있다.

"(이 책은) 지금의 『육도』를 말한다. 대개 천하를 손에 넣고 군대를 움
직이는 일을 말하고 있다. 도(弢)란 글자는 도(韜)와 같다."

그런데 또다른 도서목록집인 『수서』(隋書) 「경적지」(經籍志)에 의하면,

병가에 속해 있고 '태공육도오권'(太公六韜伍卷)이라고 써 있었다. 그 구절에 붙어 있는 반고(班固)의 주석에는 "양(梁) 6권. 주나라 문왕의 스승 강망(姜望, 태공망) 지음"이라고 적혀 있다.

그럼 『한서』와 『수서』에 기록된 책은 같은 책인가, 다른 책인가? 후대의 평가를 요약하면 다음과 같다.

첫째, 『한서』에 기록된 '주사육도'는 아마도 전국시대에 존재했던 다른 책을 가리키며 안사고가 잘못 이해하여 지금의 『육도』와 같은 책이라고 고증한 것이다.

둘째, 『한서』에서는 '주사육도'를 유가의 항목에 넣었고, 『수서』에서 『태공육도』를 병가의 항목에 넣었다는 것은 분명히 두 책의 성격이나 내용이 다른 책이라는 것을 보여준다.

결론적으로 『한서』의 기록은 『육도』가 아닌 다른 책이라는 설이 대세를 이루고 있다.

그렇다면 지금 우리가 보는 『육도』는 『수서』의 기록대로 태공망이 지은 것인가? 책을 읽어보면 역사적으로 주나라 초기에 활동하였던 태공망이 『육도』의 지은이가 되기에는 많은 의문점이 남는다.

첫째, 『육도』 속의 용어나 호칭이 태공망의 시대에 존재할 수 없는 것들이다. 대표적인 예로 「용도·입장(立將)」 속에 있는 "정전(正殿)을 피한다"는 구절은 춘추전국시대 이후에 보이는 예법과 용어이고, '장군'(將軍)이란 호칭도 춘추시대 말기에 쓰여졌다는 『좌전』(左傳)에 처음으로 보이는 말로 주나라 초기에는 없었다.

둘째, 『육도』 속에는 주나라 초기에는 나타날 수 없는 전투 형태, 전략 전술, 무기와 장비들에 대한 자세한 묘사가 등장한다. 특히 태공망

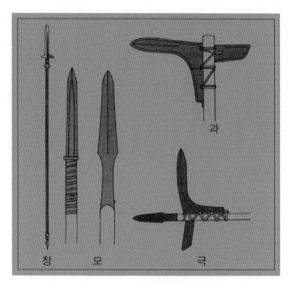

전국시대의 병기들

시대의 전투 형태는 전차전이 주류였고 기마전은 전국시대 이후에야 본
격적으로 등장하는데도 이 책에서는 기마전에 대해서 대단히 자세히 묘
사하고 있다. 또한 '사무충진'(四武衝陣)이나 '오운진'(烏雲陣)과 같은 진
법은 전국시대 이후에 널리 쓰인 진법이다. 게다가 『육도』에서 묘사하
고 있는 철제 병기들 역시 전국시대 중후기에나 널리 쓰이며 주나라 초
기에는 청동 무기가 주요한 병기였다. 또한 공성전(攻城戰)에 쓰이는 '운
제'(雲梯)나 '비루'(飛樓)와 같은 장비들 역시 주로 성벽을 중심으로 싸움
이 전개되던 전국시대 이후에 발명된 것들이다.

　셋째, 『육도』「용도·오음(伍音)」에 보이는 12율관(律官)과 음행오행설
(陰陽伍行說)을 토대로 하는 천인감응(天人感應)과 참위(讖緯) 이론은 전
국시대 음양가가 등장한 이후에 정착된 사상들이다.

분온차

충차

탑전차

운제

성을 공격할 때 쓰던 병기들

　결론적으로『육도』는 진(秦)나라와 한(漢)나라의 교체기에 병가의 이름 없는 전략가가 태공망의 이름을 빌려서 구전(口傳)되어 오던 일부 태공망 설화와 주나라 초기로부터 전국시대 말기까지의 병법들을 바탕으로 만든 병서로 볼 수 있다.

　그러나 한편으로 위진남북조(魏晉南北朝)시대인 '한위(漢魏) 이후 진송(晉宋) 때'의 위작이라고 단언하는 학자도 있었다. 그러나 1972년에 산동성 임기(臨沂)에서 출토된 은작산(銀雀山) 한묘(漢廟) 죽간(竹簡) 가운데『육도』의 대나무 조각들이 포함되어 있었다. 그렇다면 한나라 초기에 은작산 한묘의 뚜껑이 덮히기 전에 지금 우리들이 보는『육도』가 존재해야만 한다. 그러므로 아무리 늦게 잡아도 한나라 초기에는 쓰여

황제   한신

져야 한다.

『삼략』의 경우도 사정은 비슷하다. 『삼략』의 지은이와 저술 연대를 알기 위해서 앞에서 말한 『사기』의 기록을 바탕으로 다른 기록들과 대조하여 보자. 『수서』 「경적지」보다 앞에 나온 『한서』 「예문지」에는 위로는 황제(黃帝)로부터 아래는 한신(韓信)에 이르기까지 53명에 이르는 병법가의 이름이 열거되어 있다. 그리고 그들이 지은 병서 이름도 790편에 달하고 있다. 그럼에도 불구하고, 황석공이라는 이름은 고사하고 『육도』나 『삼략』이라는 이름조차 찾아 볼 수 없다. 실제로 『사기』의 기술도 실존 인물을 다루기보다 하나의 가공 인물로 기술하고 있는 것에 지나지 않는다.

그렇다면 앞의 기록 가운데 황석공에 관한 내용을 빼면 남는 부분은 장량이 태공망의 병서를 배웠다는 부분만 남게 된다. 그렇다면 태공망의 이름으로 쓰여진 병서는 없을까? 『한서』 「예문지」의 도가(道家) 항목에 태공망 여상의 저서로 모(謀) 81편, 언(言) 71편, 병(兵) 85편 합계

237편이라는 어마어마한 양의 글이 있었다고 기록되어 있다. 따라서 장량이 이 가운데 병서인 '병' 85편의 전부 또는 일부를 배웠다고 해도 전혀 이상한 일이 아니다.

그러나 그렇다고 『이위공문대』에서 말한 것처럼 장량이 배운 것이 태공의 『육도』와 『삼략』이라고 단정하는 것은 분명히 지나치다. 왜냐하면 『사기』에는 장량이 받은 책이 『태공병법』이라는 기술만 있을 뿐, 그것이 『육도』와 『삼략』이라는 말은 어디에도 없기 때문이다.

따라서 『이위공문대』의 단정은 『육도』나 『삼략』이 태공망이 지은 병서 85편 가운데 포함되어 있다는 전제를 인정하지 않고는 성립할 수 없는 말이다. 그러나 앞에서 『육도』의 위서 논증에서 보듯이 『삼략』 역시 태공망의 저서가 아닐 뿐만 아니라, 내용이 담보하고 있는 시대 역시 전혀 다르기 때문에 성립할 수 없는 단정이다.

또한 송(宋)나라의 장상영(張商英)은 황석공의 『소서』(素書)에 주석을 달면서, "(한나라 이후) 진(晉)나라에 전쟁이 일어났을 때에 도적이 장량의 무덤을 파내 그 속에서 꺼낸 책으로, 그야말로 장량이 황석공으로부터 받은 병서가 틀림없다"라고 적었다. 그런데 이는 지금 전하는 역시 위서인 『소서』가 바로 『삼략』이라는 주장이다. 그러나 황석공은 실존하는 인물이 아니므로 이 역시 증명할 길이 없는 주장이다.

결국 『삼략』은 『육도』와 함께 똑같이 위서로, 아마 진나라와 한나라 사이에 누군가 태공망이나 황석공의 이름을 빌려 지은 것으로 보인다.

이상이 『삼략』의 지은이와 관련된 저술 연대에 대한 고증이라면, 내용상의 특징으로부터 저술 연대를 살펴 볼 수 있다. 『삼략』의 뚜렷한 특징은 다음과 같다.

첫째, 본문의 기술이 '무경칠서' 가운데 가장 간결하면서도 상중하의 세 부분이 무척 다르게 구성되어 있어서 같은 시대에 한꺼번에 저술된 책이 아니라는 것을 알 수 있다. 「상략」에서는 『군참』(軍讖)이라는 고대의 병서를 인용하여 서술하고, 「중략」에서는 『군세』(軍勢)라는 고대의 병서를 인용하여 서술하고, 「하략」에서는 인용이 전혀 보이지 않는다. 이를 보면 『삼략』이 태공망이나 황석공 한 사람의 작품이 아니라 뒷사람들이 지금은 전하지 않는 고대의 병서나 전략 사상을 뽑아서 모은 작품이 아닌가 추측된다.

둘째, 『삼략』의 전략 전술론은 서로 상극이라고 할 수 있는 도가와 유가 사상 외에도 법가 등의 사상이 혼합되어 있다. 인의도덕과 예악을 위주로 한 민본(民本) 사상을 강조하는 부분이 있는가 하면, 『노자』36장에 실린 "부드럽고 여린 것〔柔弱〕이 단단하고 굳은 것〔剛强〕을 이긴다"는 이론과 무위(無爲) 정치에 대해서 강조하는 부분이 뒤섞여 있다는 점은 전국시대 말기에서 한나라 초기에 보이는 황노(黃老)사상에서 쉽게 발견되는 경향이다. 여기에 『관자』와 같은 법가의 영향과 『손자』 등 병가의 영향도 읽어낼 수 있어서 후대에 "유가와 도가의 사상이 몸을 이루고 관자와 손자의 사상이 쓰임을 이룬다"〔儒老爲體, 管孫爲用〕고 평가할 정도였다. 이러한 혼합된 사상 요소들은 주나라 초기로부터 훨씬 후대의 경향이다.

춘추시대 말기의 전투모습

4. 『육도』와 『삼략』의 주요 사상

　『육도』와 『삼략』이 위서라는 점이 분명하다고 해도 그 속에는 춘추전
국시대의 다양한 전쟁 경험과 지혜가 담겨져 있음은 부인할 수 없다. 이
제 두 책 속에 담겨진 주요한 사상들을 살펴보기로 하자.

　먼저 『육도』 속에 담겨진 내용과 사상에 어떤 특징이 있는기 보자.

　첫째, 전쟁관의 측면에서 『손자』의 "전쟁이란 나라의 가장 중대한 현
실 문제이다. 백성을 모두 살리느냐 모두 죽이느냐를 판가름하는 마당
이며, 나라가 존재하느냐 멸망하느냐를 결정짓는 길"이라는 관점을 그
대로 받아들이고 있다. 그런데 『육도』에서는 여기서 한 걸음 더 나가서
전쟁이란 "난폭하고 질서를 어지럽히는 행동을 막고, 사치를 그치게 하
는"〔禁暴亂, 止奢侈〕 수단이라고 보았다. 이는 전쟁이 단순히 나라와 나라
사이의 문제뿐만 아니라 내부적으로 지배층과 피지배층 사이의 문제 해
결에도 주요한 역할을 해야 된다는 생각이다. 특히 '사치'를 막아야 한다
는 것은 은나라 말기 주왕의 사례로부터 전국시대까지 지배층의 지나친
사치가 결국 전쟁을 불러일으키는 주요한 원인이었음을 지적한 것이다.

방진

　둘째, 전쟁 준비에 대해서 매우 깊이 있게 강조하고 있다. 이는 두 가지 방향으로 이루어지는데 물질적인 측면과 정신적인 측면에서 함께 고려되어야 한다고 보았다. 물질적인 측면에서 "천하가 안정되고 나라 사이에 다툼이 없을 때"에 식량과 무기를 쌓아 두고, 세 가지 보배로운 산업〔三寶〕인 농업〔大農〕, 공업〔大工〕, 상업〔大商〕을 발전시켜야 한다고 보았다. 결국 평화시의 모든 경제 활동이 전쟁 준비의 토대가 된다는 말이다. 정신적으로는 무엇보다 민심을 얻는 어진 정치〔仁政〕를 펼쳐서 지배층과 피지배층 사이에 조금도 의견 차이가 없도록 해야 함을 강조하였다. 결국 확고한 도덕적 명분이 있어야 전쟁이 일어났을 때에도 백성들이 자발적으로 참여한다는 말이다.

　셋째, 군대의 조직과 훈련에 대해서 매우 상세하고 창조적인 견해가 보인다. 「용도·왕익(王翼)」에는 "팔다리나 양날개처럼 부릴 수 있는 보좌관 72명"이라는 구절이 보인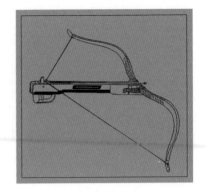
다. 이는 군대를 편성하는데 있어
서 장교와 병사를 저마다의 기능
과 임무에 따라 다양하게 구성한
다는 뜻이다. 여기에는 전략전술,
기상관측, 지리측량, 식량공급,
암호통신, 적정정찰 등의 기구와
인원수를 자세히 적고 있다. 이는
중국 병서 가운데 가장 먼저 사
령부의 조직을 언급한 기록이다.

전국시대의 쇠뇌

또한 선발과 훈련 방법에 대해서 뚜렷이 밝히고 있다. 선발 기준으로
는 나이, 신장, 체력, 성격 등에 대해서 자세히 묘사하고 있다. 훈련 과정
도 처음에는 1명을 가르쳐서 충분히 훈련이 되면, 10명을 모아서 가르
치고 나서 충분히 훈련이 이루어지면 다시 100명을 모은다. 이런 방식
으로 전군으로 발전시킨다는 뜻이다. 결국 병사 개개인에 대한 훈련에서
전체 훈련에 이르기까지 단계와 특성을 나누어 훈련시킨다는 뜻이다.

넷째, 전략전술이라는 측면에서『육도』는 이전의『손자』와는 달리 널
리 쓰인 철제 병기와 쇠뇌를 사용하는 강력한 보병 부대와 기동력이 뛰
어난 기병 부대를 활용하는 전술에 대해서 강조하고 있다. 결국 과거의
진법이었던 네모난 형태의 '방진'(方陣)을 벗어난 돌격과 습격 그리고
매복 전술을 활용하여 여러 진법을 창안해 내었다. 그리하여 이러한 파
괴력과 기동력을 전제로 하여 "뜻하지 못한 때에 치고, 준비하지 못한
빈틈을 찌른다"[擊其不意, 攻其無備]는 전승 원칙을 제시하고 있다.

전국시대의 보병전투도

　다섯째, 『육도』안에는 전국시대에 널리 퍼져 있는 음양오행설(陰陽伍行說)을 바탕으로 하는 미신적인 요소들이 담겨져 있다. 특히 「오음」(伍音)과 「병징」(兵徵)에서는 오행론으로 적의 정세와 공격 방향 등을 결정하는 방법에 대해서 말하고 있는데 실현성이 떨어지는 언급이 담겨져 있다.

　다음으로 『삼략』의 특징과 내용은 다음과 같다.

　첫째, 『삼략』은 형식 면에서 다른 병서들과 큰 차이가 있다. 『손자』 이래로 대부분의 병서들은 군주와 신하 사이의 묻고 답하는 형식으로 되어 있다. 이점에서는 『육도』도 마찬가지이다. 그런데 유독 『삼략』만은 다른 병서를 인용하여 논증하는 방식을 취하고 있다. 바로 『군참』과 『군세』라는 지금은 전하지 않는 병서이다.

　둘째, 『삼략』은 다른 병서들에 비해서 보다 큰 범위에서의 통치 원칙, 정치 원리에 대해서 많은 부분을 할애하고 있다. 그래서 '천도'(天道)를 따르며, '현인'(賢人)을 등용하고, '정의로운 전쟁'[義戰]으로 이끌어야 한다고 주장하였다.

　셋째, 『삼략』은 군사전략상의 우세를 확보하는 문제에 대해서 강조하고 있다. 이 책에서는 요충지를 먼저 점령하고, 상황 속에서 호기를 노려서 대응하고, 백성들의 자발적인 호응을 얻어야 승리를 획득한다는 원칙을 서술하고 있다.

넷째, 장수의 중요성을 강조하고 있다. 『삼략』에서는 군대를 움직이고 제대로 활용하려면 무엇보다 뛰어난 장수가 필요하다고 하였다. 『손

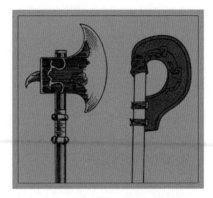

장수의 지휘권을 상징하는 부(왼쪽)과 월(오른쪽)

자』의 경우는 지략, 믿음, 도덕성, 용기, 위엄의 다섯 가지 품성을 꼽고 있다. 그런데 이 책에서는 이러한 장수의 품성에서 한 발 나아가서 적국의 풍토와 인정을 파악하는 능력, 백성의 여론을 살피는 능력, 조정의 주장을 조정하는 능력, 역사적으로 왕조들의 흥망을 가늠해 볼 줄 아는 통찰력 등 구체적이고 복합적인 능력을 강조하고 있다.

다섯째, 병사의 사기를 높이려면 무엇보다 '신상필벌'(信賞必罰)의 원칙이 확립되어야 한다고 보았다. 『삼략』에서는 "군대에 포상이 없으면 병사는 움직이지 않는다"고 못박았고 "처벌해야 할 것을 처벌하지 않으면 간사함을 기르게 된다"고 하였다. 그리고 상벌은 "하늘과 땅처럼" 공정해야 한다고 하였다.

전반적으로 『삼략』은 그 안에 들어있는 복잡한 사상 요소를 '장수'와 '현인'을 중시하는 용인술로 일관되게 이끌어가고 있다. 한편으로 이러한 복잡한 사상들을 아무 거리낌없이 필요에 따라 이용하는 자유로움을 볼 수가 있다.

5. 『육도』와 『삼략』의 가치

위에서 논증하였듯이 두 책이 모두 위서라고 하는 점 때문에 반드시 그 내용이 무가치하다는 것을 의미한다고 할 수는 없다. 예로부터 중국의 사상사에서 가공의 이름을 빌려서 자신을 감추고 뜻을 펼치는 방법은 오히려 난세의 은둔자들이나 참모들이 곧잘 선택해 온 삶의 태도의 하나였기 때문이다. 그렇다면 위서인 이 책의 가치는 어디에 있는가라는 물음은 거꾸로 이 책이 후대에 역사적으로 어떠한 기능을 하였는가를 살펴보는 데서 찾을 수 있다. 요컨대 이 책이 『손자』나 『오자』와 함께 어깨를 나란히 하면서 역대 병가의 교과서로서 자리잡아 왔다는 점에서 그 가치를 찾을 수 있을 것이다.

예로부터 유학의 '사서오경'처럼 병가에서는 '군사학의 일곱 경전'이라는 뜻의 '무경칠서'가 있음은 앞에서 말하였다. '무경'이라는 말은 수당시대에는 병경(兵經)이라고 불렸으며, 송대 이후에 무경이라고 불린 것이다. 바로 군사학의 경전이라는 뜻이다. 바로 이 무경으로 『육도』와 『삼략』이 꼽혔다는 점은 병가에서 이 책의 가치를 헤아릴 수 있다. 그리하여 전통적으로 병가에서는 용병술에서 활용하는 전략전술이나 권모술수를 가리킬 때 '도략'(韜略)이라고 불렀는데 이는 『육도』와 『삼략』을 함께 가리키는 말이었다.

마지막으로 『육도』와 『삼략』을 주석서와 해설서를 살펴보자. 먼저 지금 참고할 수 있는 전통 시대의 대표적인 주석서는 『한문대계』(漢文大系)에 실려 있는 『무경칠서직해』(武經七書直解, 明 劉寅)이다. 그리고 『육도』의 일문을 모으고 연구한 『육도육권일문』(六韜六卷逸文, 淸 孫星衍) 역시 훌륭한 작품이다.

현대의 번역서로 『태공육도금주금역』(太公六韜今註今譯, 徐培根, 臺灣商務印書館), 『황석공삼략금주금역』(黃石公三略今註今譯, 魏汝霖, 臺灣商務印書館), 『육도·삼략』(六韜·三略, 岡田 修, 明德出版社), 『무경칠서』(武經七書, 성백효 외, 국방부전사편찬위원회) 등이 참고할 만한 작품들이다.

문 도(文 韜)

'문'(文)이란 문학이나 글을 뜻하는 좁은 의미가 아니라, 인의와 도덕을 비롯한 인문 정신 전반을 뜻하는 넓은 의미로 쓰였다. 또한 현실의 군사력과 권력을 상징하는 '무'(武)와 대비되는 개념이다.

이 편에서는 도덕을 높이 존중하여 백성을 교화하며, 백성을 아끼는 어진 정치를 베풀어서 나라를 화합시키고 부강하게 할 것을 주장하였다.

문왕이 태공망 여상과 처음 만나서 스승으로 삼게 된 경위와 두 사람이 묻고 답하는 형식을 통하여 천하를 경영하는 큰 원칙, 인재의 등용, 군대의 올바른 체제 등에 관한 문제를 토론한 내용이 실려 있다.

1. 문왕의 스승 〔文師〕

주나라의 문왕[1]이 사냥[2]을 나가려 하였다. 그러자 사관[3] 벼슬의 편이라는 인물이 거북점을 쳐보고[4] 말하였다.

"위수의 북쪽[5]에서 사냥하시면, 큰 수확이 있을 것입니다. 그것은 용이나 이무기[6]도 아니고, 호랑이나 곰도 아닙니다. 점괘에 나온 조짐은

---

1. 은(殷)왕조 말기에 주(周) 땅의 제후로 서백(西伯)이라고 불렸다. 무왕(武王)의 아버지로 성은 희(姬)이고, 이름은 창(昌)이다. 매우 후덕한 군주로서 그가 살아 있었을 때에 이미 천하의 삼분의 일이 그를 좇아 군주로 섬겼다고 할 정도였다. 죽은 다음에 무왕이 폭군 주왕(紂王)을 물리치고 천하의 대권을 잡으면서 문왕(文王)으로 추존되었다.

2. 원문은 '전'(田)이다. 고대에는 농사지어 거둔 수확물을 짐승으로부터 보호하고 논밭의 신인 전조(田祖)에게 수확이 잘 되었음을 알리는 제사를 올리기 위해서 사냥〔獵〕을 실시하였다. 그리하여 이를 전렵제(田獵制)라고 불렀다. 천자나 제후가 하는 중요한 통치 행위 가운데 하나였다. 후대로 올수록 여러 지역을 순찰하고 감독한다는 의도와 농한기의 군사 훈련이라는 의미가 더해져서 매우 중시되었다. 그러므로 여기서 말하는 '전'(田)은 사냥하다라는 뜻의 전렵(田獵)을 뜻한다.

3. 원문은 '사'(史)이다. 고대에 하늘의 별자리를 관찰하고 점을 치는 천문과 점술을 담당하는 벼슬아치였다. 후대로 오면서 점차 서적의 관리와 역사 기록을 담당하는 임무를 갖게 되었다.

4. 원문은 '포복'(布卜)이다. '포'는 도구를 넓게 벌여 놓는다는 뜻인데, 여기서는 점치는 도구를 배열하거나 펼쳐 보인다는 뜻이다. 또 '복'은 거북이나 짐승 뼈를 불에 그슬려서 갈라진 금을 보고 길흉화복을 판단하는 점을 가리킨다.

5. 원문은 '위양'(渭陽)이다. '위'는 위수를 가리키는데 감숙성에서 발원하여 섬서성을 거쳐서 동쪽으로 흐르다가 황하에 합쳐지는 강이다. '양'은 하천을 기준으로 할 때 북쪽을 가리킨다. 볕이 드는 양지로 해석해서는 안 된다.

6. 원문은 '이'(螭, 본래 음은 치)이다. 용이 되려다 되지 못하고 물에 사는 상상 속의 동물인 이무기를 가리킨다. 뿔이 없고 황색이라고 한다. 뿔이 없는 교룡(蛟龍)인

바로 공작이나 후작이 될 만한 큰 인물입니다. 하늘은 주군께 스승을 보내 주셔서 큰 사업을 이루도록 돕게 하고, 3대 뒤에까지 이어서 보필하게 할 것입니다."

문왕이 물었다.

"점괘가 참으로 그런가?"

사관 편이 대답하였다.

"저의 선조인 사관 주가 우임금[7]을 위하여 점을 쳐서 명재상인 고요[8]를 얻었을 때의 점괘가 이와 견줄 만합니다."

문왕은 사흘 동안 목욕 재계한 다음, 수렵용 수레와 말을 타고 위수의 북쪽으로 사냥을 나갔다. 결국 태공망을 만났다. 이 때 태공망은 띠풀을 깔고 앉아 낚시대를 드리우고 있었다. 문왕은 그의 앞으로 나아가 정중히 인사하며 물었다.

"낚시를 즐기시는가 봅니다."

태공망이 대답하였다.

"군자는 자기의 뜻이 이루어짐을 즐거워하고, 소인은 자기의 일이 이

'이'(螭)가 같은 동물이라는 설이 있다.

7. 우(禹)임금은 하(夏)나라 왕조를 개국한 성군이다. 군주에 오르기 전에 요(堯)임금과 순(舜)임금을 섬기면서 홍수를 다스리는 데 큰 공을 세웠다고 한다. 치수 사업을 하는 삼 년 동안에 집에 들어가지도 못했다고 하는 근면 성실함으로 이름이 높다.

8. 고요(皋陶)는 고요(咎繇)라고 적혀 있는 기록도 있다. 자는 정견(庭見)으로 요임금 때부터 우임금 때까지의 신하로 법률과 제도를 담당한 벼슬아치이다. 순임금 때에 주로 활약하였다. 우임금 때에는 계승자로 지목되었지만 일찍 죽어 자리를 잇지 못하였다. 본문에서 우임금이 고요를 얻었다는 말은 처음 인재를 얻었다는 뜻이 아니라 후계자로서 인정받았다는 뜻으로 보인다.

루어짐을 즐거워한다는 말을 들었습니다. 지금 제가 낚시질하는 것도 이와 비슷하겠지요."

문왕이 물었다.

"이와 비슷하다는 말은 무슨 뜻입니까?"

태공망이 대답하였다.

"좋은 미끼로 물고기를 낚는 데에는 세 가지 미묘한 방편[9]이 있습니다. 후한 녹봉으로 뛰어난 인재를 얻어 지혜와 능력을 다 발휘하게 하며, 많은 상을 내려 병사들이 목숨을 바치게 하며, 높은 벼슬자리를 맡겨 신하들에게 충성을 다하게 합니다. 낚시질은 목표한 물건을 낚기 위한 하나의 방편이지만, 여기에 담긴 뜻은 매우 깊습니다. 그러므로 우리는 이를 통하여 세상의 커다란 이치까지도 발견할 수 있습니다."

문왕이 말하였다.

"거기에 담긴 깊은 이치가 무엇인지 듣고 싶습니다."

태공망이 대답하였다.

"물은 샘솟는 곳이 깊어야 잘 흐르고, 물이 잘 흘러야 물고기가 잘 자라는 이치입니다. 또한 나무는 뿌리가 깊어야 가지와 잎이 우거지고, 가지와 잎이 우거져야 열매가 잘 열리는 이치입니다.

마찬가지로 군자는 군주와 뜻이 맞으면 마음이 화합하고, 마음이 화합하면 큰 일을 이룰 수 있으니 또한 마땅한 이치입니다. 다정하게 다른

---

9. 원문은 '권'(權)이다. 원래는 저울이나 저울추를 가리키거나 저울질한다는 뜻이다. 여기서 뜻이 발전하여 변화하는 상황에 따라 대응한다는 임기응변의 방편을 뜻하게 되었다. 본문에서는 겉으로 드러나지 않는 미묘한 이치나 방법을 가리킨 말이다.

사람에게 말하고 응대하는 것은 이치를 꾸며서 드러내는 것이며, 지극히 마땅한 이치를 말하는 것은 일의 가장 본질적인 내용을 나타내는 것이라고 할 수 있습니다. 이제 신은 지극히 마땅한 이치를 거리낌 없이 다 말하려 합니다. 군주께서는 꺼려하지 않으시겠습니까?"

문왕이 말하였다.

"오직 어진 사람만이 올바른 충고를 받아들일 줄 알고, 그것에 담겨진 이치를 싫어하지 않는 법입니다. 어찌하여 그러한 말씀을 하십니까?"

태공망이 대답하였다.

"낚싯줄이 가늘고 미끼가 뚜렷하면 작은 물고기가 물고, 낚싯줄이 약간 굵고 미끼가 향기로우면 중치의 물고기가 물고, 낚싯줄이 굵고 미끼가 크면 큰 고기가 물게 마련입니다. 물고기는 미끼를 물고서 낚싯줄에 낚이고, 인재는 봉록을 받아먹고 군주에게 복종합니다.

그러므로 미끼를 드리우면 물고기를 낚아서 죽일 수 있고, 봉록을 내걸면 훌륭한 인재를 얻어서 능력을 모두 발휘하게 만들 수 있습니다. 이러한 이치를 발전시켜 보면, 대부[10]가 자기 집안을 들어서 나라를 얻으려고 하면 나라를 손에 넣을 수 있고, 제후[11]가 자기 나라를 바쳐서 천하를 얻으려고 하면 천하를 아우를 수 있습니다.

---

10. 원문은 '가'(家)이다. 이 말은 고대의 분봉제(分封制)에 따르면 제후 밑에서 나라의 일을 맡아보는 사람인 대부(大夫)나 대부의 봉지(封地)를 가리킨다.

11. 원문은 '국'(國)이다. 고대의 분봉제에 따르면 천자로부터 땅과 권력을 부여받아 통치하는 제후(諸侯)와 그의 나라를 가리킨다. 후대의 '국가'(國家) 개념 보다 작은 단위를 가리킨다.

아아! 겉이 번지르르하고 뻗어나가며 이어지는 것처럼[12] 보여도 군주가 백성의 마음을 얻지 못하면 반드시 모였다가도 흩어지게 마련입니다. 또한 말없이 속으로 힘쓰고 겉으로 드러나지 않더라도[13] 군주의 덕은 반드시 멀리까지 빛나게 될 것입니다.

백성을 이끄는 성인의 덕이란 참으로 미묘하여 오로지 성인만이 그것을 볼 수 있을 뿐 보통 사람에게는 보이지 않지만, 덕으로 사람들을 끌어당겨 저절로 돌아오게 만듭니다. 또한 천하를 염려하는 성인의 생각은 참으로 즐거운 것이어서 모두가 마치 자기가 머물 집으로 돌아가듯이[14] 사람들의 마음을 저절로 거두어들일 수 있습니다."

문왕이 다시 물었다.

"어떻게 사람들의 마음을 모으면 천하가 돌아와 복종하겠습니까?"

태공망이 대답하였다.

"천하는 군주 한 사람의 천하가 아니며, 천하 만백성들의 천하입니다. 천하의 이익을 백성들과 더불어 나누는 군주는 천하를 얻고, 이와

---

12. 원문은 '만만면면'(夏夏綿綿)이다. '만만'은 우거지고 풍성하여 아름다운 모습을 가리킨다. '면면'은 실타래가 풀리듯 계속 이어지는 모습을 가리킨다. 본문에서는 사물이 겉보기에 덩굴을 뻗고 뿌리를 내리며 무성하게 퍼져 가는 것처럼 보이지만 실상은 그렇지 못함을 비유한 표현이다.

13. 원문은 '묵묵매매'(嘿嘿昧昧)이다. '묵묵'은 소리가 없이 고요한 상태로 말 없이 실천한다는 뜻을 포함하고, '매매'는 동틀 무렵의 어두컴컴한 상태로 선행을 겉으로 드러내지 않는다는 뜻을 포함한다.

14. 원문은 '귀기차'(歸其次)이다. '차'는 여기서 사람이 머무는 집을 뜻하는 숙사(宿舍)의 의미로 쓰였다. 그래서 '귀기차'는 '자기가 머물 집으로 돌아가듯이'라고 풀수 있다.

반대로 천하의 이익을 자기 혼자만 차지하려는 군주는 반드시 천하를 잃게 됩니다.

하늘에는 봄 여름 가을 겨울의 네 계절이 질서 있게 움직이고 있고, 땅에서는 무한한 자원이 생산됩니다. 하늘의 네 계절과 땅의 자원을 백성들과 함께 누리는 것을 참으로 어질다고 합니다. 그러니 참으로 어진 행동을 하는 곳으로 천하의 사람들이 모두 돌아갑니다.

죽을 처지에 놓인 사람을 살려 주고, 재난을 당한 사람을 구해 주며, 위급한 지경에 빠진 사람을 건져 주는 행동이 덕입니다. 바로 이 덕이 있는 곳으로 천하의 인심이 모두 돌아갑니다.

백성들과 시름을 함께 나누고 즐거움을 더불어 기꺼워하며, 백성들이 좋아하는 것을 같이 좋아하고 싫어하는 것을 함께 꺼리는 행동이 정의로움이니, 이 정의가 있는 곳으로 천하의 사람들이 달려갑니다.

본래 사람이란 모두 죽기를 싫어하고 살기를 좋아하며, 덕을 좋아하고 이익을 좇게 마련입니다. 그러므로 백성들에게 진정한 삶과 진정한 이익을 돌려주는 데 힘쓰는 것이 도리입니다. 바로 이 도리가 있는 곳으로 천하가 돌아갑니다."

이 말을 들은 문왕은 두 번 절하며 이렇게 말하였다.

"선생님의 말씀이 참으로 옳습니다. 제가 어떻게 감히 하늘의 명령을 따르지 않겠습니까?"

그리고 태공망을 자신의 수레에 함께 태우고 왕궁으로 돌아와 스승으로 삼았다.

文王綠田, 史編布卜, 曰, 田於渭陽, 將大得焉. 非龍非彲, 非虎非羆, 兆得公侯, 天道遺師. 以之佐昌, 施及三王. 文王曰, 兆致是乎. 史編曰, 編之太祖疇, 爲舜占, 得皐陶, 兆比於此. 文王乃齋三日, 乘田車, 駕田馬, 田於渭陽, 卒見太公, 坐茅以漁.

文王勞而問之曰, 子樂漁耶, 太公曰, 君子樂得其志, 小人樂得其事. 今吳漁, 甚有似也. 文王曰, 何謂其有似也, 太公曰, 釣有三權, 祿等以權, 死等以權, 官等以權. 夫釣以求得也, 其情深, 可以觀大矣.

文王曰, 願聞其情. 太公曰, 源深而水流, 水流而魚生之, 情也. 根深而木長, 木長而實生之, 情也. 君子情同而親合, 親合而事生之, 情也, 言語應對者, 情之飾也. 言至情者, 事之極也. 今臣言至情不諱, 君其惡之乎.

文王曰, 惟仁人能受正諫, 不惡至情, 何爲其然. 太公曰, 緡微餌明, 小魚食之. 緡綢餌香, 中魚食之. 緡隆餌豐, 大魚食之. 夫魚食其餌, 乃牽於緡. 人食其祿, 乃服於君. 故以餌取魚, 魚可殺以祿取人, 人可竭. 以家取國, 國可拔. 以國取天下, 天下可畢. 嗚呼, 曼曼綿綿, 其聚必散. 嘿嘿昧昧, 其光必遠. 微哉聖人之德, 誘乎獨見. 樂哉聖人之慮, 各歸其次, 而立斂焉.

文王曰, 立斂何若, 而天下歸之. 太公曰, 天下非一人之天下, 乃天下之天下也. 同天下之利者則得天下, 擅天下之利者則失天下. 天有時, 地有財, 能與人共之者仁也. 仁之所在, 天下歸之. 免人之死, 解人之難, 救人之患, 濟人之急者, 德也. 德之所在, 天下歸之. 與人同憂同樂, 同好同惡者義也. 義之所在, 天下赴之. 凡人惡死而樂生, 好德而歸利, 能生利者道也. 道之所在, 天下歸之. 文王再拜曰, 允哉. 敢不受天之詔命乎. 乃載與俱歸, 立爲師.

2. 흥망성쇠〔盈虛〕

문왕이 태공망에게 물었다.

"이 세상은 매우 다양하고 복잡하여[15] 사물은 한 번 채워졌다가는 한 번 기울어지고, 한 번 다스려졌다가는 한 번 어지러워집니다. 그렇게 되는 까닭이 무엇입니까? 군주들이 저마다 현명하고 어리석은 차이가 나기 때문입니까? 아니면 하늘의 시운이 변하여 저절로 그렇게 되기 때문입니까?"

태공망이 대답하였다.

"군주가 현명하지 못하면 나라가 위태로워지고 백성들이 어지러워지며, 군주가 현명하면 나라가 편안해지고 백성들이 잘 다스려지게 됩니다. 나라의 재앙과 행복은 군주에게 달려 있지, 결코 하늘의 시운에 달려 있지 않습니다."

문왕이 물었다.

"옛날의 성스럽고 현명한 군주들에 대하여 말씀해 주시겠습니까?"

태공망이 대답하였다.

"옛날 천하를 다스린 요임금[16]은 상고 시대의 현명한 군주라고 할 수

---

15. 원문은 '희희'(熙熙)이다. 세 가지 뜻으로 쓰인다. 첫째, 조화롭고 즐겁다. 둘째, 매우 넓고 크다. 셋째, 왕래가 잦고 어수선하다라는 뜻과 매우 다양하고 복잡하다는 뜻을 포함한다. 전통적으로 본문에 대한 해석으로는 두 번째와 세 번째 뜻이 자주 쓰인다. 여기서는 세 번째 뜻으로 풀었다.

16. 원문은 '제요'(帝堯)이다. 당요(唐堯)라고 부르는 옛 성왕이다. 처음에 도(陶)에 봉해졌다가 나중에 당(唐)으로 옮겨갔으므로 도당씨(陶唐氏)라고도 불렀다. 역사책

있습니다."

문왕이 물었다.

"그의 다스림은 어떠하였습니까?"

태공망이 대답하였다.

"요임금이 천하를 다스릴 때에는 자신을 위하여 금은과 주옥으로 몸을 치장하지 않았고, 수놓은 비단이나 무늬를 새긴 고운 옷을 입지 않았으며, 신기하고 이상한 물건을 보지 않았고, 장난감이나 골동품을 아름다운 보배로 여기지 않았으며, 음탕한 음악 따위는 듣지 않았습니다.

궁궐의 담과 지붕에 흰 흙을 칠하지 않았고, 용마루나 서까래나 기둥[17]에 깎고 다듬어 조각하지 않았으며, 띠풀이나 가시나무 같은 잡초들이 뜰에 가득 자라도 뽑지 않았습니다.

사슴가죽 옷으로 대충 추위를 막고, 베옷으로 겨우 몸을 가렸으며, 거칠고 묵은 쌀이나 기장으로 밥을 짓고 명아주나 콩잎으로 국을 끓여 먹었습니다. 또한 백성들을 아무 때나 부역에 끌어내지 않음으로 해서 농사짓고 길쌈하는 때를 놓치지 않도록 하였습니다. 그리고 욕심을 잘라내고 의지를 다잡아서 백성의 일에 일일이 간섭하지 않아도 저절로 이

에서는 방훈(放勳)이라고도 적는다. 자신의 아들 단주(丹朱)가 매우 어리석어 순(舜)임금에게 천하를 전해 주었다고 한다. 백성들이 요임금이 다스린다는 것을 전혀 느끼지 못할 정도로 무위(無爲)의 이상 정치를 펼치며 98년 동안 재위하였다고 전한다.

17. 원문은 '맹각연영'(甍桷橼楹)이다. '맹'은 용마루나 용마루를 마감하는 기와를 뜻하고, '각'은 네모난 서까래이며 '연'은 원형의 서까래를 가리킨다. '영'은 건물을 받치는 기둥을 뜻한다. 모두 건물의 주요한 부분으로 후대에 올수록 여러 가지 권위를 상징하는 조각들을 새겨 넣었다.

루어지도록 하였습니다.

충실하고 올곧게 법을 잘 지키는 벼슬아치에게는 직위를 높여 주고, 청렴결백하여 백성을 사랑하는 자에게는 봉록을 올려 주었습니다. 백성 가운데 부모를 효성으로 받들고 자식을 사랑으로 이끄는 자들을 존경하고 사랑하며, 농사일과 누에치기에 온 힘을 기울이는 자들은 어루만져 주며 격려하였습니다. 선과 악을 분명하게 구분하여[18] 선행이 있는 자에게는 집 앞이나 마을 입구에 정문을 세워 표창하였습니다.

마음을 공평하고 절도에 올바르게 하고, 법률과 제도로 사악함과 거짓됨을 금지하였습니다. 아무리 미워하던 사람이라도 공을 세우면 반드시 상을 내리고, 평소에 아끼던 사람이라도 죄를 지으면 꼭 처벌하였습니다.

또한 홀아비나 과부, 고아나 홀로된 노인 등 불우한 자들을 어루만지고 보살펴 주었으며, 재난을 입어 결딴난 집을 먹여주고 도와 주었습니다. 자기 자신의 생활은 매우 소박하고 검소하였으며, 백성들에게 물린 세금과 노동은 되도록 적게 하였습니다. 그러므로 만백성은 부유하여 즐거워하였으며, 굶주리거나 헐벗은 모습을 보이지 않았습니다. 이 때문에 백성들은 군주를 해와 달을 우러러보듯 떠받들었고 자기의 친부모처럼 가깝게 여겼습니다."

문왕이 감탄하였다.

"요임금이야말로 참으로 현명하고 덕 있는 위대한 군주로다."

---

18. 원문은 '정별숙특'(旌別淑慝)이다. '정'은 깃발이라는 뜻인데 여기서는 드러내 밝힌다는 뜻으로 쓰였다. '숙특'은 착함과 악함, 선과 악, 선량함과 부정함[良否]을 뜻한다.

文王問太公曰, 天下熙熙, 一盈一虛, 一治一亂, 所以然者何也.
其君賢不肖不等乎, 其天時變化自然乎. 太公曰, 君不肖, 則國危而
民亂. 君賢聖, 則國安而民治. 禍福在君, 不在天時.

文王曰, 古之聖賢, 可得聞乎. 太公曰, 昔者帝堯之王天下, 上世
所謂賢君也. 文王曰, 其治如何. 太公曰, 帝堯王天下之時, 金銀珠
玉不飾, 錦繡文綺不衣, 奇怪珍異不視, 玩好之器不寶, 淫佚之樂不
聽, 官垣屋室不堊, 甍桷椽楹不斲, 茅茨徧庭不剪. 鹿裘禦寒, 布衣
掩形, 糲梁之飯, 藜藿之羹. 不以役作之故, 害民耕織之時. 削心約
志, 從事乎無爲. 吏忠正奉法者, 尊其位, 廉潔愛人者厚其祿. 民有
孝慈者, 愛敬之, 盡力農桑者, 慰勉之 旌別淑慝表其門閭. 平心正
節, 以法度禁邪僞. 所憎者, 有功必賞, 所愛者, 有罪必罰, 存養天
下鰥寡孤獨, 賑贍禍亡之家. 其自奉也甚薄, 其賦役也甚寡, 故萬民
富樂, 而無饑寒之色. 百姓戴其君如日月, 親其君如父母. 文王曰,
大哉賢德之君也.

3. 치국의 큰 임무 〔國務〕

문왕이 태공망에게 물었다.

"나라를 다스리는 데 가장 시급하게 힘써야 할 일을 듣고 싶습니다.
군주의 권위를 높이고 백성을 편안하게 하고 싶습니다. 어떻게 해야 합
니까?"

태공망이 대답하였다.

"백성을 사랑하는 길뿐입니다."

문왕이 물었다.

"백성을 사랑하려면 어떻게 해야 합니까?"

태공망이 대답하였다.

"백성을 이롭게 해 주고 해롭게 하는 일이 없게 하며, 일이 이루어지도록 도와 주고 실패하지 않게 하며, 살게 해주고 죽게 하지 않으며, 나누어주고 빼앗지 않아야 하며, 즐겁게 해주고 괴롭히지 말아야 하며, 기쁘게 해주고 화나게 하지 않아야 합니다."

문왕이 말하였다.

"내용을 좀 더 자세히 풀어 말씀해 주십시오."

태공망이 대답하였다.

"백성들 자신이 할 일을 제대로 할 수 있게 해주는 것이 백성을 이롭게 하는 것입니다. 농사꾼이 농사지을 때를 놓치지 않도록 해주는 것이 일을 이루도록 도와 주는 것입니다. 죄 없는 사람을 처벌하지 않는 것이 백성을 살리는 것입니다. 세금을 적게 거두는 것이 백성들에게 나눠주는 것입니다. 웅장하게 궁궐을 짓거나 높은 누각[19]을 세우는 공사를 되도록 일으키지 않는 것이 백성을 즐겁게 하는 것입니다. 벼슬아치가 청렴결백하여 가혹하게 굴지 않는 것이 백성을 기쁘게 하는 것입니다.

이와 반대로 백성들 자신이 할 일을 못하도록 하는 것은 백성을 해롭

---

19. 원문은 '대수'(臺樹)이다. '대'는 토대를 높이 쌓아 그 위에 평평한 누각을 세운 건축물을 가리킨다. '수'는 건축물을 가리킬 때 담장이나 누각 앞에 세우는 정자를 가리킨다. 여기서는 건축물의 부속 건물을 웅장하게 짓는 모습을 함께 표현한 말이다.

게 하는 것입니다. 농사꾼이 농사철을 놓치게 만드는 것은 일이 실패하도록 하는 것입니다. 죄 없는 사람에게 벌을 주는 것은 백성을 죽게 만드는 것입니다. 세금을 무겁게 거두는 것은 백성들의 재산을 빼앗는 것입니다. 궁궐이나 누각을 짓는 공사를 크게 일으키는 것은 백성을 지치게 만들고 괴롭히는 것입니다. 벼슬아치가 탐욕스럽고 까다로운 것은 백성을 화나게 만드는 것입니다.

그러므로 나라를 잘 다스리는 군주는 백성을 대하면서 부모가 자식을 사랑하듯이 하고 형이 아우를 사랑하듯이 합니다. 백성들이 굶주리거나 헐벗어 추위에 떠는 모습을 보면 걱정해 주고, 백성들이 힘들고 괴로워하는 모습을 보면 슬퍼하며, 상과 벌을 내릴 적에는 자기 자신에게 주는 것처럼 생각하고, 세금을 거둘 때에는 자기에게 매기는 것처럼 여깁니다. 이것이 백성을 사랑하는 방법입니다."

文王問太公曰, 願聞爲國之大務, 欲使主尊人安, 爲之奈何. 太公曰 愛民而已.

文王曰, 愛民奈何. 太公曰, 利而勿害, 成而勿敗, 生而勿殺, 予而勿奪, 樂而勿苦, 喜而勿怒. 文王曰, 敢請釋其故. 太公曰, 民不失務則利之. 農不失時則成之. 不罰無罪則生之, 薄賦斂則與之. 儉官室臺樹則樂之. 吏淸不苛擾則喜之. 民失其務則害之. 農失其務則敗之. 無罪而罰則殺之, 重賦斂則奪之. 多營宮室臺樹, 以疲民力則苦之. 吏濁苛擾則怒之. 故善爲國者, 馭民如父母之愛子. 如兄之愛弟. 見其饑寒則爲之憂. 見其勞苦則爲之悲. 賞罰如加於身. 賦斂如取於己. 此愛民之道也.

4. 큰 예의 [大禮]

문왕이 태공망에게 물었다.

"군주와 신하 사이의 예의는 어떠해야 합니까?"

태공망이 대답하였다.

"군주는 위에 있으면서 아래를 굽어살필 뿐이고, 신하는 아래에 있으면서 위를 받들 뿐입니다. 그런데 아래를 굽어살피되 가까이 대하여 너무 멀어지지 않게 해야 하고, 위를 받들되 속이거나 감추는 일이 없어야 합니다.

군주는 백성에게 두루 은혜를 베풀어야 하고, 신하는 저마다의 맡은 바에 따라 안정되게 일을 처리하여야 합니다. 은혜를 널리 베푸는 것은 하늘이 만물을 기르면서도 조금도 차별이 없는 이치를 따르는 것이고, 안정되게 일을 처리하는 것은 땅이 만물을 싣고서 변함 없이 자리를 지키는 이치를 따르는 것입니다."

문왕이 물었다.

"군주의 마음가짐과 태도는 어떠해야 합니까?"

태공망이 대답하였다.

"편안하고 찬찬하여 흔들림이 없고, 부드럽고 절도를 지켜 안정되어야 합니다. 또한 은혜를 잘 베풀어 이익을 다투지 말며, 마음을 맑게 비우고 뜻을 가지런히 다스리며, 모든 사물에 대해서 편견을 버리고 공정해야 합니다."

문왕이 물었다.

"군주가 신하의 말을 들을 때에 어떻게 하여야 합니까?"

태공망이 대답하였다.

"무턱대고 가볍게 받아들이거나, 덮어놓고 거절한다든지 해서는 안 됩니다. 무턱대고 받아들이면 군주가 주관이 없어서 절도를 잃게 되고, 덮어놓고 거절하면 신하들이 제안할 길이 꽉 막혀 버립니다. 군주가 신하를 대하는 기풍은 마치 우러러 볼 뿐 감히 높이를 가늠할 수 없는 높은 산과 같아야 하며, 또한 굽어만 볼 뿐 감히 깊이를 헤아릴 수 없는 깊은 물과 같아야 합니다. 신성하고 빛나는 군주의 덕을 길러 언제나 공정함과 안정됨을 기준으로 삼아야 합니다."

문왕이 물었다.

"군주가 모든 것을 밝게 알려면 어떻게 하여야 합니까?"

태공망이 대답하였다.

"눈은 밝게 보는 것이 중요하고, 귀는 밝게 듣는 것이 중요하며, 마음은 지혜로운 것이 중요합니다. 천하 만백성의 눈으로 사물을 보면 보이지 않는 것이 없고, 천하 만백성의 귀로 들으면 들리지 않는 것이 없으며, 천하 만백성의 지혜로 생각하면 알지 못할 것이 없는 법입니다. 천하 만백성의 눈과 귀와 지혜를 하나로 모아서[20] 군주에게 더불어 전해진다면 결코 군주의 밝음이 가려지는 일은 없을 것입니다."

---

20. 원문은 '폭주'(輻湊)이다. 폭주(輻輳)라고 쓰여진 판본도 있다. 바퀴살이 바퀴의 중심축으로 딱 들어맞아야 바퀴가 제대로 돌아간다는 뜻에서 모든 요소가 함께 잘 맞아야 일이 이루어진다는 의미가 되었다. 또한 바퀴살이 하나의 바퀴축으로 모여야 한다는 뜻에서 사람들의 마음이 하나로 합쳐진다는 의견도 있다. 옮긴이는 앞의 뜻을 따라서 사람들의 눈과 귀와 지혜를 모아서 함께 일을 이루어간다고 풀었다.

文王問太公曰, 君臣之禮如何. 太公曰, 爲上惟臨, 爲下惟沈. 臨
而無遠, 沈而無隱. 爲上惟周, 爲下惟定. 周則天也, 定則地也. 或
天或地, 大禮乃成. 文王曰, 主位如何. 太公曰, 安徐而靜, 柔節先
定. 善與而不爭. 虛心平志, 待物以正. 文王曰, 主聽如何. 太公曰,
勿妄而許, 勿逆而拒. 許之則失守, 拒之則閉塞. 高山仰止, 不可極
也. 深淵度之, 不可測也. 神明之德, 正靜其極. 文王曰, 主明如何,
太公曰, 目貴明, 耳貴聰, 心貴智. 以天下之目視, 則無不見也. 以
天下之耳聽, 則無不聞也. 以天下之心慮, 則無不知也. 輻湊竝進,
則明不蔽矣.

5. 군주의 도리 〔明傳〕

문왕이 중병으로 자리에 누워 태공망을 불렀다. 태자 발[21]이 곁에서
시중을 들고 있었다.

"아아! 하늘이 나를 버리려고 하니, 이 주나라의 사직[22]을 장차 너에

---

21. 발(發)은 뒤에 무왕(武王)이 된 문왕의 둘째 아들로, 즉위 13년에 은(殷)나라의 주
    왕(紂王)을 물리치고 주(周)왕조를 건설하였다.
22. 원문은 '사직'(社稷)이다. '사'는 토지의 신이고, '직'은 곡식의 신이다. 사직은 바
    로 한 나라의 바탕을 이루는 땅과 경제력을 상징하였다. 고대의 천자나 제후는 이
    두 신을 궁궐의 오른쪽에 모시고, 왕가의 조상을 모신 종묘를 왼쪽에 모시고 제사
    를 지냈다. 이렇게 처음에는 종교적인 의미가 강했지만 뒤에 오면 나라나 왕조라
    는 말을 대신 이르는 말로 쓰였다.

게 맡기겠다. 이제 지극히 큰 도리를 깨달은 태공망의 훌륭한 말씀을 스승으로 삼아 자손들에게 밝게 전하도록 하라."

태공망이 말하였다.

"왕께서는 무엇을 물으려 하십니까?"

문왕이 말하였다.

"옛 성현의 가르침이 끊어지기도 하고 일어나기도 하는데, 대체 그 까닭이 무엇인지 말씀해 주시겠습니까?"

태공망이 대답하였다.

"군주가 좋은 일을 보고도 게을러서 실행하지 않고, 실행할 기회가 닥쳐와도 머뭇거리며 잡지 못하고, 나쁜 짓임을 알면서도 끊지 못하고 주저 앉습니다. 이 세 가지 때문에 성현의 가르침이 끊어지게 됩니다.

부드러우면서도 차분하게 몸가짐을 가지며, 공손하고 경건하게 남을 대하며, 강해야 할 때에는 강하고 약해야 할 때에는 약하며, 인내심이 많으면서도 굳세게 대처합니다. 이 네 가지 때문에 성현의 가르침이 일어나게 됩니다.

그러므로 의로움이 욕심을 이기면 나라의 기운이 뻗어나가고, 반대로 욕심이 의로움을 이기면 나라가 멸망합니다. 또한 공경하고 삼가는 마음이 게으름을 이기면 나라에 이롭지만, 반대로 게으름이 공경하고 삼가는 마음을 이기면 나라가 멸망하게 됩니다."

文王寢疾, 召大公望, 太子發在側曰, 嗚呼, 天將棄予. 周之社稷, 將以屬汝. 今予欲師至道之言, 以明傳之子孫.

太公曰, 王何所問. 文王曰, 先聖之道, 其所止, 其所起, 可得聞乎.

太公曰, 見善而怠, 時至而疑, 知非而處, 此三者, 道之所止也.
柔而靜, 恭而敬, 强而弱, 忍而剛, 此四者, 道之所起也. 故義勝欲
則昌, 欲勝義則亡, 敬勝怠則吉, 怠勝敬則滅.

6. 인재 등용과 경제 정책 〔六守〕

문왕이 태공망에게 물었다.

"나라와 백성을 다스리는 군주가 나라와 백성을 잃는 까닭은 무엇입
니까?"

태공망이 대답하였다.

"군주가 뛰어난 인재와 중요한 사업을 신중하게 선택하지 못하였기
때문입니다. 군주에게는 반드시 지켜야 할 여섯 가지 덕목이 있고, 보물
처럼 소중히 여겨야 할 세 가지 사업이 있습니다."

문왕이 물었다.

"반드시 지켜야 할 여섯 가지 덕목이란 무엇입니까?"

태공망이 대답하였다.

"첫째는 인덕, 둘째는 정의, 셋째는 충직, 넷째는 신의, 다섯째는 용
기, 여섯째는 모략입니다. 이것이 여섯 가지 지켜야 할 덕목입니다."

문왕이 물었다.

"여섯 가지 덕목을 지킬 수 있는 인물을 신중히 가려내려면 어떻게
하여야 합니까?"

태공망이 대답하였다.

"그 사람을 부유하게 해 주고 나서 예법을 범하는 일이 없는지 잘 살펴보고, 높은 벼슬을 주고 나서 오만하지 않은지 살펴보며, 중대한 임무를 맡기고 나서 마음을 바꾸지 않는지 살펴보고, 일을 시켜보고 나서 조금이라도 숨기는 일이 없는지 살펴보며, 위험한 처지에 떨어뜨리고 나서 두려움이 없는지 살펴보고, 갖가지 어려운 일을 당하게 하여 얼마나 임기응변으로 잘 벗어나는지를 살펴봅니다.

부귀를 누리되 예법을 범하지 않으면 인덕이 있는 사람입니다. 벼슬이 높은데도 오만하지 않으면 정의가 있는 사람입니다. 중대한 임무를 맡아도 조금도 마음을 바꾸지 않으면 충직한 사람입니다. 무슨 일이나 숨김없이 성실히 처리하면 신의가 있는 사람입니다. 위험한 처지에 떨어져도 두려워하지 않으면 용기가 있는 사람입니다. 어려운 일을 당해도 임기응변으로 지혜롭게 처리하면 모략이 있는 사람입니다.

군주는 또한 보물처럼 소중한 세 가지 사업을 다른 사람에게 빌려 주어서는 안 됩니다. 군주가 그것을 남에게 빌려 주면 권위를 잃게 됩니다."

문왕이 물었다.

"보물처럼 소중한 세 가지 사업이란 무엇입니까?"

태공망이 대답하였다.

"농업, 공업, 상업을 세 가지 중대한 사업이라고 합니다. 농민들이 자기 고향에 모여 한마음 한뜻으로 농사에 힘을 쏟으면, 곡식이 넉넉하게 생산됩니다. 기술자들이 한 곳에 모여 서로 협동하여 공산품 생산에 온 힘을 기울이면, 모든 기구와 물자가 넉넉해집니다. 상인들이 한 곳에 모여 장사에 온 힘을 기울이면, 모든 물자의 흐름이 원활해집니다.

농업, 공업, 상업을 저마다 정해진 곳에서 편안히 자리 잡고 전문성을 높이게 하면 백성들은 자기의 직업에 편안히 종사하여 다른 마음을 품지 않게 될 것입니다. 그리하여 저마다 일정한 곳에 살게 하여 경제 구역을 어지럽히지 않게 하고, 가업을 계승하게 하여 집안을 어지럽히지 않게 해야 합니다.

경제에 대한 모든 권한을 신하에게 맡기지 않고 군주가 직접 관장하여, 신하가 군주보다 더 부유하거나, 지방 도시가 수도보다 더 커지는 일이 없도록 하여야 합니다. 나라에 여섯 가지 덕목을 잘 지키는 인재가 많아지면 군주의 통치가 번성하고, 보물처럼 소중한 세 가지 사업이 온전해지면 나라의 기틀이 안정됩니다."

文王問太公曰, 君國主民者, 其所以失之者何也. 太公曰, 不謹所與也. 人君有六守三寶. 文王曰, 六守何也. 太公曰, 一曰仁, 二曰義, 三曰忠, 四曰信, 伍曰勇, 六曰謀, 是謂六守. 文王曰, 謹擇六守者何也. 太公曰, 富之而觀其無犯, 貴之而觀其無驕, 付之而觀其無轉, 使之而觀其無隱, 危之而觀其無恐, 事之而觀其無窮. 富之而不犯者仁也, 貴之而不驕者義也, 付之而不轉者忠也, 使之而不隱者信也, 危之而不恐者勇也, 事之而不窮者謀也. 人君無以三寶借人, 借人則君失其咸. 文王曰, 敢問三寶. 太公曰, 大農, 大工, 大商, 謂之三寶. 農一其鄕則穀足, 工一其鄕則器足, 商一其鄕則貨足. 三寶各安其處, 民乃不慮. 無亂其鄕, 無亂其族. 臣無富於君, 都無大於國. 六守長, 則君昌. 三寶全, 則國安.

7. 국토의 수비 〔守土〕

문왕이 태공망에게 물었다.

"나라의 영토를 지키려면 어떻게 하여야 합니까?"

태공망이 대답하였다.

"군주의 친척을 멀리 하지 말고, 백성을 소홀히 여기시 밀아야 합니다. 또한 군주 곁에 있는 신하들을 잘 달래어 따르게 하고, 사방으로 국경을 맞대고 있는 이민족을 잘 다스려야 합니다.

함부로 정권을 남에게 맡겨서는 안 됩니다. 군주가 정권을 남에게 맡기면 권위를 잃고 맙니다. 깊은 골짜기의 흙을 파내어 이미 높은 언덕을 더 높게 올리듯[23] 이미 권력을 쥐고 있는 신하에게 더욱 강한 권력을 갖게 하여 아랫사람을 더욱 괴롭히게 하는 일을 해서는 안됩니다. 뿌리가 되는 일은 내버려두고 가지나 잎만 건드리는 일을 하지 말아야 합니다.

빨래는 해가 머리 위에 뜬 한낮에 말려야 하고,[24] 칼을 뺐으면 반드시 잘라야 하며, 도끼를 들었으면 반드시 내려쳐야 합니다. 한낮에 빨래를 말리지 않으면 때를 잃은 것이며, 기껏 칼을 빼고도 아무 것도 자르지 않으면 유리한 기회를 잃는 것이며, 도끼를 들고도 내려치지 않으면

---

23. 원문은 '굴학이부구'(掘壑而附丘)이다. 골짜기에서 흙을 파다가 언덕을 더욱 높인다는 뜻으로 부족한 곳에서 더 빼내어 넘치는 곳에다 덧붙여 주는 상황을 가리킨다. 이는 세력이 약한 쪽을 더욱 약화시키고, 이미 세력을 확보한 쪽을 더욱 강화시켜 줌을 비유한 말이다.

24. 원문은 '혜'(彗)이다. 원래 쓰는 빗자루나 꼬리별을 뜻하는 글자이지만 여기서는 햇볕을 쬐어 말린다〔晒, 曬〕는 뜻으로 쓰였다.

오히려 화근을 남겨 도적을 불러들이게 됩니다.

물은 조금씩 흐를[25] 때에 막지 않으면, 마침내 큰 강을 이루어 막지 못하게 됩니다. 불도 막 피어오를 때에 끄지 않으면, 결국 큰 불이 되어 끌 수 없게 됩니다. 나무도 떡잎일 때에 잘라 버리지 않으면, 마침내 커다란 나무가 되어 도끼를 쓰지 않고서는 벨 수 없게 됩니다.

그러므로 군주는 반드시 경제에 힘써 부를 쌓아야 합니다. 부가 없으면 어진 정치를 베풀 수 없고, 어진 정치를 베풀지 않으면 친척을 화합시키지 못하고, 친척을 멀리 하면 손해를 입게 되고, 백성을 잃으면 패망하게 됩니다. 또한 군주의 예리한 무기[26]인 군사 통솔권을 남에게 맡기면 도리어 그에게 해를 입어 제 명에 죽지 못하게 됩니다."

문왕이 물었다.

"무엇을 인의라고 합니까?"

태공망이 대답하였다.

"백성을 공경하고 친족을 화합시키는 것입니다. 군주가 백성을 공경하여 업신여기지 않으면 민심이 단합하고, 친척을 화합시키면 모두들 기뻐합니다. 이것이 인의의 바탕이라고 말하는 것입니다.

---

25. 원문은 '연연'(涓涓)이다. 물이 매우 가늘고 적게 흐르는 모양을 가리킨다. 아래에서 '불도 막 피어오를 때'를 뜻하는 '형형'(熒熒)도 가는 등불이 빛나는 모습을 가리키고, '떡잎'을 뜻하는 '양엽'(兩葉)도 두 장으로 피어난 작은 싹을 가리킨다. 이 세 가지는 모두 나쁜 상황이 겨우 조짐을 보일 때를 가리킨다.

26. 원문은 '이기'(利器)이다. 예리한 무기란 여기서 군사 통솔권 또는 정치 권력을 가리킨다. 『노자』(老子) 36장의 "나라의 예리한 무기는 사람들에게 보여서는 안 된다"[國之利器, 不可以示人]는 구절도 이와 같은 맥락에서 이해할 수 있다.

다른 사람이 군주의 권위를 빼앗지 못하게 스스로 굳건히 지키고, 사람의 밝은 지혜를 의지하고 하늘의 변하지 않는 영원한 도리를 따라 다스려야 합니다. 그리하여 군주에게 순종하는 자에게는 은덕을 베풀고, 거역하는 자에게는 힘으로 끊어 버려야 합니다. 이와 같이 백성을 공경한다면 아무런 의심도 없이 천하가 화합하여 복종하게 될 것입니다."

文王問太公曰, 守土奈何. 太公曰, 無疏其親, 無怠其衆, 撫其左右, 御其四旁. 無借人國柄. 借人國柄, 則失其權. 無掘壑而附丘, 無舍本而治末. 日中必彗, 操刀必割, 執斧必伐, 日中不彗, 是謂失時. 操刀不割, 失利之期. 執斧不伐, 賊人將來. 涓涓不塞, 將爲江河. 熒熒不救, 炎炎奈何. 兩葉不去, 將用斧柯. 是故人君必從事於富. 不富無以爲仁, 不施無以合親. 疏其親則害, 失其衆則敗. 無借人利器. 借人利器, 則爲人所害而不終其世.

文王曰, 何謂仁義. 太公曰, 敬其衆, 合其親. 敬其衆則和, 合其親則喜, 是謂仁義之紀. 無使人奪汝威. 因其明, 順其常. 順者任之以德, 逆者絶之以力. 敬之勿疑, 天下和服.

8. 나라의 수호 〔守國〕

문왕이 태공망에게 물었다.
"나라를 지키려면 어떻게 해야 합니까?"
태공망이 대답하였다.

"군주께서는 먼저 목욕 재계를 하십시오. 그러면 제가 군주께 하늘과 땅이 운행하는 법칙, 네 계절이 일어나는 이치, 인자와 성인의 도리, 백성의 마음이 움직이는 실정에 대해서 말씀드리겠습니다."

문왕이 이레 동안 목욕 재계하여 몸과 마음을 맑게 한 다음, 태공망에게 북면[27]하고서 두 번 절하여 스승에 대한 예를 갖추고 물었다.

이에 태공망이 대답하였다.

"하늘은 네 계절을 낳고, 땅은 만물을 낳았습니다. 하늘 아래에는 많은 백성이 있는데, 인자와 성인이 이들을 기르고 다스렸습니다. 봄의 법칙은 만물의 태어나게 하는 것으로 만물의 씨를 퍼뜨려 기르게 합니다. 여름의 법칙은 자라게 하는 것으로 만물을 성장시킵니다. 가을의 법칙은 거두어들이는 것으로 만물을 거두어 창고가 가득 차게 합니다. 겨울의 법칙은 감추는 것으로 풀과 나무가 마르고 벌레도 땅 속으로 숨어들어 만물이 조용해집니다.

만물은 열매를 맺어 가득 차면 대지에 엎드려 감추어지고, 감추어졌다가는 어느새 다시 돋아납니다. 이렇게 끊임없이 되풀이되어 어디가 처음이며 어디가 끝인지 아무도 알 수 없습니다.

성인은 백성을 다스릴 때에 이 하늘과 땅이 순환하는 영원한 법칙을

---

27. 원문은 '북면'(北面)이다. 북쪽을 향해서 선다는 뜻이다. 옛날 사람들은 북쪽을 향해서 서면 낮은 자리인 신하의 자리를 뜻하고 남쪽을 향해서 서면 높은 자리인 군주나 스승의 자리를 뜻한다. 그리하여 '남면'(南面)한다는 말이 가장 높은 자리인 군주의 자리에 오른다는 뜻으로 쓰였다. 그런데 여기서 군주인 문왕이 신하인 태공망을 북면하여 두 번 절했다는 말은 문왕이 태공망을 신하로 대우하지 않고 스승으로 섬겨 우러러 모신다는 뜻이다.

본받아 정치의 기본으로 삼았습니다. 그러므로 천하가 잘 다스려지면 인자나 성인이 할 일이 없어져 자취를 감추게 되고, 천하가 어지러워질 때야말로 인자나 성인이 나타나 어지러움을 다스려 태평한 세상으로 되돌리려고 왕성하게 활동합니다. 세상의 지극한 이치는 이와 같습니다.

성인이 하늘과 땅 사이에서 백성을 보배롭게 여기는 것은 참으로 큰일입니다. 하늘과 땅 사이의 길이 변치 않는 법칙에 따라 백성을 다스리면 백성이 편안해집니다. 그러나 만약 백성들의 마음에 원망과 분노가 일어 흔들리면 어지럽게 되는 실마리가 되며, 어지러움의 실마리가 생기면 이해득실의 다툼이 있게 됩니다. 이럴 때에 군주는 어두운 방법인 형벌과 무력으로 제지하고, 밝은 방법인 은덕을 베풀어 천하를 화합시켜야 합니다. 이렇게 군주가 앞장서서 천하를 이끌어 가야 천하의 만백성이 모두 따르며 화합하게 됩니다.

그러나 무슨 일이든 극에 다다르면 반드시 평상의 상태로 되돌아가게 마련입니다. 지나치게 나서서 다투지도 말고, 지나치게 물러서서 물리려고만 해서도 안 됩니다. 이와 같이 나라를 지킨다면 군주의 덕을 천지와 더불어 빛을 발할 것입니다."

文王問太公曰, 守國奈何. 太公曰, 齋, 將語君天地之經, 四時所生, 仁聖之道, 民機之情. 王齋七日, 北面再拜而問之.

太公曰, 天生四時, 地生萬物. 天下有民, 聖人牧之. 故春道生, 萬物榮, 夏道長, 萬物成, 秋道斂, 萬物盈, 冬道藏, 萬物靜. 盈則藏, 藏則復起. 莫知所終, 莫知所始. 聖人配之, 以爲天地經紀. 故天下治, 仁聖藏, 天下亂, 仁聖昌, 至道其然也. 聖人之在天地間也,

其實固大矣. 因其常而視之, 則民安. 夫民動而爲機, 機動而得失爭
矣. 故發之以其陰, 會之以其陽. 爲之先唱, 而天下和之. 極反其常,
莫進而爭, 莫退而遜. 守國如此, 與天地同光.

9. 현인의 추천 〔上賢〕

문왕이 태공망에게 물었다.

"군주는 어떤 자를 높은 자리에 쓰고 어떤 자를 낮은 자리에 써야 합
니까? 또 어떤 자를 등용하고 어떤 자를 버려야 합니까? 그리고 어떤 일
을 막고 어떤 일을 그치게 해야 합니까?"

태공망이 대답하였다.

"현명한 사람은 높은 자리에 임명하고, 현명하지 못한 사람은 낮은 자
리에 있게 임명해야 합니다. 또 진실하고 미더운 사람을 등용하고, 거짓
되고 위선적인 사람을 버려야 합니다. 그리고 난폭하고 질서를 어지럽히
는 행동을 막고, 사치를 그치게 해야 합니다. 그러므로 군주는 인재 등용
에 있어서 여섯 가지 도적과 일곱 가지 해로움을 늘 명심해야 합니다."

문왕이 말하였다.

"그 내용을 말씀해 주시기 바랍니다."

태공망이 대답하였다.

"여섯 가지 도적이란 다음과 같습니다.

첫째, 신하로서 커다랗고 사치스런 저택과 정원을 짓고 노래와 춤에
푹 빠져 헤어나지 못하는 자입니다. 이들은 군주의 덕을 해칩니다.

둘째, 백성으로서 농사와 누에치기를 힘쓰지 않고 기분 내키는 대로 호기를 부리며, 법령을 어기고 깔보면서 벼슬아치의 지시에 따르지 않는 자입니다. 이들은 군왕의 교화를 해칩니다.

셋째, 신하로서 패거리를 지어 어진 이와 지혜로운 이를 가로막고, 군주의 똑똑함을 가리는 자입니다. 이들은 군주의 권위를 해칩니다

넷째, 선비로서 야망을 품고 기개와 질개를 뽐내면서 기세를 부리며, 밖으로 제후들과 제멋대로 사귀며 군주의 권위를 무겁게 여기지 않는 자입니다. 이들은 군왕의 위엄을 해칩니다.

다섯째, 신하로서 나라에서 내린 벼슬과 작위를 하찮게 여기고 벼슬 아치들을 천하게 보며, 군주를 위하여 위험을 무릅쓰는 일을 부끄럽게 여기는 자입니다. 이들은 공신이 이룬 공로를 해칩니다.

여섯째, 강력한 호족으로서 가난하고 약한 사람들을 못살게 굴며 빼앗고 업신여기는 자입니다. 이들은 서민의 생업을 해칩니다.

이어서 일곱 가지 해로움이란 다음과 같습니다.

첫째, 사려 깊은 지혜나 임기응변하는 꾀도 없는 자에게 후한 상과 높은 벼슬을 주면, 자신의 만용만을 내세우며 싸움을 가볍게 보고 어쩌다 전쟁터에서 요행히 이겨서 전공을 세워 상을 받는 자들이 나타납니다. 군주는 삼가 이러한 자들을 장수로 임명하지 말아야 합니다.

둘째, 이름만 내세우고 전혀 실력이 없으며, 조정 안팎을 드나들며 서로 다른 말을 꾸며대며, 좋은 면은 숨기고 나쁜 면만을 들추면서, 자기가 벼슬길에 나가고 물러나는 처세만을 교묘하게 하는 무리입니다. 군주는 삼가 이러한 자들과 함께 나랏일을 의논하지 말아야 합니다.

셋째, 자신은 순박하고 검소한 척하며 일부러 거칠고 낡은 옷을 걸치

고, 억지로 꾸미는 일도 없고 욕심도 없다는 말을 곧잘 하지만 실은 명예와 이익을 추구하는 거짓된 무리입니다. 군주는 이러한 자들을 가까이해서는 안됩니다.

넷째, 갓과 허리띠를 이상하게 차려 입고 옷매무새를 세련되게 꾸며서 남의 눈길을 끌면서, 드넓은 견문과 능란한 말주변을 자랑하여 얼토당토 않는 빈 말이나 빈 껍데기뿐인 엉뚱한 이론만을 일삼고, 자신의 겉모습만을 뽐내면서도 벼슬하지 않고 고요하고 한가로운 곳에 틀어박혀 세상 풍속을 헐뜯는 간사한 무리입니다. 군주는 이들을 사랑해서는 안됩니다.

다섯째, 남을 헐뜯거나 알랑거리며 비위를 맞추어 벼슬자리를 구하고, 용맹만을 내세우며 자신의 목숨을 티끌처럼 가벼이 여겨서 봉록을 탐내고, 큰 일은 꾀하지 않은 채 조금이라도 이익이 되는 것만 보면 달려들며, 언뜻 들어서는 고상해 보이는 허무맹랑한 말로 군주를 기쁘게 하는 무리입니다. 군주는 이러한 자를 신하로 삼아서는 안됩니다.

여섯째, 빼어난 솜씨로 갖가지 아름다운 모양을 조각하고 화려한 장식을 아로새겨 꾸미는 데에만 정신이 팔려 농사를 해치는 짓입니다. 군주는 반드시 이러한 일을 금지시켜야 합니다.

일곱째, 허황한 방술과 요사스런 재주를 부리고 무당의 주문과 사교의 미신을 믿으며,[28] 요망한 말을 퍼뜨려 착한 백성들을 현혹하는 행위

---

28. 원문은 '무고좌도'(巫蠱左道)이다. '무'는 주로 여자 무당을 가리킨다. 귀신을 부리는 영매(靈媒)로서, 주문을 외워 병을 치료하거나 마귀를 쫓았다. '고'는 옛날 사람들의 상상 속에서 사람을 해친다는 벌레다. 그래서 무당이 굿거리를 하면서 벌레

입니다. 군주는 이러한 행위를 반드시 막아야 합니다.

　그러므로 백성으로서 저마다의 맡은 일에 온 힘을 쏟지 않는 자는 우리나라의 백성이라고 할 수 없습니다. 인재로서 참되고 미덥게 군주를 섬기지 않는 자는 우리나라의 인재라고 할 수 없습니다. 신하로서 참마음으로 바른 말을 하지 않는 자는 우리나라의 신하라고 할 수 없습니다. 벼슬아치로서 공평하고 결백하게 백성을 사랑하지 않는 자는 우리나라의 벼슬아치라고 할 수 없습니다. 또한 재상으로서 나라를 부유하게 하고 군대를 강하게 하지 못하고, 음양의 이치를 조화롭게 하여 천자[29]를 편안히 모시지 못하며, 뭇 신하들을 바르게 이끌어 이름과 실력이 꼭 들어맞게 만들지 못하고, 상과 벌을 분명히 가려서 백성들을 즐겁게 해 주지 못하는 자는 우리나라의 재상이라고 할 수 없습니다.

　천하의 왕이 된 자는 용의 머리처럼 드높은 하늘 위에서 멀리 바라보고, 아주 깊게 생각하며 자세히 귀기울여 판단합니다. 그리고 모습은 드러내지만 속내는 절대 나타내지 않아야 합니다. 마치 드높은 하늘의 끝을 다 헤아릴 수 없는 것처럼, 깊은 연못의 바닥을 알 수 없는 것처럼 아무도 눈치채지 못하여 경외감을 가지게 해야 합니다.

를 퇴치하는 시늉을 보여주었다고 한다. 이 두 글자를 합친 '무고'는 뒤에 무당이 주문이나 술법으로 남을 현혹〔蠱惑〕한다는 뜻으로 쓰이게 되었다. '좌도'는 옳지 않은 도를 가리키는데 여기서는 미신이나 예언 따위를 하는 사교(邪敎)를 뜻한다.

29. 원문은 '만승지주'(萬乘之主)이다. 말 그대로 1만 대의 전차를 뜻한다. 옛날에는 4필(匹)의 말이 끄는 사거(駟車)를 1량(輛) 또는 1승(乘)으로 보았다. 이는 한 나라가 동원할 수 있는 군사력과 경제력을 뜻하는 말로 백승(百乘)은 대부 이하, 천승(千乘)은 제후, 만승은 천자의 나라를 가리킨다.

군주가 성내야 할 경우에 성내지 않으면 간신이 판치게 됩니다. 죽여야 할 때에 바로 죽이지 않으면 큰 역적이 반란을 일으킵니다. 군대를 출동시켜야 할 때에 토벌하지 않으면 적국이 강성해집니다."

문왕이 무릎을 치며 말하였다.

"참으로 좋은 말씀입니다."

文王間太公曰, 王人者, 何上何下, 何取何去, 何禁何止. 太公曰, 上賢下不肖. 取誠信, 去詐僞. 禁暴亂. 止奢侈. 故王人者有六賊七害.

文王曰, 願聞其道. 太公曰, 夫六賊者, 一曰, 臣有大作宮室池榭, 遊觀倡樂者, 傷王之德. 二曰, 民有不事農桑, 任氣遊俠, 犯歷法禁, 不從吏教者, 傷王之化. 三曰, 臣有結朋黨, 蔽賢智, 障主明者, 傷王之權. 四曰, 士有抗志高節, 以爲氣勢, 外交諸侯, 不重其主者, 傷王之威. 伍曰, 臣有輕爵位, 賤有司, 羞爲上犯難者, 傷功臣之勞. 六曰, 强宗侵奪, 陵侮貧弱, 傷庶人之業.

七害者, 一曰, 無智略權謀, 而重賞尊爵之, 故强勇輕戰, 僥倖於外, 王者謹勿使爲將. 二曰, 有名無實, 出入異言, 掩善揚惡, 進退爲巧, 王者謹勿與謀. 三曰, 朴其身躬, 惡其衣服, 語無爲以求名, 言無欲以求利, 此僞人也, 王者謹勿近. 四曰, 奇其冠帶, 偉其衣服, 博聞辯辭, 虛論高議, 以爲容美, 窮居靜處, 而誹時俗, 此姦人也, 王者謹勿寵. 伍曰, 讒傍苟得, 以求官爵, 果敢輕死, 以貪祿秩, 不圖大事, 貪利而動, 以高談虛論, 說於人主, 王者謹勿使. 六曰. 爲雕文刻鏤, 技朽華飾, 而傷農事, 王者必禁. 七曰, 僞方異技, 巫蠱左道, 不祥之言. 幼惑良民, 王者必止之. 故民不盡力, 非吳民也.
士不誠信, 非吳士也. 臣不忠諫, 非吳臣也. 吏不平潔愛人, 非吳吏
也. 相不能富國强兵, 調和陰陽, 以安萬乘之主, 正羣臣, 定名實,
明賞罰, 樂萬民, 非吳相也.

夫王者之道, 如龍首, 高居而遠望, 深視而審聽, 示其形, 隱其情.
若天之高, 不可極也, 若淵之深, 不可測也. 故可怒而不怒, 姦臣乃
作, 可殺而不殺, 大賊乃發, 兵勢不行, 敵國乃强. 文王曰, 善哉.

10. 인재 등용 〔擧賢〕

문왕이 태공망에게 물었다.

"군주가 현명한 사람을 추천하려고 힘쓰는데도 효과를 거두지 못하
고, 세상은 점점 더 어지러워져 마침내 멸망에 이르게 되는 것은 무엇
때문입니까?"

태공망이 대답하였다.

"현명한 사람을 추천하였다 하더라도 제대로 쓰지 못한다면, 현명한
사람을 추천했다는 이름만 있을 뿐이며, 현명한 사람을 등용한 실제 효
과는 없는 것입니다."

문왕이 물었다.

"그 잘못된 까닭이 어디에 있습니까?"

태공망이 대답하였다.

"그 잘못은 군주에게 있습니다. 군주가 세간에서 칭찬하는 자만을 좋

아하여 등용하였을 뿐, 참으로 현명한 사람을 찾지 못한 데에 있습니다."

문왕이 물었다.

"그것이 무슨 뜻입니까?"

태공망이 대답하였다.

"군주가 세상 사람들이 칭찬하는 자를 현명한 사람이라 생각하고 세상 사람들이 나쁘게 말하는 자를 어리석은 인물이라고 여긴다면, 패거리가 많은 자는 등용되고 패거리가 적은 자는 물러나게 됩니다. 그렇게 되면 뭇 간신들이 패거리를 지어[30] 현명한 인물을 가려 버리게 됩니다. 그러면 충신은 죄 없이 죽게 되고, 간신은 속임수로 칭찬을 조장하여 벼슬을 얻게 됩니다. 이로 말미암아 세상은 점점 더 어지러워지고 결국 나라는 위험한 지경에 빠져서 멸망하게 됩니다."

문왕이 물었다.

"현명한 인물을 등용하려면 어떻게 해야 합니까?"

태공망이 대답하였다.

"장수와 재상의 직분을 나누고, 벼슬자리의 임무에 따라 딱 맞는 적임자를 등용하고, 벼슬자리의 임무에 맞는 실적을 쌓도록 감독하여야 합니다. 그리고 인재를 선발하고 재능을 살펴보아, 실적이 임무에 걸맞게 하고 임무가 실적에 합당하도록 한다면, 현명한 인물을 등용하는 길을 찾게 될 것입니다."

---

30. 원문은 '비주'(比周)이다. '비'는 아첨하며 사귄다는 뜻이고, '주'는 바른 도리로써 사귄다는 뜻이 있는데 여기서는 서로 가까이 모인다는 뜻으로 쓰였다. 둘을 합하여 간사하고 부정한 무리들이 서로 가깝게 뭉쳐서 패거리나 당파를 만든다는 뜻이다.

文王問太公曰, 君務擧賢, 而不能獲其功. 世亂愈甚, 以致危亡者, 何也. 太公曰, 擧賢而不用, 是有擧賢之名. 而無用賢之實也.

文王曰, 其失安在. 太公曰, 其失在君好用世俗之所譽, 而不得其賢也. 文王曰, 何如. 太公曰, 君以世俗之所譽者爲賢, 以世俗之所毀者爲不肖. 則多黨者進, 少黨者退. 若是則羣邪比周而蔽賢, 忠臣死於無罪, 姦臣以虛譽取爵位. 是以世亂愈甚, 則國不免於危亡.

文王曰, 擧賢奈何. 太公曰, 將相分職, 而各以官名譽人, 按名督實. 選才考能, 令實當其名, 名當其實, 則得擧賢之道也.

11. 신상필벌 〔賞罰〕

문왕이 태공망에게 물었다.

"포상은 선행을 권장하는 수단이며, 처벌은 악행을 징계하는 수단입니다. 나는 한 사람에게 상을 주어 백 사람의 선을 권장하고, 한 사람에게 벌을 주어 많은 사람의 악을 징계하려 합니다. 어떻게 하면 되겠습니까?"

태공망이 대답하였다.

"포상은 공로에 알맞게 실행된다는 믿음이 가장 소중하고, 처벌은 예외 없이 반드시 실행된다는 것이 가장 중요합니다. 포상에 믿음이 있고 처벌에 예외가 없다는 것을 많은 사람들이 눈으로 보고 귀로 듣는 곳에서 실행한다면, 이를 직접 보고 듣지 못한 자들이라 할지라도 자기도 모르는 사이에 모두 교화될 것입니다.

신상필벌의 효과는 군주가 진심으로 시행하는 데에 달려 있습니다.

이러한 진심은 하늘과 땅에도 두루 펼쳐지고 신령에게까지도 두루 통하는 것입니다. 하물며 사람에게 어찌 통하지 않을 리가 있겠습니까?"

文王問太公曰, 賞所以存勸, 罰所以示懲. 吳欲賞一以勸百, 罰一以懲衆, 爲之奈何. 太公曰, 凡用賞者貴信, 用罰者貴必. 賞信罰必於耳目之 所聞見, 則所不聞見者莫不陰化矣. 夫誠暢於天地, 通於神明, 而況於人乎.

12. 용병의 원리 〔兵道〕

무왕이 태공망에게 물었다.
"용병의 원리는 무엇입니까?"
태공망이 대답하였다.
"용병의 원리는 하나[31]에 지나지 않습니다. 하나란 지휘권이 한 사람에게 모아지고 병력이 집중되어 장수가 자유자재로 전진하고 후퇴하는

---

31. 원문은 '일'(一)이다. 많은 연구에 따르면 『육도』는 황노(黃老) 학파의 영향이 강한 것으로 나타나고 있다. 황노학은 도가 사상을 바탕으로 황제로 상징되는 정치 및 과학 기술 사상을 결합한 사상이다. 이 황노 학파에서 매우 중시하는 철학 개념이 바로 '일'인데 '도'에 가까운 의미로 쓰인다. 『노자』 42장에서는 "도는 하나를 낳고, 하나는 둘을 낳고, 둘은 셋을 낳고, 셋을 만물을 낳는다"〔道生一, 一生二, 二生三, 三生萬物〕이라 하였고, 『회남자』(淮南子)「전언훈」(詮言訓)에는 "하나란 만물의 뿌리이고 무적의 길이다"〔一也者, 萬物之本也, 無敵之道也〕라고 하였다. 천지자연의 통일적인 원리이면서, 동시에 인간사회의 중심원리로써 활용할 수 있다는 뜻이다.

것을 말합니다. 옛날 황제[32]도 '하나란 통하지 않는 것이 없어 만물의 뿌리인 도로 나아가며, 입신의 경지에 가깝다. 이것을 잘 쓰는 것은 상황 변화의 실마리를 잘 잡는 데에 달려 있고, 이것을 잘 드러내는 것은 형세의 흐름을 잘 활용하는 데에 지나지 않는다. 그리고 이것을 성취하는 것은 군주가 장수를 믿고 모든 권한을 맡겨 주느냐에 달려 있는 것이다'라고 하였습니다. 그러므로 성군들은 군대를 흉한 도구라고 불렀으며 마지못해 어쩔 수 없는 경우에만 사용하였습니다.[33]

---

32. 황제(黃帝)는 고대 전설 속의 세 제황인 삼황(三皇)과 다섯 제왕인 오제(伍帝)에 꼽히는 첫 번째 인물로 한족(漢族)의 조상이라 일컬어지고 있다. 성은 희씨(姬氏)이고 이름은 헌원씨(軒轅氏)라고 한다. 씨족 부락의 우두머리로 추대 받아, 기원전 2700년 경에 황하(黃河) 중북부의 이민족을 굴복시켜 천하를 통일하였다고 한다. 인류 최초로 수레와 배 등을 만들고, 도량형, 음악, 역법(曆法), 잠업(蠶業) 등을 창안하여 중국 역사상 문명생활의 기틀을 이룩한 인물로 알려져 있다. 병가에서는 역사상 처음 활과 화살 같은 무기를 창안하고, 최초의 병법서 『악기경』(握奇經)을 지었다고 해서 매우 주목한다. 또한 황노사상의 비조로 꼽히며, 후대 사상에도 깊이 영향을 주었다.

33. 원문은 '병위흉기, 부득이이용지'(兵爲凶器, 不得已而用之)이다. 고대의 병가(兵家)에서 널리 주장하였던 '신중한 전쟁론'인 신전(愼戰) 사상을 보여준다. 전쟁이란 결국 마지막에 사용하는 통치 수단이며 결과적으로 적과 아군이 모두 다치게 되는 행위이므로 신중해야 한다는 뜻이다. 본문과 비슷한 구절이 『노자』(老子) 31장에 "무기란 도무지 상서롭지 못한 도구일 뿐이며 군자의 도구가 아니다. 다만 어쩔 수 없어서 쓸 뿐이니 언제나 담담하고 초연한 것이 제일 좋다"[兵者, 不祥之器, 非君子之器, 不得已而用之, 恬淡爲上]라고 적혀 있다. 다만 전쟁을 반대한 노자의 주장과 어쩔 수 없이 써야 한다는 점에 주목한 『육도』의 주장에 차이가 있음도 놓치지 말자. 한편 『손자』(孫子) 「시계」(始計)에도 "전쟁이란 나라의 큰 일이다. 삶과 죽음을 가르는 곳이며 나라의 존재와 멸망을 가르는 길이니 신중하게 살펴보아야 할 것이다"[兵者, 國之大事, 死生之地, 存亡之道, 不可不察也]라고 하여 비슷한 주장을 하고 있다.

지금 은나라의 주왕[34]은 나라가 영원히 존재할 것으로만 알고 멸망하게 될 줄은 모르며, 자신의 즐거움만을 알고 재앙이 닥쳐오리라는 것은 모르고 있습니다. 나라의 존재는 저절로 이루어지는 것이 아니라, 나라가 멸망할까 염려하고 미리 대처하여야 이루어지는 것입니다. 자기 자신의 즐거움은 저절로 얻어지는 것이 아니라, 재앙이 닥쳐올까 염려하고 미리 대처하여야 얻어지는 것입니다. 이제 군주께서 흥망성쇠의 근원을 염려하고 계시니, 지엽적인 문제가 어찌될 지를 염려할 필요가 있겠습니까?"

무왕이 물었다.

"만약 아군과 적군의 양군이 맞붙어 선 상태인데, 적군도 공격해 올 수 없고 아군도 공격해 갈 수 없는 상황이어서 양쪽이 저마다 수비 태세만 굳힐 뿐 먼저 움직이지 못하고 있습니다. 아군이 적의 빈틈을 노려 습격하고 싶으나, 유리한 기회를 얻지 못하고 있다면, 어떻게 해야 합니까?"

태공망이 대답하였다.

"그럴 경우에는 적을 속여서 꾀어 내어야 합니다. 겉보기에는 전열을 정돈하지 못하고 혼란스러운 것처럼 보이지만 속으로 질서정연하고, 겉

---

34. 원문은 '상왕'(商王)이다. '상'은 탕왕(湯王)이 하(夏)나라의 걸왕(桀王)을 물리치고 세운 나라다. 처음에 박(亳) 땅을 수도로 정하였다가 반경(盤庚) 때에 은(殷)으로 옮겨가면서 나라이름을 은나라로 고쳤다. 28대에 마지막 군주인 주왕(紂王)이 등극하였다. 처음에는 매우 뛰어난 성군이었다가 달기(妲己)라는 여인에 빠져 폭정을 일삼았다. 기름을 바르고 불에 달군 쇠기둥을 건너게 하는 '포락'(炮烙)의 형벌과 술로 가득 찬 연못과 고기 안주가 주렁주렁 열린 숲이라는 '주지육림'(酒池肉林)으로 유명한 왕이다. 결국 무왕의 손에 토벌 당하고 은나라도 최후를 맞이하였다.

으로는 굶주려 보이게 하면서 실제로는 병사들을 배불리 먹이고, 실제로는 정예 군대이면서 겉으로는 오합지졸인 것처럼 꾸밉니다. 그런 다음 맞붙었다가 떨어지기를 거듭하고 병력을 모았다가 흩뜨렸다가 하면서, 아군의 계략을 숨기고 공격할 기회를 감추고, 방어 진지를 높이 쌓아 적의 첩자가 정탐하지 못하게 하며, 날랜 병사를 매복시킵니다. 그리고 진지 안에서 쥐죽은 듯이 아무 소리도 내지 않으면, 적군은 아군의 대비 상황이 어떤지 전혀 알 수 없습니다. 또한 적진의 서쪽을 공격하려면 그 반대 방향인 동쪽을 공격하는 것처럼[35] 보이게 합니다."

무왕이 물었다.

"적군이 아군의 실정과 계략을 미리 훤히 꿰뚫어 알고 있다면 어떻게 해야 합니까?"

태공망이 대답하였다.

"전쟁에서 이기는 방법은 적이 움직이는 기미를 은밀히 살펴서 유리한 기회를 타고서 재빨리 적이 미처 생각하지 못한 빈틈을 찔러 맹렬히

---

35. 원문은 '욕기서, 습기동'(欲其西, 襲其東)이다. 병가에서 흔히 쓰는 '성동격서'(聲東擊西)의 전술이다. 후대의 병서인 『통전』(通典) 「병육」(兵六)에 보면 "동쪽을 친다고 떠들다가 실제로는 서쪽을 친다"[聲言擊東, 其實擊西]라는 구절이 바로 이 전술을 그대로 보여주고 있다. 전술에서 쓰이는 대표적인 속임수이다. 동쪽에서 소란스럽게 소리를 내며 싸움을 걸어오면서 실은 서쪽에 주력 부대를 보내서 뒤통수를 때리는 양동 작전이다. 『손자』 「시계」에서 말하는 돌아가는 것처럼 보이면서 곧바로 질러간다는 '우직'(迂直)의 계략도 비슷한 의미이다. 적의 판단을 혼란시켜 아군의 작전 의도를 숨기기 위해서 노력한다는 점이 가장 중요하다. 한편 『육도직해』(六韜直解)의 유인(劉寅)은 "적이 아군의 서쪽을 탐낸다면 동쪽은 반드시 텅 비게 되니, 아군은 동쪽을 습격한다"라고 하여, 적의 움직임을 파악하여 빈틈을 노려서 무찌른다는 뜻으로 보았다.

공격하는 데 있습니다."

武王問太公曰, 兵道何如. 太公曰, 凡兵之道, 莫過於一. 一者能
獨往獨來. 黃帝曰, 一者, 階於道, 幾於神. 用之在於機, 顯之在於
勢, 成之在於君. 故聖王號兵爲凶器, 不得已而用之. 今商王知存而
不知亡, 知樂而不知殃. 夫存者非存, 在於慮亡. 樂者非樂, 在於慮
殃. 今王已慮其源, 豈憂其流乎.

武王曰, 兩軍相遇, 彼不可來, 此不可往, 各設固備, 未敢先發.
我欲襲之, 不得其利, 爲之奈何. 太公曰, 外亂而內整, 示饑而實飽,
內精而外鈍, 一合一離, 一聚一散, 陰其謀, 密其機, 高其壘, 伏其
銳士, 寂若無聲, 敵不知我所備. 欲其西, 襲其東. 武王曰, 敵知我
情, 通我謀, 爲之奈何. 太公曰, 兵勝之術, 密察敵人之機而速乘其
利. 復疾擊其不意.

무 도(武韜)

'무'(武)란 도덕적 명분과 정신적인 지향을 보여주는 '문'과 대비되는 개념이다. 이는 과감한 결단력과 꿋꿋한 의지로 위엄을 내보이며 부정의한 상황을 깨부수고 혼란을 바로잡아 나라의 기강을 세우는 바탕이다.

이 편에서는 주로 천하를 다스리는 정치 철학과 적국을 쳐서 패망시키는 군사 전략 등을 구체적으로 언급하고 있다.

1. 국가 전략 〔發啓〕

문왕이 풍 땅¹에서 태공망을 불러 물었다.

"아아! 은나라의 주왕이 포악하여 애꿎은 사람들을 셀 수없이 죽이고 있습니다. 선생²께서는 나를 도와 천하의 백성을 구할 수 있는 방법을 생각해 보십시오. 어떻게 하면 되겠습니까?"

태공망이 대답하였다.

"군주께서는 자신의 인덕을 잘 닦아서 현명한 자를 겸손하게 받들고, 백성들에게 은혜를 베풀면서 하늘의 길이 가리키는 바를 잘 살피십시오. 하늘이 아직 은나라왕에게 재해를 내리지 않았다면 앞장서서 거사를 입밖에 내지 마십시오..또한 백성의 마음이 아직 은나라왕을 등지지 않았다면 거사를 서둘러 꾀하지 마십시오. 반드시 하늘이 천재지변을 내리거나 백성의 마음이 등지고 변란을 일으키는 것을 보고 나서 거사를 꾀해야 합니다.

또한 반드시 공개적으로 드러난 정치와 개인적으로 감춰진 사생활을 함께 살펴야만 상대의 마음을 잘 알 수 있습니다. 반드시 겉모습과 속내를 함께 살펴야만 상대의 의도를 잘 알 수 있습니다. 반드시 꺼리며 멀리 하는 것과 아끼며 가까이 하는 것을 함께 살펴야만 상대의 감정을 알 수 있습니다.

---

1. 풍(酆)은 주나라 문왕 때의 수도이다. 지금의 섬서성 장안 서남쪽의 풍하(灃河)의 서쪽 지역이다.
2. 원문은 '공상'(公尙)이다. 태공망(太公望) 여상(呂尙)의 경칭이다.

하늘의 이치에 따라 올바른 길로 따라 가면 목표에 다다를 수 있고, 올바른 문으로 들어가면 방 안에 들어갈 수 있으며, 예절을 바로 세우면 큰 예절을 이룰 수 있고, 올바른 방법으로 강력함을 다투면 강적도 이길 수 있습니다. 가장 완전한 승리는 싸우지 않고 이기는 것이며, 가장 뛰어난 군대는 적과 아군에게 상처를 입히지 않습니다. 이러한 경지는 바로 귀신의 경지와 통하는 것으로 참으로 오묘하고도 오묘합니다!

백성들과 함께 아파하며 서로 돌봐주고, 백성들과 함께 마음을 나누며 서로 힘을 모으며, 백성들과 함께 미워하며 서로 돕고, 백성들과 함께 좋아하며 더불어 추구합니다. 이렇게 하면 몸을 지켜줄 갑옷이나 적을 찌를 무기가 없어도 싸워서 이길 수 있고, 성을 부술 장비[3]가 없어도 적의 성을 무너뜨릴 수 있으며, 참호를 파지 않아도 성을 굳게 지킬 수 있습니다.

큰 지혜를 가진 자는 겉으로 드러내지 않으므로 지혜롭지 않는 것처럼 보이고, 큰 꾀를 짜내는 자는 그것을 겉으로 드러내지 않으므로 아무것도 꾀하지 않는 것처럼 보이며, 큰 용기를 가진 자는 적과 싸우기 전에 적을 미리 약화시키므로 용맹스럽지 않은 것처럼 보이고, 큰 이익을

---

3. 원문은 '충기'(衝機)이다. '충'은 충거(衝車)를 가리키는데 삼각 천막처럼 생긴 지붕은 나무나 가죽으로 덮어서 적의 공격을 막고, 앞에 뾰족하고 커다란 쇠망치가 달려 있어서 진자(振子)가 움직이듯이 앞뒤로 흔들려서 성문을 부수는 기능을 담당하는 무기이다. 공성용 무기로 주로 쓰이지만 수성용으로 쓰일 때는 적의 사다리차인 운제(雲梯)를 부수는데 효과적인 무기이다. 그리고 '기'는 쇠뇌[弩]를 발사하는 장치가 되어 있는 기구를 가리킨다. 이 둘을 합하여 '충거'는 성을 공격하는 모든 병기류를 가리키는 말로 쓰였다.

꾀하는 자는 그것을 천하의 모든 사람들에게 자기의 이익을 나눠주므로 자신은 이롭지 않은 것처럼 보입니다. 천하를 이롭게 하는 자는 천하가 길을 열어 주고, 천하를 해롭게 하는 자는 천하가 그를 가로막습니다.

천하란 군주 한 사람만의 천하가 아닙니다. 천하란 모든 사람의 천하이지 그 누구의 것도 아닙니다. 천하를 손에 넣으려면 마치 여러 사람이 들짐승을 사냥하는 것과 같아서, 천하의 모든 사람들이 사냥한 고기를 나누어 받을 수 있다는 마음을 가지게 해야 합니다. 또한 한 배를 타고 함께 가는 것과 같아서, 일이 잘 이루어지면 함께 그 이익을 나누어 가질 수 있지만 어그러지면 모두가 손해를 입을 수 있다는 생각을 가지게 해야 합니다. 이처럼 천하의 모든 사람들과 이로움과 해로움을 함께 나누면, 사람들은 모두 일이 이루어지도록 길을 열어 줍니다. 단 한 사람이라도 길을 막는 자가 없을 것입니다.

군주가 백성들에게서 아무 것도 빼앗지 않는다면, 백성의 마음을 얻게 될 것이고 모든 백성들이 그를 이롭게 해줄 것입니다. 군주가 한 나라의 이익을 독차지하려 하지 않는다면, 한 나라의 백성들이 모두 힘을 합쳐서 그를 이롭게 해 줄 것입니다. 온 천하의 이익을 혼자 가지려 하지 않는다면, 온 천하의 백성들이 힘을 다하여 그를 이롭게 해 줄 것입니다. 그러므로 길은 오묘하여 보통 사람들이 보지 못하는 곳에 있고, 일은 은밀하여 보통 사람들이 듣지 못하는 곳에 있으며, 승리는 기이하여 사람들이 알지 못하는 곳에 있습니다. 참으로 미묘하고도 미묘합니다!

억세고 날쌘 새가 먹이를 낚아채려 할 때에는 낮게 날면서 날개를 모읍니다. 또한 사나운 짐승이 먹이를 덮치려 할 때에는 귀를 내리고 바닥에 낮게 엎드립니다. 마찬가지로 성인이 행동을 시작하려 할 때에는 반드시 어리석은 척 하여 상대가 알아차리지 못하게 합니다.

지금 저 은나라의 왕은 뭇 간신의 말에 갈팡질팡하고, 온 나라가 뒤죽박죽 어지럽고 아득하여 가늠하기 어려우며, 여색을 밝혀 법도가 무너짐이 그지없습니다. 이는 나라가 곧 멸망할 조짐입니다. 신이 은나라의 논과 밭을 살펴보니, 잡초가 곡식보다 우거져 있습니다. 백성들을 살펴보니, 사악하고 굽은 자가 바르고 곧은 자를 억누르고 있습니다. 벼슬아치들을 살펴보니, 포악하고 잔혹하게 백성들을 괴롭히고 있습니다. 나라의 법령이 무너지고 형벌이 어지러워졌는데도 윗사람이건 아랫사람이건 도무지 깨닫지 못하고 있습니다. 바로 이는 나라가 멸망할 때가 가까운 것입니다.

태양이 빛나면 만물이 모두 밝게 비추어지며, 큰 정의를 펼치면 만물이 모두 은혜를 입게 되며, 위대한 군대가 출동하면 만물이 모두 무릎을 꿇게 됩니다. 참으로 위대하도다! 성인의 덕이여! 아무도 듣지도 보지도 못하는 것을 군주께서 홀로 듣고 보시고서 군사를 일으키려 하시니, 참으로 기꺼운 일입니다."

文王在酆, 召太公曰, 嗚乎. 商王虐極, 罪殺不辜, 公尙助予憂民如何. 太公曰, 王其修德, 以下賢, 惠民以觀天道. 天道無殃, 不可先倡. 人道無災, 不可先謀, 必見天殃, 又見人災, 乃可以謀. 必見其陽, 又見其陰, 乃知其心. 必見其外, 又見其內, 乃知其意必見其疏, 又見其親, 乃知其情. 行其道, 道可致也. 從其門. 門可入也. 立其禮, 禮可成也. 爭其强. 强可脚也. 全勝不鬪, 大兵無創, 與鬼神通, 微哉, 微哉. 與人同病相救, 同情相成, 同惡相助, 同好相趨,故無甲兵而勝, 無衝機而功, 無溝塹而守.

　大智不智, 大謀不謀, 大勇不勇, 大利不利, 利天下者, 天下啓之, 害天下者, 天下閉之. 天下者, 非一人之天下, 乃天下之天下也. 取天下者, 若逐野獸, 而天下皆有分肉之心. 若同舟而濟, 濟則皆同其利, 敗敗皆同其害. 然則皆有以啓之, 無有以閉之也. 無取於民者, 取民者也. 無取民者民利之, 無取國者國利之, 無取天下者天下利之. 故道在不可見, 事在不可聞, 勝在不可知, 微哉微哉. 鷙鳥將擊, 卑飛斂翼, 猛獸將搏, 弭耳俯伏. 聖人將動, 必有愚色.

　今彼有商, 衆口相惑. 紛紛渺渺, 好色無極. 此亡國之證也. 吾觀其野, 草菅勝穀. 吾觀其衆, 邪曲勝直. 吾觀其吏, 暴虐殘賊. 敗法亂刑, 上下不覺. 此亡國之時也.

　大明發而萬物皆照. 大義發而萬物皆利. 大兵發而蘿物皆服. 大哉, 聖人之德, 獨聞獨見, 樂哉.

2. 덕치의 강화 〔文啓〕

문왕이 태공망에게 물었다.

"성인이 지켜야 할 도리는 무엇입니까?"

태공망이 대답하였다.

"성인에게는 근심할 것도 아낄 것도 없습니다. 무엇을 얻으려도 하지 않아도 만물이 저절로 얻어집니다. 그러니 무엇을 근심하고 아까워하겠

습니까? 만물은 저절로 자라고 씩씩해집니다.[4] 마찬가지로 성인의 정치
는 너무도 자연스럽게 덕을 베풀므로, 백성들이 그 감화를 알지 못합니
다. 또한 네 계절이 흘러가면서 풍속이 저절로 달라지므로, 백성들이 바
뀌는 것을 눈치채지 못합니다.

성인이 이런 자연의 도리를 지키면 만물은 저절로 감화됩니다. 어찌
한계가 있겠습니다. 끝나는 듯하다가는 어느새 다시 시작되어 끊임없이
되풀이합니다. 도타운 듯 서두르지 않고 거듭 되풀이하여 백성들이 저
절로 감화되기를 추구합니다. 이렇게 추구하여 얻으면 깊이 마음 속에
간직해 두어야 합니다. 이렇게 마음 속에 깊이 간직한 것을 반드시 정치
에 반영시켜 실행해야 합니다. 또한 이렇게 실행에 옮기더라도 다시 겉
으로 드러내어 밝히지 않습니다. 하늘과 땅은 만물을 기르면서도 공을
스스로 밝히지 않습니다. 그런데도 만물이 저절로 자라게 합니다. 성인
은 저절로 이루어지는 정치를 시행하면서도 이를 남에게 밝히지 않습니
다. 그런데도 그 이름이 저절로 드러나게 됩니다.

옛날의 성인은 사람들을 모아 가족을 이루고, 가족을 모아 나라를 이
루고, 마지막으로 나라를 모아 천하를 이루었습니다. 그리고 현명한 사
람에게 땅과 권력을 나눠주어[5] 수많은 제후국을 만들었습니다. 이 나라

---

4. 원문은 '주'(遒)이다. 원래 다가서다, 모이다라는 뜻이지만, 여기서는 자라나서 힘
   이 생겨난다는 뜻으로 쓰였다.
5. 원문은 '분봉'(分封)이다. 중국 고대 주(周)나라의 정치 제도이다. 주나라 왕실인
   희(姬)성을 가진 혈족 가운데 촌수에 따라 주나라 주변의 땅을 나눠주고 대신 다스
   리게 하고, 이성(異姓)을 가진 현명한 인재들을 공로에 따라 좀 더 먼 지역이나 변
   방의 땅을 나눠주고 지키게 하는 일종의 연방 제도이다. 앞의 혈족의 멀고 가까움

를 세우고 천하를 다스리는 분봉제도를 천하의 큰 기강이라고 부릅니다.

　정치와 교육을 펼치고 백성들의 풍속을 따라가며, 간사하고 부정한 사람들을 모두 올곧고 참된 사람으로 교화하니, 그들은 얼굴 모습마저 바뀌었습니다. 그리하여 수많은 제후 나라의 풍속이 서로 통하지는 않는다고 할지라도 저마다 자기가 사는 곳을 기꺼워하며, 백성들이 윗사람을 사랑하게 됩니다. 이것을 천하가 크게 안정되었다고 말합니다.

　아아! 성인은 백성의 삶을 안정시키는 데 힘쓰며, 현인은 나라를 올바르게 이끄는 데 힘씁니다. 그러나 어리석은 사람은 자기 자신을 바로잡지 못하므로 남과 다툴 뿐입니다. 윗사람이 수고로우면 형벌이 많아지고, 형벌이 많아지면 백성들이 괴롭게 됩니다. 백성들이 괴로워지면 그것을 피해서 떠돌아다니거나 도망치게 됩니다. 그리하여 윗사람이건 아랫사람이건 모두 삶을 편안히 지키지 못하게 되니 몇 대가 지나도록 도무지 편안히 쉴 수조차 없게 됩니다. 이를 두고 정치가 크게 잘못되었다고 말합니다.

　천하 백성의 마음은 흐르는 물과 같습니다. 막으면 멈추어 흐르지 않고, 터주면 흘러가며, 휘젓지 않고 가만히 놓아두면 맑아집니다. 아아! 백성의 마음은 참으로 미묘하여 헤아리기 어렵군요! 오직 성인만이 시작을 보고 끝을 알 수 있습니다."

　문왕이 물었다.

에 따라 임명하는 원칙이 '친친'(親親)이고, 뒤의 공로의 크고 작음에 따라 임명하는 원칙이 '존존'(尊尊)이다. 주나라의 종법제(宗法制)가 바탕이 된 정치 제도로 춘추시대에 오면서 서서히 무너지기 시작하였다.

"천하를 안정시키려면 어떻게 해야 합니까?"

태공망이 대답하였다.

"하늘에는 늘 변함 없는 형세가 있고, 백성에게는 언제나 변함 없는 일상 생활이 있습니다. 군주가 천하의 백성들과 늘 삶을 함께 하면, 천하는 저절로 안정됩니다. 가장 훌륭한 정치는 있는 그대로의 천지 자연의 법칙과 천하 만백성의 마음을 따라가는 것이고, 백성을 다스려 교화시키는 것은 그 다음입니다. 이렇게 하늘의 법칙과 백성의 마음을 따르기만 하면 백성들이 저절로 교화되고 순순히 정치를 따르게 됩니다. 그러므로 하늘은 억지로 하는 일이 없어도 모든 일이 저절로 이루어지며, 백성들에게 아무 것도 주지 않아도 스스로 부유해집니다. 이것이 바로 성인의 인덕입니다."

문왕이 말하였다.

"선생의 말씀은 참으로 내 생각과 꼭 들어맞습니다. 나는 밤낮으로 늘 이를 마음 속에 새겨서 잊지 않고, 천하를 다스리는 변함 없는 도리로 삼겠습니다."

文王問太公曰, 聖人何守. 太公曰, 何憂何嗇, 萬物皆得, 何嗇何憂, 萬物皆遵. 政之所施, 莫知其化. 時之所在, 莫知其移. 聖人守此而萬物化. 何窮之有, 終而復始. 優而游之, 展轉求之. 求而得之, 不可不藏, 旣以藏之, 不可不行. 旣以行之, 勿復明之. 夫天地不自明, 故能長生. 聖人不自明, 故能名彰.

古之聖人, 聚人而爲家, 聚家而爲國, 聚國而爲天下. 分封賢人, 以爲萬國, 命之曰大紀. 陳其政敎, 順其民俗, 羣曲化直, 變於形

容, 萬國不通, 各樂其所, 人愛其上, 命之曰大定. 塢呼. 聖人務靜
之, 賢人務正之, 愚人不能正, 故與人爭. 上勞則刑繁, 刑繁則民憂,
民憂則流亡. 上下不安其生, 累世不休, 命之曰大失. 天下之人如流
水, 障之則止, 啓之則行, 靜之則淸. 塢呼, 神哉. 聖人見其始, 則知
其終.

文王曰, 靜之奈何. 太公曰, 天有常形, 民有常生. 與天下共其生,
而天下靜矣. 太上因之, 其次化之. 夫民化而從政, 是以天無爲而成
事, 民無與而自富. 此聖人之德也. 文王曰, 公言乃協予懷, 風夜念
之不忘, 以用爲常.

3. 모략 전술〔文伐〕

문왕이 물었다.

"무력을 쓰지 않고 모략으로 적을 정벌하는 방법에는 어떠한 것이 있
습니까?"

태공망이 대답하였다.

"모략으로 적을 정벌하는 방법은 모두 열두 가지가 있습니다.

첫째, 적국의 군주가 좋아하고 바라는 대로 이루어지도록 하여, 그의
뜻을 맞춰 줍니다. 이렇게 하면 교만한 마음이 생겨 마음대로 나쁜 짓을
하게 될 것입니다. 적국 군주의 기호를 잘 이용할 수 있으면 반드시 그
를 제거할 수 있습니다.

둘째, 적국의 군주가 사랑하는 신하에게 가까이 다가가 적국의 군주

와 신하를 이간질시켜 나라의 권위가 나눠지게 만듭니다. 이렇게 하여 신하가 두 마음을 품게 되면 적의 조정은 반드시 쇠약해집니다. 적국의 조정에 충성스런 신하가 없으면, 그 나라는 반드시 위태로워집니다.

셋째, 적국의 군주를 가까이 섬기는 측근들을 비밀리에 매수하여 매우 깊은 적정을 알아내는 것입니다. 몸은 적국에 있으면서도 마음은 우리나라로 기울어 있다면, 나라는 반드시 피해를 입게 됩니다.

넷째, 적국의 군주에게 음탕한 짓을 즐기도록 부추겨 주고 정욕을 더욱 키워 줍니다. 금은 보화를 바치고 아름다운 미녀와 노닥거리게 해주어 정치를 잊게 만듭니다. 그리고 비굴한 말씨와 공손한 태도로 그의 뜻을 따르면서 하라는 대로 맞장구를 쳐줍니다. 이렇게 하면 적국은 싸울 것도 없이 스스로 간사하고 사악한 기운에 빠져 버리게 됩니다.

다섯째, 적국의 충신은 후하게 예우하고, 적국의 군주에게는 야박하게 예물을 보냅니다. 또 적국의 충신이 사신으로 오면 날짜를 질질 끌면서 회답을 보내지 않고 있다가, 다른 사신이 오면 성의를 다하여 일을 처리하고 재빨리 회답을 보내도록 합니다. 이렇게 하면 적국의 군주는 먼저 보낸 충성스런 사신을 의심하고, 우리가 가까이 하여 빨리 처리해 준 사신을 믿어서 다시 중용하게 될 것입니다. 이렇게 적국의 충신을 후하게 대우하여 우리의 계략에 빠뜨릴 수 있다면, 계략으로 적국을 무찌를 수 있습니다.

여섯째, 적국의 조정에 있는 신하를 매수하고 변방의 외직에 있는 신하를 이간질시킵니다. 그래서 재능이 뛰어난 자는 밖으로 나와서 우리나라를 돕게 하고, 안에서는 내분을 일으키도록 합니다. 이렇게 하면 적국은 멸망하지 않을 수 없습니다.

일곱째, 적국 군주의 마음을 꼼짝 못하게 사로잡도록 엄청난 뇌물을 바치고, 곁에서 모시는 측근 신하들을 함께 매수하여 비밀리에 이익을 보장해 주겠다고 약속합니다. 그리하여 그들이 백성의 생업을 가벼이 여기게 만듭니다. 이렇게 하면 적국은 쌓아둔 재정마저 완전히 바닥을 드러내게 됩니다.

여덟째, 적국의 신하에게 나라의 중요한 보물을 바쳐 친교를 맺고 그것을 빌미로 모략을 꾀합니다. 그리고 이런 모략을 통해서 적국의 신하에게 또 이익이 돌아가게 하면 반드시 우리나라를 믿게 됩니다. 이를 이중의 친교라고 합니다. 이렇게 적국과 우리나라의 친교가 거듭 쌓여지면, 우리나라는 반드시 적국을 이용할 수 있습니다. 한 나라를 소유한 군주가 다른 나라에게 마음이 기울게 되면, 그 나라는 반드시 패망하고 맙니다.

아홉째, 적국의 군주에게 훌륭하다고 치켜세워서 허영심을 품게 하고, 그가 곤란한 지경에 빠지지 않도록 도와 줍니다. 이렇게 천하의 대세가 모두 적국에게 기운 것처럼 보이게 해 줍니다. 그리고 명령에 절대 복종하는 것처럼 보이면 우리를 믿게 됩니다. 그런 다음 한껏 명예욕과 허영심을 끌어올려서 교만함을 부추기고, 그에게 성인에 버금가는 덕이 있다고 찬양합니다. 이렇게 하면 그 군주는 마침내 정치를 거들떠보지 않고 게으름에 빠지고 말 것입니다.

열번째, 몸을 낮추어 적을 섬겨서 믿음을 얻고 적의 군주의 마음까지 손에 넣습니다. 그리고 모든 일을 그의 뜻에 따라 처리하여 삶과 죽음을 함께 할 사이인 것처럼 생각하게 만듭니다. 이렇게 단단한 믿음을 얻은 다음에 비밀리에 적국을 빼앗을 계략을 세워 놓습니다. 그리하여 결정적인 때가 오면, 마치 하늘이 적국을 멸망시키듯이 힘들이지 않고 저절로 쓰러뜨릴 수 있습니다.

열한 번째, 교묘한 방법으로 적국의 군주를 에워싸서 가려 버립니다. 신하라면 누구나 존귀함과 부유함을 중시하고 죽음과 재난을 싫어하게 마련입니다. 이러한 심리를 이용하여 은밀히 매우 존귀하고 명예로운 자리를 보여 주고, 남모르게 값진 보물을 뇌물로 밀어 넣어 석의 영웅호걸을 포섭합니다. 안으로 충분한 국력을 쌓으면서도 겉으로는 가난한 것처럼 꾸밉니다. 또한 적국의 지혜로운 인재들을 받아들여 계략을 꾸미도록 사주하고, 적국의 용맹한 장사들을 남모르게 포섭하여 기개를 떨치게 합니다. 이렇게 적국의 인재와 호걸들이 부귀를 누리며 언제나 호화로운 생활을 하게 되면, 적국 안에서 우리편 패거리를 만들게 됩니다. 이것이 바로 적국 군주를 에워싸서 가려 버리는 교묘한 방법인 것입니다. 한 나라의 군주이면서도 완전히 가려서 판단력을 잃게 되면, 어떻게 그 나라를 오래 유지할 수 있겠습니까?

열두 번째, 적국에 분란을 일으키는 신하를 길러서 군주의 마음을 흐리게 하고, 빼어난 미녀와 음란한 음악을 바쳐 군주의 의지를 뒤흔들며, 품종 좋은 개나 말 따위의 애완 동물을 보내어 군주의 몸을 지치게 하고, 때로는 큰 권세를 부리도록 만들어 자기 자만에 빠지게 합니다. 이렇게 만든 다음 위로 하늘의 때가 이르렀는지를 살펴 천하의 모든 백성들과 함께 떨쳐 일어나 적국을 공격합니다.

위에서 말한 열두 가지 조건이 모두 갖추어지면 군사 행동을 펼칠 수 있습니다. 군사 행동은 반드시 위로는 하늘의 때를 살피고 아래로는 땅의 형세를 살펴서, 적국이 멸망할 조짐이 뚜렷이 나타났을 때만 적국을 토벌해야 합니다."

　文王問太公曰, 文伐之法奈何. 太公曰, 凡文伐有十二節, 一曰, 因其所喜, 以順其志. 彼將生驕, 必有奸事. 苟能因之, 必能去之. 二曰, 親其所愛, 以分其威. 一入兩心, 其中必衰. 廷無忠臣, 社稷必危. 三曰, 陰賂左右, 得情甚深. 身內情外, 國將生害. 四曰, 輔其淫樂, 以廣其志, 厚賂珠玉, 寙以美人, 卑辭委聽, 順命而合, 彼將不爭, 奸節乃定. 伍曰, 嚴其忠臣, 而薄其賂, 稽留其使, 勿聽其事. 亟爲置代, 遺以誠事, 親而信之, 其君將復合之. 苟能嚴之, 國乃可謀. 六曰, 收其內, 間其外. 才臣外相, 敵國內侵, 國鮮不亡. 七曰, 欲錮其心, 必厚賂之. 收其左右忠愛, 陰示以利, 令之輕業, 而蓄積空虛. 八曰, 賂以重寶, 因與之謀, 謀而利之, 利之必信, 是謂重親. 重親之積, 必爲我用. 有國而外, 其地必敗. 九曰, 尊之以名, 無難其身, 示以大勢, 從之必信, 致其大尊, 先爲之榮, 微飾聖人, 國內大偸. 十曰, 下之必信, 以得其情. 承意應事, 如與同生. 旣以得之, 乃微收之. 時及將至, 若天喪之. 十一曰, 塞之以道. 人臣無不重貴與富, 惡危與咎, 陰示大尊, 而微輸重寶, 收其豪傑, 內積甚厚, 而外爲乏, 陰內智士, 使圖其計, 內勇士, 使高其氣, 富貴甚足, 而常有繁滋, 徒黨已具, 是謂塞之. 有國而塞, 安能有國. 十二曰, 養其亂臣以迷之, 進美女淫聲以惑之, 遺良犬馬以勞之, 時與大勢以誘之, 上察而與天下圖之, 十二節備, 乃成武事. 所謂上察天, 下察地, 徵已見, 乃伐之.

4. 사랑과 믿음에 따른 통치 〔順啓〕

문왕이 태공망에게 물었다.

"천하는 어떻게 하여야 잘 다스릴 수 있습니까?"

태공망이 대답하였다.

"군주의 그릇이 커서 온 천하를 모두 덮을 만하여야 천하 사람들을 모두 포용할 수 있습니다. 신의가 깊어 천하를 모두 담을 만하여야 천하를 하나로 묶을 수 있습니다. 인덕이 무거워 천하를 모두 안을만 하여야 천하 사람들을 보듬을 수 있습니다. 은혜가 널리 베풀어져서 천하에 넘칠 만하여야 천하를 보존할 수 있습니다. 권력이 높아 천하를 굽어 볼 만하여야 천하를 잃지 않을 수 있습니다. 어떤 일을 결행할 때에 머뭇거림이 없다면, 하늘의 움직임이나 때의 변화도 그의 신념을 뒤흔들 수 없습니다. 위에서 말한 여섯 가지가 갖추어진 다음에야 천하를 다스릴 수 있습니다.

그러므로 천하 사람들을 이롭게 하는 자는 천하 사람들이 성공하도록 길을 열어 주고, 천하 사람들을 해롭게 하는 자는 천하 사람들이 패배하도록 길을 막습니다. 천하 사람들을 살게 하는 자는 천하 사람들이 그의 은덕을 고맙게 여기고, 천하 사람들을 죽게 하는 자는 천하 사람들이 그를 도적처럼 미워합니다. 천하 사람들의 마음을 시원하게 뚫어 주는 자는 천하 사람들이 기꺼이 그를 도와 두루 통하게 해주고, 천하를 막다른 데로 내모는 자는 천하 사람들이 그를 원수처럼 여깁니다. 천하를 편안하게 하는 자는 천하 사람들이 그를 어버이처럼 의지하며, 천하를 위태롭게 하는 자는 천하 사람들이 그를 재앙으로 여겨 멀리 합니다. 천하는 한 개인의 천하가 아니므로, 오직 덕을 갖춘 자만이 군주의 자리를 지킬 수 있습니다."

文王問太公曰, 何如而可以爲天下. 太公曰, 大蓋天下, 然後能容天下. 信蓋天下, 然後能約天下. 仁蓋天下, 然後能懷天下. 恩蓋天下, 然後能保天下. 權蓋天下, 然後能不失天下. 事而不疑, 則天運不能移, 時變不能遷. 此六者備, 然後可以爲天下政. 故利天下者, 天下啓之, 害天下者, 天下閉之. 生天下者, 天下德之, 殺天下者, 天下賊之. 徹天下者, 天下通之, 窮天下者, 天下仇之. 安天下者, 天下恃之. 危天下者, 天下災之. 天下者非一人之天下, 惟有道者處之.

5. 세 가지 의문 〔三疑〕

무왕이 태공망에게 물었다.

"나는 적국을 평정하여 공을 세우고자 하나, 세 가지 의문이 있습니다. 첫째는 힘이 모자라 강력한 적을 처부수지 못할까하는 것이고, 둘째는 적국 군주와 신하 사이의 친밀한 관계를 이간시킬 수 없을까하는 것이고, 셋째는 적의 백성들을 흩어지게 하지 못할까하는 것입니다. 어떻게 하면 되겠습니까?"

태공망이 대답하였다.

"이런 까닭으로 반드시 신중하게 계략을 세우고 뇌물은 아끼지 않고 써야 합니다. 강력한 적을 공격하려면 꼭 먼저 적의 기세를 더욱 강하게 키워주어 더욱 세력을 넓히도록 해야 합니다. 모든 사물은 너무 강하면 반드시 부러지고, 너무 넓히면 반드시 이지러지게 마련입니다. 이것이 강력한 적을 공격하려면 상대의 강력함을 거꾸로 이용해야 한다는 것입니다. 이와 마찬가지로 친밀한 신하를 이간시키려면 저들의 친밀함을 거꾸로 이용하고, 백성들을 흩어지게 하려면 저들의 백성을 거꾸로 이용해야 합니다.

계략이란 용의주도하고 은밀한 것이 가장 중요합니다. 그러려면 짐짓 일을 꾸며서 저들에게 이익이 생기는 것처럼 희롱하면, 반드시 서로 이익을 다투는 마음이 생기게 될 것입니다.

군주와 신하의 친밀한 관계를 이간시키려면, 적국의 군주가 아끼는 신하와 총애하는 신하에게 접근하여 그들이 바라는 것을 뇌물로 주고, 아울러 많은 이익을 보장해 주어 그들을 유혹해야 합니다. 그리고 이런 방법을 통해서 군주와 신하의 사이가 멀어지고 서로 뜻이 잘 통하지 않게 만듭니다. 그리고 그들이 뇌물과 이익에 푹 빠져서 기뻐하면 그들에 대한 의심도 그치게 됩니다.

강력한 적을 공격하는 방법은 반드시 먼저 적의 눈을 가려서 어둡게 한 다음, 적국의 강점을 공격하고 크나큰 범죄를 무찔러 백성들의 괴로움을 제거하는 것입니다. 적의 눈을 가리려면 아름다운 여인을 바쳐 음란한 쾌락만을 추구하게 하고, 많은 뇌물로 꾀어내고, 맛난 음식으로 자기 배만 채우게 하고, 자극적인 음악으로 귀의 즐거움에 빠지게 하는 것입니다. 그러면 군주와 신하 사이의 친밀한 관계가 끊어지게 하고, 군주가 백성들을 멀리하게 만듭니다. 그러나 우리의 이러한 계략이 절대로 적에게 알려져서는 안 됩니다. 적이 우리의 술수에 빠지게 살살 조장하면서도 조금도 눈치채지 못하게 해야만 성공시킬 수 있습니다.

이 나라 저 나라 백성을 가리지 말고 널리 은혜를 베풀어야 하며, 그때는 재물을 아끼지 말아야 합니다. 백성들은 마치 소나 말과 같아서 자주 먹을 것을 주고 사랑해 주어야 합니다. 이렇게 하면 만백성의 마음은 저절로 모여들 것입니다.

마음은 지혜로워지는 길을 열어 나가고, 지혜는 재물이 모여드는 길을 열어 나가고, 재물은 백성의 마음을 얻는 길을 열어 나갈 수 있습니다. 그리하여 백성은 천하의 훌륭한 인재들이 모이는 길을 열고, 천하의 훌륭한 인재들은 모든 사람에게 길을 열어 군주를 천하의 통치자가 될 수 있게 해줍니다."

武王問太公曰, 予欲立功, 有三疑, 恐力不能攻强, 離親, 散衆, 爲之奈何. 太公曰, 因之, 愼謀, 用財. 夫攻强必養之使强, 益之使張. 太强必折, 太張必缺. 攻强以强, 離親以親, 散衆以衆.

凡謀之道, 周密爲寶. 設之以事, 玩之以利, 爭心必起. 欲離其親, 因其所愛, 與其寵人, 與之所欲, 示之所利, 因以疏之, 無使得志 彼貪利甚喜, 遺疑乃止.

凡攻之道, 必先塞其明, 而後攻其强, 毁其大, 除民之害. 淫之以色, 陷之以利, 養之以味, 窹之以樂. 旣離其親, 必使遠民, 勿使知謀. 扶而納之, 莫覺其意, 然後可成. 惠施於民, 必無愛財, 民如牛馬, 數餧食之, 從而愛之. 心以啓智, 智以啓財, 財以啓衆, 衆以啓賢. 賢之有啓, 以王天下.

용 도(龍 韜)

용(龍)은 예로부터 동양인에게 변화무쌍한 신비로움과 궁극의 이상
을 상징하는 상상의 동물로 여겨져 왔다. 그래서 평범한 인간의 지
혜로는 도저히 헤아릴 수 없는 경지였으며 동경의 대상이었다.

이 편에서는 군대의 움직임도 이러한 용의 모습처럼 은밀하면서도
변화를 예측하기 어려워야 한다는 점을 강조하고 있다.

그밖에 군대의 편성과 그 운용, 장수의 자질과 요건, 참모의 임명
등에 관한 내용을 폭넓게 언급하고 있다.

1. 왕의 보좌 [王翼]

무왕이 태공망에게 물었다.

"군주가 병사를 통솔하려면 반드시 팔다리나[1] 양 날개[2]처럼 곁에서 도와주는 신하가 있어야 신묘한 위력을 발휘할 수 있다고 합니다. 대체 어떻게 하여야 합니까?"

태공망이 대답하였다.

"군주가 군대를 일으켜 출동하려면, 장수에게 지휘를 완전히 맡겨야 합니다. 장수의 지휘는 전쟁터의 상황에 따라 임기응변하여 자유자재로 대응할 수 있어야 하지, 한 가지 방법에만 매달리지 말아야 합니다. 장수는 부하들의 재능에 따라 적절한 임무를 주어서, 저마다의 장점을 발휘하게 해야 합니다. 그리고 때에 따라 변화하면서 군대의 기강을 세우도록 해야 합니다.

그러므로 장수는 72명[3]의 팔다리나 양날개 같은 보좌관을 두었는데

---

1. 원문은 '고굉'(股肱)이다. '고'는 넓적다리, 곧 대퇴부(大腿部)를 가리킨다. '굉'은 팔뚝을 가리킨다. 몸의 부위 가운데 가장 활발한 행동을 하는 부분이다. 군주의 가장 믿음직하고 중요한 신하라는 뜻으로 발전하였다.
2. 원문은 '우익'(羽翼)이다. 새의 깃털과 날개를 가리키는 말이다. 이 말에서 군주의 곁에서 돕는 신하라는 뜻으로 발전하였다. 앞에서 말한 고굉과 우익은 모두 군주를 보좌하는 힘있고 능력 있는 신하를 비유하는 말이다.
3. 72라는 숫자는 음력(陰曆)으로 자연 현상에 바탕을 둔 72가지 기후 구분을 뜻한다. 『예기』(禮記) 「월령」(月令)에 따르면 5일을 1후(候), 3후를 1기(氣), 6후를 1월(月), 72후(360일)를 1년으로 계산하였다. 본래 도가(道家), 농가(農家), 음양오행(陰陽伍行) 등의 이론에 근거한다. 본문에서 말한 사상은 뒤에 도교(道敎)의 북두총성(北斗叢星) 가운데 72지살성(地煞星) 사상으로 이어진다. 다시 말해 하늘의

이는 하늘의 운행 법칙에 맞춰서 정한 것입니다. 바로 72명의 숫자를 채우는 것은 법을 지키는 일처럼 중대한 일입니다. 그리하여 천명과 사리를 잘 살피며, 사람의 갖가지 재능과 기술에 따라 임무를 맡기면, 모든 일이 술술 풀려 나가게 됩니다."

무왕이 물었다.

"이에 대한 자세한 내용을 듣고 싶습니다."

태공망이 대답하였다.

"첫째, 마음으로 복종하는 심복 한 명을 둡니다. 장수가 계략 세우는 것을 돕고, 갑작스런 사태에 적절히 대응하며, 하늘의 움직임을 잘 헤아려 변괴를 없애고, 모든 작전 계획을 총괄하여, 백성의 목숨을 온전히 지키는 일을 맡게 합니다.

둘째, 꾀 많은 모사 다섯 명을 둡니다. 이들은 주로 군대의 편안함과 위험함을 책임지고, 일이 벌어지기 전에 미리 대처하며, 병사들의 행동과 능력을 평가하고, 포상과 처벌을 분명하게 시행하며, 계급과 직책을 알맞게 나눠주고, 군대 안의 불만이나 의심을 풀어주고, 업무의 시행 여부를 결정하게 합니다.

셋째, 천문을 담당하는 사람 세 명을 둡니다. 이들은 별자리의 관측과 역법을 담당하고, 바람의 방향이나 기상이 고른지 살피고, 시일이 길한

72개의 별이 변하여 땅 위의 72명의 영웅으로 변한다는 생각으로 『수호지』(水滸誌)의 양산박(梁山泊) 72두령 이야기에도 반영되어 있다. 중국인들은 하늘 위의 일월성신(日月星辰)이 사람의 정치나 일상 생활과 서로 감응한다는 천인감응(天人感應) 사상을 갖고 있다.

지 흉한지를 미루어 보고, 하늘의 조짐이나 점괘를 곰곰이 살펴보고, 실제로 일어난 천재지변을 조사해 보고 하늘의 뜻이 어디로 가는지 알아보게 합니다.

넷째, 지리를 담당하는 사람 세 명을 둡니다. 이들은 전쟁터의 지형을 조사하여 군대[4]가 전진할지 멈춰야 할지, 어떤 곳이 얼마나 이롭고 얼마나 해로운지, 거리가 얼마나 멀고 가까운지, 지형이 얼마나 험하고 평탄한지, 물이 얼마나 넉넉한지, 산이 얼마나 험준한지 등을 조사하여 지형의 이점을 충분히 이용할 수 있게 합니다.

다섯째, 병법에 밝은 사람 아홉 명을 둡니다. 이들은 적군과 아군의 형세에서 공통점과 차이점을 논의하고, 작전의 성공과 실패를 미리 헤아려 전법을 제시하며, 병사들에게 적절한 무기를 선정하여 쓰는 법을 훈련시키고,[5] 군법을 어긴 자를 잡아내는 일을 하게 합니다.

여섯째, 군량을 보급하는 사람 네 명을 둡니다. 이들은 작전에 필요한 군량을 미리 헤아려서 예비 식량을 쌓아두며, 군량 수송로를 확보하고 오곡을 제 때에 보급하여 전군에 군량이 떨어지지 않게 합니다.

일곱째, 위력을 떨친 용사 네 명을 둡니다. 이들은 재능과 힘이 뛰어난 병사를 뽑아 두고, 무기와 갑옷을 점검하여, 기회를 잡으면 폭풍이

---

4. 원문은 '삼군'(三軍)이다. 옛날 주(周)나라 제도에 따르면 천자는 여섯 군대인 육군(六軍)을 보유하고 있었고, 제후는 삼군(三軍)을 유지하였다. 삼군은 각각 상(上)·중(中)·하(下) 또는 좌(左)·중(中)·우(右)로 나뉘어 움직였다. 군대의 편제로 보면 1군은 12,500명이니 3군은 37,500명의 병사로 이루어져 있다. 이러한 의미에서 전체 군대 또는 대군이라는 뜻이 파생되어 나왔다.
5. 원문은 '간련'(簡練)이다. 가려 뽑아 단련시킨다는 뜻이다.

몰아치고 벼락이 번쩍이듯 재빨리 치고 나가서, 적이 어디서 공격하는지 알아채지 못하고 갈팡질팡하게 만듭니다.

여덟째, 북과 깃발을 감춘 채 활동하는 기습대장 세 명을 둡니다. 이들은 장수의 명령에 따라 북을 울리고 깃발을 흔들어 병사들의 귀와 눈에 분명하게 신호를 내리며, 때로는 징표를 바꾸거나 적의 암호를 도용하여 호령을 내려서 적진을 혼란에 빠뜨리고, 전혀 예상하지 못할 때에 적진을 휘저으며 신출귀몰한 기습을 감행하게 합니다.

아홉째, 팔다리[6]처럼 일할 수 있는 사람 네 명을 둡니다. 이들은 중대한 직책을 맡아 어려운 일을 처리하고, 참호와 망루를 보수하여 수비 태세를 튼튼히 가다듬게 합니다.

열 번째, 재주가 뛰어난 사람 두 명을 둡니다. 이들은 장수가 미치지 못하는 부분을 챙기고 잘못된 일을 바로잡도록 건의하고, 외국의 사신이나 손님을 대접하며 여러 가지 의견을 나누고 절충하여, 나라의 근심이나 불만 요소들을 미리 해결하게 합니다.

열한 번째, 권모술수에 뛰어난 사람 세 명을 둡니다. 이들은 기이한 꾀와 속임수를 쓰고 특이한 수단을 동원하여 적이 알아차리지 못한 사이에 갖가지 임기응변의 전술을 끊임없이 구사하게 합니다.

열두 번째, 귀와 눈의 구실을 하는 사람 일곱 명을 둡니다. 이들은 여러 곳을 다니면서 떠도는 소문을 듣고 세상 돌아가는 변화를 살피면서

---

6. 원문은 '고굉'(股肱)이다. 위에서는 군주나 장수의 수족(手足)처럼 부릴 수 있는 믿음직한 신하를 뜻하였지만 여기서는 전쟁터에서 온갖 궂은 일을 해결하고 토목 사업과 관련된 일을 처리하는 공병 부대의 지휘자를 가리킨다.

정보를 수집하고, 사방의 사정이나 아군 내부의 움직임도 은밀히 파악하여 장수에게 보고하게 합니다.

열세 번째, 날카로운 발톱이나 이빨 역할을 하는 용맹한 호위 병사 다섯 명을 둡니다. 이들은 일단 전투가 벌어지면 군대의 위세와 사기를 드높이고 병사들을 격려하여, 위험을 무릅쓰고 적의 정예군을 앞장서서 쳐부수어 병사들이 조금도 승리를 의심하거나 우물쭈물하지 못하도록 만듭니다.

열네 번째, 양 날개[7] 같은 역할을 하는 사람 네 명을 둡니다. 이들은 장수의 이름을 널리 드날려 먼 곳까지 떨치게 하고, 사방의 국경에까지 뒤흔들고 다니며 적의 사기를 위축시키는 선전 업무를 수행하게 합니다.

열다섯 번째, 돌아다니면서 유세하는 데에 뛰어난 사람 여덟 명을 둡니다. 이들은 적국의 허점을 엿보고 변란을 정탐해서, 세 치 혓바닥으로 적의 민심을 뒤흔들고, 적의 의도를 꿰뚫어 보는 첩보 활동을 하게 합니다.

열여섯 번째, 도술을 부리는 사람 두 명을 둡니다. 이들은 주문을 외우며 도술을 부려 적을 속이고, 귀신의 힘을 빌어 적국의 백성들을 뒤숭숭하게 하여 혼란 상태에 빠뜨리게 합니다.

열일곱 번째, 의약을 다루는 의사 세 명을 둡니다. 이들은 온갖 약재를 갖추고 전투에서 생긴 상처[8]를 치료하고, 수많은 질병을 고치게 합니다.

---

7. 원문은 '우익'(羽翼)이다. 위에서 말한 우익이 넓은 의미에서 군주나 장수의 보좌관을 뜻한다면, 여기서는 장수의 명성을 과대포장하여 적에게 심리전을 펼치는 선전선동술의 담당자를 가리킨다.

8. 원문은 '금창'(金瘡)이다. 쇠로 만든 무기에 의해서 생긴 상처를 뜻한다. 다시 말해 전투 과정에서 생긴 상처를 가리킨다.

열여덟 번째, 회계사 두 명을 둡니다. 이들은 군대 진영을 세우는 비용, 군량과 재정의 출납을 관리하게 합니다."

武王問太公曰, 王者帥師, 必有股肱羽翼, 以成威神, 爲之奈何. 太公曰, 凡擧兵師, 以將爲命. 命在通達, 不守一術. 因能授職, 各取所長, 隨時變化, 以爲綱紀. 故將有股肱羽翼七十二人, 以應天道. 備數如法, 審知命理. 殊能異技, 萬事畢矣. 武王曰, 請問其目. 太公曰, 腹心一人, 主贊謀應卒, 揆天消變, 總覽計謀, 保全民命. 謀士伍人, 主圖安滅, 慮未萌, 論行能, 明賞罰, 授官位, 決嫌疑, 定可否. 天文三人, 主司星曆, 候風氣, 推時日, 考符驗, 校災異, 知天心去就之機. 地利三人, 主軍行止形勢, 利害消息, 遠近險易, 水涸山阻, 不失地利. 兵法九人, 主講論異同, 行事成敗, 簡練兵器, 刺擧非法. 通糧四人, 主度飮食, 備蓄積, 通糧道, 致伍穀, 令三軍不困乏. 奮威四人, 主擇才力, 論兵革, 風馳電掣, 不知所由. 伏旗鼓三人, 主伏旗鼓, 明耳目, 詭符印, 謬號令, 闇忽往來, 出入若神. 股肱四人, 主任重持難, 修溝塹, 治壁壘, 以備守禦. 通才二人, 主拾遺補過, 應偶賓客, 論議談語, 消患解結. 權士三人, 主行奇譎, 設殊異, 非人所識, 行無窮之變. 耳目七人, 主往來聽言視變, 覽四方之事, 軍中之情. 爪牙伍人, 主揚威武, 激勵三軍, 使冒難攻銳, 無所新疑慮. 羽翼四人, 主場名譽, 震遠方, 動四境, 以弱敵心. 遊士八人, 主伺姦候變, 開闔人情, 觀敵之意, 以爲間諜. 術士二人, 主爲譎詐, 依託鬼神, 以惑衆心. 方士三人, 主百藥, 以痊金瘡, 以達萬病. 法算二人, 主會計三軍營壘糧食財用出入.

2. 장수의 평가 [論將]

무왕이 태공망에게 물었다.

"장수를 평가하려면 무엇을 기준으로 보아야 합니까?"

태공망이 대답하였다.

"장수에게는 다섯 가지 자질과 열 가지 잘못이 있습니다."

무왕이 물었다.

"그 자세한 내용을 말씀해 주십시오."

태공망이 대답하였다.

"장수의 다섯 가지 자질이란 용기, 지혜, 인덕, 신의, 충성입니다. 용기 있는 자는 누구라도 그를 위협하거나 해칠 수가 없습니다. 지혜로운 자는 무엇으로도 그를 혼란스럽게 만들지 못합니다. 인덕이 있는 자는 모든 사람을 사랑하므로 위아래가 단결하게 됩니다. 신의가 있는 사람은 남을 속이지 않으므로 모두가 서로 믿게 됩니다. 충성스러운 사람은 두 마음을 품지 않습니다.

장수의 열 가지 잘못이란, 지나치게 용맹하여 목숨을 가볍게 여기는 것, 지나치게 성급하여 무슨 일이나 빨리 서두르는 것, 지나치게 욕심이 많아서 재물을 너무 밝히는 것, 마음씨가 너무 인자하여 차마 사람을 처벌하지 못하는 것, 지혜로우면서도 지레 겁을 내는 것, 자기가 신의를 지킨다고 해서 남의 말을 너무 믿는 것, 자기 자신만 청렴결백하고 다른 사람을 아끼지 않는 것, 지혜롭고 사려 깊으면서도 결단력이 모자란 것, 너무 강직하여 자기 의견만을 고집하는 것, 너무 나약하여 무슨 일이든 곧바로 남에게 맡기는 것입니다.

성질이 지나치게 용맹하여 목숨을 가볍게 여기는 자는 적이 화를 돋구어 무모하게 달려들게 만들 수 있습니다. 지나치게 성급하여 무슨 일이나 빨리 서두르는 자는 질질 끄는 지구전으로 어려움에 빠뜨릴 수 있습니다. 지나치게 욕심이 많아서 재물을 너무 밝히는 자는 뇌물로 쉽게 꾀어낼 수 있습니다. 마음씨가 너무 인자하여 차마 사람을 해치지 못하는 자는 소요를 일으켜 지치게 만들 수 있습니다. 지혜로우면서도 지레 겁을 내는 자는 자주 도발하여 괴롭힐 수 있습니다.

자기가 신의를 지킨다고 해서 남의 말을 너무 믿는 자는 속임수로 기만할 수 있습니다. 자기 자신만 청렴결백하고 다른 사람을 아끼지 않는 자는 누명을 씌워 모욕을 줄 수 있습니다. 지혜롭고 사려 깊으면서도 결단력이 모자란 자는 시도 때도 없이 습격할 수 있습니다. 너무 강직하여 자기 의견만을 고집하는 자는 조금씩 일을 벌려서 귀찮게 만들 수 있습니다. 너무 나약하여 무슨 일이든 곧바로 남에게 맡기는 자는 꾀를 써서 속일 수 있습니다.

그러므로 전쟁이란 나라의 가장 큰 일이며, 나라가 보존되느냐 멸망하느냐의 갈림길이기도 합니다. 모든 나라의 운명이 장수에게 달려 있습니다. 장수는 나라를 보좌하는 버팀목[9]이므로 옛날 성군들은 매우 소중하게 여겼습니다. 따라서 장수를 임명하는 일은 매우 신중하게 살피지 않

---

9. 원문은 '보'(輔)이다. 보는 수레의 양 차축(車軸)을 버티는 덧방나무로 수레(나라)가 안전하려면 바퀴(군대)가 빠져나가지 못하게 버텨 주는 덧방나무가 튼튼하고 차축에 딱 들어맞게 끼워져야 한다. 이렇게 보(장수)와 차축(군주)의 사이가 긴밀하지 못하면 바퀴(군대)가 부드럽게 돌아가지 않는다.

을 수 없었습니다. 그래서 '전쟁이란 양쪽이 모두 이기는 일이 없으며, 동시에 양쪽 모두 지는 일도 없다. 장수가 군대를 이끌고 국경 밖으로 나가면 열흘을 넘기지 말아야 한다. 이 기간에 적국을 멸망시키지 않으면, 군대는 격파 당하고 장수는 목숨을 잃게 되리라'라는 말이 있습니다."

무왕은 이렇게 칭찬하였다.

"참으로 좋은 말씀입니다."

武王問太公曰, 論將之道奈何. 太公曰, 將有伍材十過. 武王曰, 敢問其目. 太公曰, 所謂伍材者, 勇智仁信忠也. 勇則不可犯, 智則不可亂, 仁則愛人, 信則不欺, 忠則無二心. 所謂十過者, 有勇而輕死者, 有急而心速者, 有貪而好利者, 有仁而不忍人者, 有智而心怯者, 有信而喜信人者, 有廉潔而不愛人者, 有智而心緩者, 有剛毅而自用者, 有懦而喜任人者. 勇而輕死者, 可暴也. 急而心速者, 可久也. 貪而好利者, 可賂也. 仁而不忍人者, 可勞也. 智而心怯者, 可窘也. 信而喜信人者, 可勞也. 廉潔而不愛人者, 可侮也. 智而心緩者, 可襲也. 剛毅而自用者, 可事也. 懦而喜任人者, 可欺也.

故兵者, 國之大事, 存亡之道, 命在於將. 將者, 國之輔, 先王之所重也, 故置將不可不察也. 故曰, 兵不兩勝, 亦不兩敗. 兵出踰境, 不出十日, 不有亡國, 必有破軍殺將. 武王曰, 善哉.

3. 장수의 선발 [選將]

무왕이 태공망에게 물었다.

"군주가 군대를 출동시키려는데 먼저 많은 사람 가운데 총명하고 권모술수에 뛰어난 인재[10]를 가려내어 훈련시켜야 하는데, 어떻게 하면 능력이 뛰어난 사람인지를 알 수 있겠습니까?"

태공망이 대답하였다.

"사람의 겉모습과 속내[11]가 딱 들어맞지 못하는 경우가 열 다섯 가지 있습니다.

겉모습은 근엄하고 현명해 보이지만 속내가 어리석은 경우, 겉모습은 온화하고 착해 보이지만 속내는 훔치기를 좋아하는 경우, 겉모습은 공손하고 예의바른 것처럼 보이지만 속내는 게으른 경우, 겉모습은 청렴하고 조심스러워 보이지만 속내는 전혀 공손하거나 예의바르지 못한 경우, 겉모습은 매우 자상하고 찬찬해[12] 보이지만 속내는 전혀 참되지 않

---

10. 원문은 '영권'(英權)이다. 그런데 다른 판본에는 '영웅'(英雄)이라고 되어 있다. '영권'으로 보았을 때는 총명하고 권모술수를 갖춘 인재라는 뜻이고, '영웅'이라고 볼 때는 『육도』에서 주로 전투에서의 용맹함과 통솔력의 측면을 강조한다. 옮긴이는 『무경칠서』(武經七書)본에 따라 앞의 해석을 채택하였다.

11. 원문은 '중정'(中情)이다. 『무경칠서』본에는 '중정'(衆情)으로 되어 있고 옛 판본에는 앞의 원문과 같이 쓰여 있다. 문맥을 따라서 살펴보면 외모(外貌)에 대비되는 속마음이나 속내로 보아야 하므로 앞의 예를 따라 해석하였다.

12. 원문은 '정정'(精精)이다. 매우 자세하다, 주도면밀하다는 뜻이었는데 사람의 성격에 쓰이면서 자상하고 찬찬하다는 뜻으로 푼다.

은 경우, 겉으로는 진실하고 듬직해[13] 보이지만 속으로는 참되지 못한 경우, 겉으로는 꾀가 있는 것처럼 보이지만 속으로 결단력이 결핍된 경우입니다.

또한 겉보기에는 과감한 것처럼 보이지만 속으로는 무능한 경우, 겉보기에는 성실해[14] 보이지만 속으로는 미덥지 못한 경우, 겉보기에는 흐리멍덩하고 애매해[15] 보이면서도 속내는 도리어 충실한 경우, 겉으로는 과격하고 허튼 소리를 해대는데 속으로는 실속이 있는 경우, 겉보기에는 용감해 보이지만 실은 겁쟁이인 경우, 겉으로는 삼가고 엄숙해 보이지만 속으로는 사람을 깔보는 경우, 겉으로는 사납고 가혹하게[16] 보이지만 속으로는 침착하고 성실을 다하는 경우, 겉으로는 위세나 풍채가 매우 허약해 보이지만 일단 임무를 맡고 나라 밖으로 나가면 어느 곳이든 거침 없이 나가고 무슨 일이든 완수하지 못하는 일이 없는 경우가 있습니다.

모든 사람들이 대수롭지 않게 여기며 푸대접하는 사람을 성인만은 도리어 속내를 꿰뚫어 보고 귀하게 높여서 쓰는 경우가 있습니다. 그러나

---

13. 원문은 '잠잠'(湛湛)이다. 본래 이슬이 많이 맺혀 모양이나 물이 많이 고여 깊은 모습을 뜻한다. 그런데 여기서는 사람의 성격에 쓰여서 매우 침착하거나 진실하고 듬직하다는 뜻으로 쓰였다.

14. 원문은 '공공'(悾悾)이다. 정성을 다하고 성실한 모양을 나타낸다.

15. 원문은 '황황총총'(恍恍惚惚)이다. 원래는 잘 보이지 않는 모양이나 미묘하여 잘 알 수 없는 상태를 뜻한다. 여기서는 기억이 확실하지 않거나 정신이 흐리멍덩하고 애매한 모양을 가리킨다.

16. 원문은 '학학'(嗃嗃)이다. 냉엄하고 가혹하다는 뜻이다.

보통 사람들은 도저히 알 수 없는 일입니다. 참으로 크고 뛰어난 지혜가 아니라면 그 경계를 올바르게 가려 볼 수가 없습니다. 이상이 사람의 겉 모습과 속내가 딱 들어맞지 않는 경우입니다."

무왕이 물었다.

"어떻게 하면 이를 알 수 있겠습니까?"

태공망이 대답하였다.

"이것을 아는 데에는 여덟 가지 방법이 있습니다.

첫째, 말로 물음을 던져서 대답이 얼마나 자세한지 살펴봅니다.

둘째, 집요하게 토론하며 몰아붙여서 임기응변하는 기지를 살펴봅니다.

셋째, 아무도 모르게 염탐꾼을 붙여서 홀로 있을 때의 성실성을 살펴봅니다.

넷째, 숨김없이 분명하게 드러내놓고 곧바로 물음을 던져서 덕행을 살펴봅니다.

다섯째, 재물을 맡겨서 얼마나 청렴한 지를 살펴봅니다.

여섯째, 아름다운 미녀를 안겨 주어 얼마나 올곧은 지를 살펴봅니다.

일곱째, 재난이 일어났다고 알려주고 얼마나 용기가 있는 지를 살펴봅니다.

여덟째, 잔뜩 술에 취하게 하여 취중의 태도를 살펴봅니다.

이상의 여덟 가지 방법으로 찬찬히 관찰한다면 그 사람이 현명한 사람인지 어리석은 사람인지를 확실하게 가려 볼 수 있습니다."

武王問太公曰, 王者擧兵, 簡練英權, 知士之高下, 爲之奈何. 太

公曰, 夫士外貌不與中情相應者十伍, 有賢而不肖者, 有溫良而爲
盜者, 有貌恭敬而心慢者, 有外謙謹而內無恭敬者, 有精精而無情
者, 有湛湛而無誠者, 有好謀而無決者, 有如果敢而不能者, 有悾悾
而不信者, 有恍恍惚惚而反忠實者, 有詭激而有功效者, 有外勇而
內怯者, 有肅肅而反易人者, 有嗃嗃而反靜愨者, 有勢虛形劣而出
外無所不至, 無使不遂者. 天下所賤, 聖人所貴, 凡人不知, 非有大
明, 不見其際, 此士之外貌不與中情相應者也.

　武王曰, 何以知之. 太公曰, 知之有八徵, 一曰問之以言, 以觀其
詳. 二曰窮之以辭, 以觀其變. 三曰與之間諜, 以觀其誠, 四曰明白
顯問, 以觀其德. 伍曰使之以財, 以觀其廉. 六曰試之以色, 以觀其
貞. 七曰告之以難, 以觀其勇. 八曰醉之以酒, 以觀其態. 八徵皆備,
則賢不肖別矣.

4. 장수의 임명 〔立將〕

무왕이 태공망에게 물었다

"장수를 임명하려면 어떻게 하여야 합니까?"

태공망이 대답하였다.

"나라에 어려운 일이 일어나면, 군주는 자신의 부덕을 반성한다는 뜻
에서 정전을 피하고 편전으로 옮깁니다. 그리고 장수를 불러서 다음과
같이 당부합니다.

'나라와 사직의 편안함과 위태로움이 모두 그대에게 달려 있소. 지금

어느 제후국에서 신하의 예를 지키지 않고 반란을 꾀하고 있으니, 그대가 군대를 이끌고 나가서 정벌하기 바라오.'

장수가 출전 명령을 받으면 군주는 길흉을 점치는 태사[17]에게 명하여 점칠 준비를 시킵니다. 그리고 사흘 동안 목욕 재계하고, 종묘[18]에 나가서 신령한 거북 껍질을 그을러 점을 쳐서 길일을 택하여 장수에게 지휘권을 상징하는 도끼인 부월[19]을 내리는 의식을 거행합니다.

---

17. 태사(太史)는 서주(西周)시대와 춘추(春秋)시대에는 역사책을 비롯한 여러 기록을 관리하거나 천문과 역법을 함께 담당하였다. 물론 여기서 말하는 천문과 역법이란 아직도 미신적인 요소가 많이 포함되어 있다. 「문도」에서 말한 '사'(史)란 이 시대의 태사와 같은 직책이었다. 그러다가 진한(秦漢)시대에는 태사령(太史令)이라 불리면서 천문과 역법을 주로 담당하였다. 위진(魏晉)시대에는 역사와 기록 관리는 저작랑(著作郎)이 담당하고 태사(太史)는 전적으로 역법만을 담당하게 되었다. 이후 여러 왕조에서도 역사 서술, 도서 관리, 천문 등의 업무를 저마다 다른 기관에서 세분하여 담당하게 되었다.

18. 원문은 '태묘'(太廟)이다. 천자의 조상을 모신 종묘(宗廟)를 가리킨다.

19. 부월(斧鉞)은 작은 도끼인 '부'와 큰 도끼인 '월'이 합쳐진 말이다. 먼 옛날로부터 손에 쥐고 휘두르는 효과적인 살상 무기였다. 은(殷)왕조가 들어서면서 제사의 희생을 바치거나 군대 안에서 군법을 어긴 자를 처벌하는데 사용하면서 지휘권의 상징으로 떠올랐다. 그래서 '부월을 내린다'는 말은 군주가 장수에게 군대의 지휘권을 부여하여 더 이상 군주에게 자잘한 명령을 받지 않는다는 의미가 되었다. 그래서 『사마법』(司馬法)이나 후대의 『이위공문대』(李衛公問對)에서는 "군대가 출동한 뒤에는 모든 군사는 장수의 명령만을 따르고, 군주의 명령이라도 따르지 않는다"고 적고 있다. 또한 '부'는 날이 아래쪽을 향하도록 하여 사용하였고, '월'은 날이 위쪽을 향하도록 하여 사용하였다. 그래서 각각 하늘과 땅을 향해서 지휘권을 펼친다는 의미가 부여되었다고 한다. 본문의 해석은 『회남자』 「병략훈」(兵略訓)에 근거하여 해석하고 있는데, 『육도직해』에서 유인은 해석을 확장하여 '월'의 장수에게 자루를 쥐어주는 것을 다른 사람의 잘못을 과감히 처단하는 것으로 보고, '부'의 도끼 날을 쥐어주는 것은 자기 자신의 잘못을 과감하게 처단하라는 뜻으로 보았다. 이 역시 장수가 전권을 가지고 자신과 남을 통제하라는 뜻과 통한다고 볼 수 있다.

길일이 되면 군주는 종묘의 정문으로 들어가 동쪽에 서서 서쪽을 향하여 서고, 장수는 뒤따라 들어가 북쪽을 향하여 서서 선왕의 신위를 바라보고 섭니다. 왕이 손수 큰 도끼 월의 머리 부분을 잡고 장수에게는 자루를 쥐어주며 이렇게 말합니다.

'이 도끼 날로부터 위로 저 하늘에 이르기까지 모든 것을 장수가 통제하라.'

그리고 다시 작은 도끼 부의 자루를 잡고 장수에게 그 날을 쥐어 주며 이렇게 말합니다.

'이 도끼 날로부터 아래로 연못 속 깊숙한 곳까지 장수가 모두 통제하라.'

이렇게 장수에게 부월을 내리고, 군주는 이렇게 치사합니다.

'장수는 적의 빈틈을 발견하면 진격하고, 적의 대비가 굳건하면 멈추거라. 아군의 병력이 많다고 해서 적을 가볍게 보지말고, 군주에게서 무거운 임무를 받았다 하여 함부로 목숨을 내던지며 싸우려 하지 말며, 자기의 자리가 높다 하여 남을 업신여기지 말고, 자신의 독단적인 견해를 고집하여 여러 사람들의 의견을 무시하지 말며, 변설가의 말이 이치에 들어맞는 것처럼 보여도 반드시 믿으려 하지 말라.

또한 병사들이 앉아서 숨을 돌리지 못했다면 먼저 자리에 앉지 말고, 병사들이 미처 배를 채우지 못했다면 먼저 수저를 들지 말며, 추위와 더위를 병사들과 꼭 함께 나누어라. 장수가 이처럼 하면 병

사들은 반드시 죽을 힘을 다하여 싸울 것이다.'

장수는 군주의 명령을 받으면 두 번 절하고 치사에 답합니다.

'신이 듣기로 한 나라의 정치는 나라 밖에서 이래라 저래라 간섭할 수

없으니 전적으로 군주가 다스려야 한다고 합니다. 또한 군대 안의 일은
조정의 통제를 받아서는 안되니 장수가 독자적으로 처리하여야 합니다.
신하가 제 목숨을 아끼며 두 마음을 품게 되면 군주를 제대로 섬길 수
없으며, 군주가 장수를 의심하고 장수가 군주를 의심하면 장수가 적을
맞아 과감히게 싸울 수 없습니다.

신이 이미 명령을 받들어 부월의 위엄을 받아 모든 권한을 내려 받았
으니, 신은 살아서 돌아올 마음을 버리고 오직 죽을 힘을 다하여 적을
토벌하겠습니다. 군주께서도 신에게 전권을 내려 준 이상 절대로 간섭
하지 않는다는 한 마디 말씀을 내려 주십시오. 군주께서 이를 허락해 주
시지 않는다면, 신은 장수가 되어 전군을 지휘할 수 없습니다.'

왕이 장수에게 전권을 위임해 주면, 장수는 인사하고 출정합니다. 이
로부터 모든 군대 안의 일은 일일이 군주의 명령을 따르는 것이 아니라
모두 장수의 명령에만 따르게 됩니다. 그리하여 적과 맞붙어 싸움을 벌
이면서 윗사람과 아랫사람이 한 마음 한 뜻이 됩니다. 이처럼 된다면 위
로는 하늘에까지 막힘이 없고, 아래로는 땅에도 거침이 없으며, 앞에는
길을 가로막는 적이 없고, 뒤로는 군주의 견제가 없이 장수가 마음대로
임기응변할 수 있게 됩니다.

그러므로 지혜로운 자는 마음껏 계략을 세울 수 있고, 용감한 자는 있
는 힘껏 싸울 수 있습니다. 이렇게 되면 병사들의 사기는 하늘을 찌를
듯하고 재빠르기가 치달리는 야생마 같아서 칼날이 부딪치기도 전에 적
이 두 손을 들게 될 것입니다.

밖에서 싸움에서 승리하고 안에서 공로를 세우며, 장교들은 승진하
고, 병사들은 상을 받으며, 백성들은 모두 환호하고, 장수는 아무런 허

물이나 재앙 없이 임무를 마치게 됩니다. 따라서 바람과 비는 계절에 알맞게 내리고 오곡은 넉넉하게 열매맺으며, 온 나라가 크게 편안해질 수 있습니다."

무왕은 감탄하였다.

"참으로 좋은 말입니다."

武王問太公曰, 立將之道奈何. 太公曰. 凡國有難, 君避正殿, 召將而詔之曰. 社稷安危, 一在將軍. 今某國不臣, 願將軍帥師應之. 將旣受命, 乃命太史卜, 齋三日, 之太廟, 鑽靈龜, 卜吉日, 以授斧鉞. 君入廟門, 西面而立. 將入廟門, 北面而立. 君親操鉞持首, 授將其柄, 曰, 從此上至天者, 將軍制之. 復操斧持柄, 授將其刃, 曰, 從此下至淵者, 將軍制之. 見其虛則進, 見其實則止. 勿以三軍爲衆而輕敵, 勿以受命爲重而必死, 勿以身貴而賤人. 勿以獨見而違衆, 勿以辯說爲必然也. 士未坐勿坐. 士未食勿食, 寒署必同. 如此, 士衆必盡死力.

將已受命, 拜而報君曰, 臣聞國不可從外治, 軍不可從中御, 二心不可以事君, 疑志不可以應敵. 臣旣受命, 專斧鉞之威. 臣不敢生還, 願君亦垂一言之命於臣. 君不許臣, 臣不敢將. 君許之, 乃辭而行.

軍中之事, 不聞君命, 皆由將出. 臨敵決戰, 無有二心. 若此, 則無天於上, 無地於下, 無敵於前, 無君於後. 是故智者爲之謀, 勇者爲之鬪, 氣厲靑雲, 疾若馳騖, 兵不接刃, 而敵降服. 戰勝於外, 功立於內. 吏遷上賞, 百姓歡悅, 將無咎殃. 是故風雨時節, 伍穀豊登, 社稷安寧. 武王曰, 善哉.

5. 장수의 위엄 〔將威〕

무왕이 물었다.

"장수가 어떻게 하면 위엄을 세울 수 있습니까? 어떻게 하면 공명함을 보일 수 있습니까? 어떻게 하면 병사에게 금지와 명령을 잘 실행할 수 있겠습니까?"

태공망이 대답하였다.

"죄를 저지르면 지위가 아무리 높은 자라도 거리낌없이 처벌해야 장수의 위엄을 세울 수 있습니다. 공을 세우면 지위가 아무리 낮은 자라도 차별 없이 포상하여야 공명함을 보일 수 있습니다. 상황을 낱낱이 살펴서 실정에 맞게 처벌과 포상을 적절히 실행한다면 금지와 명령이 잘 실행할 수 있습니다.

그러므로 만일 한 사람을 죽여서 전군이 모두 두려워할 경우라 면 단호하게 그를 죽이며, 한 사람에게 상을 주어 전군이 모두 기뻐할 경우라면 아낌없이 그에게 상을 내립니다. 처벌은 높은 자리에 있는 사람일수록 효과적이고, 상은 미천한 사람일수록 효과적입니다. 처벌이 요직을 차지한 높고 귀한 신하에게까지 미친다면, 이는 형벌이 가장 윗자리에 있는 사람에게까지 미칠 수 있다는 것입니다. 상이 소먹이는 목부나 말닭이는 마부, 마구간에서 허드렛일을 하는 미천한 자에게까지 미친다면, 이는 포상이 가장 아랫자리에 있는 사람에게까지 통할 수 있다는 것입니다. 형벌이 윗자리에 있는 사람에게까지 미치고 포상이 아랫자리에 있는 사람에게까지 통한다면, 장수의 위엄이 크게 시행되는 것입니다."

武王問太公曰, 將何以爲威, 何以爲明, 何以爲禁止而令行. 太公
曰, 將以誅大爲威, 以賞小爲明, 以罰審爲禁止而令行. 故殺一人而
三軍震者殺之. 賞一人而萬人悅者, 賞之. 殺貴大, 賞貴小. 殺其當
路貴重之人, 是刑上極也. 賞及牛堅馬洗廐養之徒, 是賞下通也. 刑
上極, 賞下通, 是將威之所行也

6. 사기 진작 〔勵軍〕

무왕이 태공망에게 물었다.

"나는 전군의 병사들을 이끌고 적의 성을 공격할 때에는 앞다투어 성
벽에 기어오르고, 벌판에서 싸울 때에는 앞다투어 달려나가며, 물러나
라는 쇳소리 신호를 들으면 화내고, 달려나가라는 북소리 신호[20]를 들
으면 기뻐하게 만들고 싶습니다. 어떻게 하면 되겠습니까?"

태공망이 대답하였다.

"장수가 반드시 승리하는 세 가지 길이 있습니다."

무왕이 말하였다.

---

20. 앞의 쇳소리는 원문이 '금성'(金聲)이고, 뒤의 북소리는 '고성'(鼓聲)이다. 쇳소리
는 징〔鉦〕이나 자바라〔鐃〕 같은 쇠로 만든 악기를 두드려서 내는 소리이다. 고대로
부터 쇠〔金〕는 깨우거나 경고하는 성질을 갖고 있다고 하여 냉정하게 마음을 가라
앉히고 후퇴하라는 신호로 쓰였다. 북소리는 가죽〔革〕을 기본 재료로 한 악기를 두
드려서 내는 소리이다. 고대로부터 가죽은 사람의 마음을 들뜨게 하거나 흥분시키
는 성질이 있다고 하여 계속 싸움에 몰입하며 전진하라는 신호로 쓰였다.

"그 자세한 내용을 말씀해 주십시오."

태공망이 대답하였다.

"장수는 추운 겨울철에도 혼자만 따뜻한 털가죽 옷을 입지 않고, 무더운 여름철에도 혼자만 부채를 잡지 않으며, 비가 내리더라도 혼자만 우산을 펼치지 않아야 합니다. 이러한 장수를 예의 바른 장수라고 합니다. 장수가 몸소 예의를 실천하지 않으면 병사들의 추위와 더위 때문에 얼마나 괴로운지 모릅니다.

좁고 험한 길을 행군하거나 진흙탕을 거쳐가야 할 때, 장수는 반드시 수레나 말에서 내려 함께 걸으며 병사들과 더불어 괴로움을 나누어야 합니다. 이러한 장수를 노력하는 장수라고 합니다. 장수가 몸소 노력하지 않으면 병사들의 수고와 괴로움을 모릅니다.

들판에서 주둔할 때 전군이 모두 막사를 치고 자리잡은 뒤에야 장수가 자리에 들고, 밥을 지을 때 병사들의 식사가 모두 마련된 뒤에야 장수가 식사를 하며, 병사들이 불을 지피지 못하고 있으면 장수도 불을 지피지 않아야 합니다. 이러한 장수를 욕심을 절제할 줄 아는 장수라고 합니다. 장수가 몸소 절제하지 못한다면 병사들이 굶주리는지 배부른지를 모릅니다.

장수가 병사들과 더불어 추위와 더위, 수고로움과 괴로움, 굶주림과 배부름을 함께 한다면, 모든 병사들은 진격하라는 북소리를 들으면 기뻐 날뛰고, 후퇴하라는 쇳소리를 들으면 벌컥 화를 내게 됩니다. 높은 성벽과 깊은 해자가 있는 견고한 성을 공격할 때에, 적의 화살과 돌멩이가 빗발처럼 퍼부으며 쏟아진다 할지라도, 병사들은 앞다투어 성벽에 먼저 기어오르려고 합니다. 들판에서 적과 맞부딪쳐 수많은 칼날이 어

지럽게 엉키는 곳이라도 병사들은 용감하게 뛰어들어 앞다투어 적에게
달려들게 됩니다.

　전군의 병사들이 이처럼 전투에 기꺼이 몸을 던지는 이유는 그들이
죽기를 좋아하고 다치기를 바래서가 아닙니다. 이는 오직 장수가 병사
들이 추운지 더운지, 굶주리는지 배부른지 차근차근 살펴주고, 갖가지
괴로움과 수고로움까지도 밝게 알아주기 때문입니다."

　武王問太公曰, 吳欲三軍之衆, 攻城爭先登, 野戰爭先赴, 聞金聲
而怒, 聞鼓聲而喜, 爲之奈何

　太公曰, 將有三勝. 武王曰, 敢問其目. 太公曰, 將冬不服裘, 夏
不操扇, 雨不張蓋, 名曰禮將. 將不身服禮, 無以知士卒之寒暑. 出
隘塞, 犯泥塗, 將必先下步, 名曰力將. 將不身服力, 無以知士卒之
勞苦. 軍皆定次, 將乃就舍, 炊者皆熟, 將乃就食, 軍不擧火, 將亦
不擧, 名曰止欲將. 將不身服止欲, 無以知士卒之饑飽.

　將與士卒共寒署勞苦饑飽, 故三軍之衆, 聞鼓聲則喜, 聞金聲則
怒, 高城深池, 矢石繁下, 士爭先登, 白刃始合, 士爭先赴. 士非好
死而樂傷也, 爲其將知寒署饑飽之審, 而見勞苦之明也.

7. 암호의 활용 〔陰符〕

무왕이 태공망에게 물었다.

"군대를 이끌고 적국인 제후의 땅 깊숙이 들어갔을 때, 전군에 갑자

기 늦추거나 서두를 일이 발생할 수도 있고, 더욱이 그 일이 이로울 수도 해로울 수도 있는 경우에 가까운 곳에서 먼 곳으로 재빨리 연락하고 중앙과 외곽이 서로 호응하게 하여 전군을 충분히 활용하려고 합니다. 어떻게 하여야 합니까?"

대공망이 대답하였다.

"군주와 장수가 서로 통신할 때에는 비밀리에 암호[21]를 사용해야 합니다. 이 암호에는 여덟 가지가 있습니다.

적을 쳐부수고 큰 승리를 거두었을 경우, 결과를 보고하는 암호문은 길이가 한 자입니다. 적군을 쳐부수고 적장을 죽였을 경우, 결과를 보고하는 암호문은 길이가 아홉 치입니다. 적의 성을 무너뜨리고 도시를 빼앗을 경우, 결과를 보고하는 암호문은 길이가 여덟 치입니다. 적을 공격하여 멀리 쫓아버릴 경우, 결과를 보고하는 암호문은 길이가 일곱 치입니다.

병사들에게 경계심을 고취하고 굳게 수비하게 하는 암호문은 길이가 여섯 치입니다. 군량과 구원병을 더 보내 달라고 요청하는 암호문은 길이가 다섯 치입니다. 싸움에서 패배하고 장수마저 잃었을 경우, 보고하는 암호문은 길이가 네 치입니다. 전세가 불리하여 약간의 병력을 잃었을 경우, 보고하는 암호문은 길이가 세 치입니다.

이렇게 사명을 띠고 암호문으로 전달하면서 날짜를 머뭇거려 때를 놓

---

21. 원문은 '음부'(陰符)이다. '부'는 부신(符信)으로 목편(木片)이나 죽편(竹片)에 글을 쓰거나 문양을 새기고 도장[證印]을 찍은 다음에 두 쪽으로 쪼개어, 한 조각은 상대방에게 주고 다른 한 조각은 이쪽에서 보관하였다가 뒷날 서로 맞춰보고 증거로 삼은 도구이다. 신분을 확인하거나 암호문을 전달하는 데 사용되었다.

치는 자는 죽여버리고, 내용을 누설하는 것을 듣거나 알리는 자도 역시
모두 목을 베어버립니다. 이 여덟 가지 암호는 군주와 장수가 비밀리에
통신하면서 새어나가지 않고 은밀히 기밀을 유지할 수 있는 방법이고, 나
라안과 나라밖이 서로 소식을 주고받는 방법입니다. 그러니 적에게 아무
리 지혜가 뛰어난 사람이 있다 할지라도 꿰뚫어 알 수는 없을 것입니다."
　무왕은 이렇게 칭찬하였다.
　"매우 좋은 방법이군요."

　武王問太公曰, 引兵深入諸侯之地, 三軍卒有緩急, 或利或害. 吳
將以近通遠, 從中應外, 以給三軍之用, 爲之奈何.
　太公曰, 主與將, 有陰符, 凡八等. 有大勝克敵之符, 長一尺. 破
軍殺將之符, 長九寸. 降城得邑之符, 長八寸. 却敵報遠之符, 長七
寸. 警衆堅守之符, 長六寸. 請糧益兵之符, 長伍寸. 敗軍亡將之符,
長四寸失 利亡士之符, 長三寸. 諸奉使行符稽留者, 若符事泄聞者
告者, 皆誅之. 八符者, 主將秘聞, 所以陰通言語不泄, 中外相知之
術. 敵雖聖智. 莫之通識. 武王曰, 善哉.

8. 암호 문서 〔陰書〕

무왕이 태공망에게 물었다.
　"군대를 이끌고 적국인 제후의 땅 깊숙이 들어갔을 때에 군주와 장수
가 서로 연락하며 군대를 통합하여 끊임없이 변화하는 전술을 실행하고

적이 미처 헤아리기 어려운 유리한 형세를 꾀하려고 합니다. 그런데 연락 사항이 매우 번거롭고 많아서 암호를 가지고는 자세히 밝힐 수 없는데다가, 거리가 너무 멀어 말을 주고받을 수도 없을 경우에는 어떻게 하여야 하겠습니까?"

태공망이 대답하였다.

"대부분 비밀을 지켜야 할 일이나 중대한 계획은 문서를 사용하여야 하며, 암호를 사용해서는 안 됩니다. 이런 문제는 군주가 문서로 장수에게 통보하고, 장수 역시 문서로 군주에게 물어야 합니다. 그 방법은 문서를 한 장 작성하고 두 번 잘라서[22] 한 조각마다 한 사람씩 세 명의 전령을 통해서 보내면 받는 쪽에서 하나로 모아서 전체 내용을 알 수 있습니다.

여기서 두 번 자른다는 말은 암호문을 잘라서 세 조각으로 만든다는 뜻입니다. 세 전령에게 암호문의 조각을 보내어 하나로 모아서 전체 내용을 안다는 말은 세 사람의 전령에게 저마다 한 조각씩을 간직하고 서로 사이를 두고 길을 달리해서 출발하게 하여 전체의 상황을 모르게 한다는 뜻입니다. 이것을 암호문[23]이라고 합니다. 적군 안에 아무리 뛰어난 지혜를 지닌 사람이 있다 할지라도 그 내용을 알아낼 수 없을 것입니다."

무왕은 칭찬하였다.

"참으로 좋은 방법입니다."

---

22. 원문은 '재리'(再離)이다. 두 번 자른다는 말인데 이렇게 자르면 셋으로 나눠진다.
23. 원문은 '음서'(陰書)이다. 앞에서 말한 '음부'(陰符)가 어떤 일의 결과만을 간략히 알려주는 암호라면, '음서'는 보다 상세한 내용을 전달하는 문서 형태의 암호문을 뜻한다.

武王問太公曰, 引兵深入諸侯之地, 主將欲合兵, 行無窮之變, 圖不測之利, 其事繁多, 符不能明, 相去遼遠, 言語不通. 爲之奈何.

太公曰, 諸有陰事大慮, 當用書, 不用符. 主以書遺將, 將以書問主. 書皆一合而再離, 三發而一知. 再離者, 分書爲三部. 三發而一知者, 言三人, 人操一分, 相參而不使知情也. 此謂陰書. 敵雖聖智, 莫之能識. 武王曰, 善哉.

9. 군대의 형세 〔軍勢〕

무왕이 태공망에게 물었다.

"적을 공격하려면 어떻게 하여야 합니까?"

태공망이 대답하였다.

"공격의 형세는 적의 움직임을 바탕으로 만들어지며, 임기응변의 계략은 적군과 아군이 맞서고 있는 사이에 나타납니다. 비정규 전술과 정규 전술[24]은 무궁무진한 계략을 숨기고 있는 장수에게서 자유자재로 펼

---

24. 원문은 '기정'(奇正)으로 고대에 중요시하였던 군사용어이다. 일반적으로 기병(奇兵)과 정병(正兵)이라 부르는 전술 운영 방법을 가리킨다. 기와 정에 포함된 일반적 의미는 다음과 같다. 첫째, 부대의 편제에서 경계와 수비의 임무를 담당하는 부대를 정병이라 하고, 가벼운 무장으로 기동력을 높인 타격대를 기병이라고 한다. 그리고 적 부대를 견제하고 포위하는 임무를 맡은 부대는 정병이고, 기습하고 돌격하는 임무를 맡은 부대는 기병이라고 한다. 둘째, 작전 방식 면에서, 정면에서의 정규공격을 정병, 측면에서의 우회공격을 기병이라고 한다. 다시 말해 정규 공격인 '명공'(明攻)을 정병, 기습 공격인 '암습'(暗襲)을 기병이라고 한다. 셋째, 미

쳐져 나옵니다. 그러므로 참으로 중요한 일이나 신비한 용병술은 입밖에 드러낼 수 없습니다. 또한 중요한 일은 말로 설명해봐야 알 수 없으며, 병사를 움직이는 방법은 상황에 따라 변화하므로 일정한 상태를 보여줄 수 없습니다. 눈 깜짝할 사이에 아무 자취 없이 나타났다가 갑자기 없어져 버리는 것처럼 변화무쌍하게 움직이며, 장수가 독자적인 판단에 따라 자유자재로 지휘하며 남에게 견제를 받지 않는 것이 바로 용병술의 핵심입니다.

무릇 병법에서는 비밀 유지가 제일 중요한데 작전 계획이 새나가 적이 듣게 되면 적은 아군의 움직임에 대해서 논의할 것이고, 아군의 움직임을 알게 되면 적은 아군을 궁지에 빠뜨릴 계략을 꾸밀 것입니다. 그리고 적이 아군의 계획을 알게 되면 아군은 반드시 적에 의해서 괴로운 지경에 빠지게 되고, 적이 아군의 강점과 약점을 분명히 가려낸다면 아군은 반드시 위험에 빠지고 말 것입니다.

리 세워진 일반적인 작전 원칙에 따라 하는 전투를 정병이라 하고, 구체적인 정황에 따라 순간순간 변화하는 특수한 작전방법을 채택하는 것을 기병이라고 한다. 넷째, 군대는 행군할 때나 주둔할 때를 가리지 않고 모두 앞에 경계 부대인 기병(奇兵)를 배치하여 주력 부대인 정병(正兵)을 지키게 하고 적의 돌발적인 공격과 맞부딪치더라도 패배 당하는 일이 없도록 한다는 뜻도 있다. 어쨌든 적이 전혀 대비하지 않고 있는 급소를 도무지 예측하지 못하는 수단으로 찌르는 전술이 '기'(奇)이다. 전쟁의 묘책은 바로 이 점에 있는 것이다.『손자』의 「병세」(兵勢)에 보면 '기정'에 대한 대표적인 묘사가 나온다. "전세는 비정규 전술인 '기병'과 정규 전술인 '정병' 두 가지에 좌우될 뿐이지만, 이 두 전술의 변화는 이루 다 헤아릴 수 없을 정도로 무궁무진하다. 이처럼 '기병'과 '정병'은 서로 잇달아 나오니 마치 둥근 고리가 시작도 끝도 없이 맴도는 것과 같다. 어느 누가 그 순환을 다 헤아릴 수 있겠는가?"[戰勢不過奇正, 奇正之變, 不可勝窮也. 奇正相生, 如循環之無端, 孰能窮之]

전투에 뛰어난 장수는 양쪽이 전열을 펼치기 전에 지략으로 제압하고, 나라의 근심을 잘 제거하는 자는 일이 터지기 전에 막으며, 적을 잘 이기는 자는 전투의 형세가 드러나기 전에 승리합니다.

다시 말해 최고의 전쟁은 아군에게 겨룰 상대가 아예 없게 만드는 것입니다. 따라서 수없이 번득이는 칼날 앞에서 승리를 다투는 자는 뛰어난 장수가 아니며, 때를 놓친 다음에 대비하는 자는 훌륭한 성인이 아닙니다. 또한 지혜가 보통 사람과 같다면 한 나라의 뛰어난 스승이 아니며, 기술이 뭇 사람들과 같다면 한 나라를 대표하는 뛰어난 기술자가 아닙니다.

군사 행동에서는 싸워서 꼭 이기는 것보다 큰 목표가 없고, 용병에서는 은밀하고 고요한[25]것보다 더 중요한 것이 없습니다. 전투 작전에서는 적이 미처 예상하지 못한 곳을 공격하는 것보다 중대한 것은 없으며, 모략에서는 적이 아군의 의도를 전혀 알아차리지 못할 만큼 은밀한 것보다 훌륭한 것은 없습니다.

먼저 승리를 거두는 방법은 먼저 적에게 아군의 약한 모습을 보여 주어 적이 마음을 놓게 한 뒤에 싸우는 것입니다. 그렇다면 절반의 노력으로 갑절의 효과를 거둘 수 있습니다.

성인은 하늘과 땅이 운행하는 이치를 잘 살펴서 군대를 움직이는데,

---

25. 원문은 '현묵'(玄黙)이다. '현'은 현묘(玄妙)하며 아득해서 잘 알 수 없다는 말이다. '묵'은 침묵(沈黙)이나 허정(虛靜)하다는 뜻으로 고요하고 텅 빈 듯 보인다는 말이다. 아군이 자신의 작전 의도나 계략을 완전히 숨기고 은밀하게 움직여 적이 전혀 예상하거나 대비하지 못하게 된다는 뜻이다.

보통 사람은 누구도 그 이치를 알 수가 없습니다. 성인은 음양이 변화하는 이치를 따르고, 오고 가는 계절을 쫓으며, 하늘과 땅이 한 번 차면 한 번 이지러지는 이치를 대하여 그것을 길이 변하지 않는 법칙으로 여깁니다. 만물이 태어나고 죽는 것은 바로 하늘과 땅의 이러한 형세 변화를 따르는 것입니다. 그러므로 '적의 형세가 어떤지 파악하지 못하고 싸움을 벌인다면, 병력이 아무리 많더라도 반드시 패망하고 만다'고 말하는 것입니다.

전투에 뛰어난 자는 주둔하고 있을 때에 군대를 소란스럽게 하지 않고 조용히 때를 기다리다가, 이길 수 있는 기회라고 여겨지면 곧바로 군대를 출동시킵니다. 그리고 만일 이길 수 없는 상황이라고 여겨지면 곧바로 멈춰서 움직이지 않습니다. 그러므로 '두려워하지 말라. 머뭇거리지 말라. 용병에 있어서 가장 나쁜 점은 머뭇거리며 결단을 내리지 못하는 것이고, 전군에게 가장 큰 재앙은 의심하는[26] 것이다'라고 한 것입니다.

전투에 뛰어난 자는 아군에게 유리한 상황을 보면 기회를 놓치지 않고, 적절한 때가 오면 조금도 머뭇거리지 않고 결단을 내립니다. 전쟁에서는 일단 유리한 기회를 잃거나 적절한 때를 놓쳐 버리면 도리어 재앙을 당하게 됩니다. 그러므로 지혜로운 장수는 기회를 잘 따라 잡아서 놓

---

26. 원문은 '호의'(狐疑)이다. 여우는 본래 의심이 많아서 얼음 위를 지날 때에 밑에서 물 흐르는 소리가 들리지 않아야만 안심하고 건넌다고 한다. 이 말은 장수가 자신의 판단에 확신을 갖지 못하고 망설이는 것을 여우에 빗대서 한 말이다. 『오자』(嗚子) 「치병」(治兵)에 본문과 거의 비슷한 구절이 보인다. "용병에 있어서 가장 큰 병폐는 주저함이고, 전군을 재앙으로 몰고 가는 것은 의구심이다."[用兵之害, 猶豫最大, 三軍之災, 生於狐疑]

치지 않으며, 뛰어난 장수는 한 번 결단을 내리면 조금도 망설이지 않습니다. 이러한 장수를 가진 군대는 우레 소리에 미처 귀를 막지 못하듯 번개불에 미처 눈 깜짝할 틈도 없듯이, 재빨리 적의 진영에 뛰어들어갈 때에는 마치 놀란 것 같고, 힘을 쓸 때에는 마치 미쳐서 발광하는 것 같습니다. 이러한 기세를 지닌 군대와 맞부딪친 상대는 부서지며, 가까이 다가오는 나라들은 멸망하고 맙니다. 대체 누가 이를 막아내겠습니까?

장수된 자가 사람들이 말로 나타낼 수도 없는 미묘한 조짐을 미리 알아서 굳게 지킨다면 참으로 신묘한 지혜를 가졌다고 하고, 사람들이 볼 수 없는 드러나지 않은 형상을 미리 꿰뚫어 보고 대처한다면 밝은 지혜를 가졌다고 합니다. 이러한 신묘하고 밝은 지혜를 아는 장수 앞에는 맞서는 적이 없고, 그런 장수가 있는 나라 앞에는 대적할 만한 나라가 없습니다."

무왕은 감탄하였다.

"참으로 좋은 말씀입니다."

武王問太公曰, 攻伐之道奈何. 太公曰, 勢因於敵家之動, 變生於兩陣之間, 奇正發於無窮之源. 故至事不語, 用兵不言. 且事之至者, 其言不足聽也. 兵之用者, 其狀不定見也. 候而往, 忽而來, 能獨專而不制者兵也.

聞則議, 見則圖, 知則困, 辨則危. 故善戰者不待張軍. 善除患者理於未生. 勝敵者勝於無形. 上戰無與戰. 故爭勝於白刃之前者, 非良將也. 設備於已失之後者, 非上聖也. 智與衆同, 非國師也, 技與衆同, 非國工也. 事莫大於必克, 用莫大於玄黙, 動莫大於不意, 謀莫大於不識. 夫先勝者, 先見弱於敵而後戰者也, 故事半而功倍焉.

聖人徵於天地之動, 孰知其紀. 循陰陽之道而從其候. 當天地盈縮, 因以爲常. 物有死生, 因天地之形. 故曰, 未見形而戰, 雖衆必敗.

善戰者居之不撓, 見勝則起, 不勝則止. 故曰, 無恐懼, 無猶豫. 用兵之害, 猶豫最大, 三軍之災, 莫過狐疑. 善戰者, 見利不失, 遇時不疑. 失利後時, 反受其殃. 故智者從之而不失, 巧者一決而不猶豫. 是以疾雷不及掩耳, 迅電不及瞑目. 赴之若驚, 用之若狂, 當之者破, 近之者亡, 孰能禦之. 夫將, 有所不言而守者, 神也. 有所不見而視者, 明也. 故知神明之道者, 野無橫敵, 對無立國. 武王曰, 善哉.

10. 비정규 전술 〔奇兵〕

무왕이 태공망에게 물었다.

"용병술의 큰 핵심은 무엇입니까?"

태공망이 대답하였다.

"옛날에 전투에 뛰어난 사람이라고 해서 하늘 위에서 싸웠던 것도 아니고, 땅 밑에서 싸웠던 것도 아닙니다. 그 승패는 모두 신묘한 형세를 얻느냐 잃느냐에 달려 있습니다. 신묘한 형세를 얻은 자는 승리하여 나라가 번창하고, 신묘한 형세를 잃은 자는 패배하여 나라가 멸망하게 됩니다.

적군과 아군이 대치하여 부대를 출동시키고 무기를 배열할 때에 일부러 아군의 병사들을 풀어놓아 제멋대로 움직이게 내버려 두어 대오를 어지럽게 합니다. 이는 아군의 빈틈을 보여 적이 가볍게 공격해 오도록 꾀어내는 작전입니다.

풀이 우거지고 나무가 빽빽한[27] 곳에 군대를 주둔시키면 숨어 있다가 달아나려는 계략입니다. 험준한 계곡에 진을 치는 것은 적의 전차 부대와 기병 부대를 막으려는 의도입니다.

길이 좁고 산림으로 에워싸인 곳에 진을 치면 적은 병력으로 많은 적을 물리치는 데에 유리합니다. 움푹 패인 늪이나 어두컴컴한 곳에 진을 치면 아군의 형세를 숨길 수 있습니다. 탁 트여 숨길만한 은폐물 하나 없는 평야에 진을 치면 적과 싸울 때에 용맹성을 떨치며 결전을 치르겠다는 뜻입니다. 날아가는 화살처럼 빠르게 움직이고 쇠뇌의 쏘아대듯 재빨리 공격하면 적의 치밀하고 미묘한 작전도 부술 수 있습니다.

---

27. 원문은 '옹예'(翁翳)이다. 풀이나 나무가 빽빽하게 우거진 모습을 뜻한다.

28. 원진(圓陣)은 평탄하고 탁 트인 평야 지대에서 갑자기 적을 방어하기 위해서 사용하는 진법(陣法)이다. 전차나 수레로 둥글게 방어막을 치고 그 안에 병력을 집결하여 사방에서 달려드는 적을 막는다. 원진에 대해서는 『손빈병법』(孫臏兵法) 「십진」(十陣)에도 설명이 실려 있다. "원진이란 병력을 집결시킬 때 쓰는 진법이다."[圓陣者, 所以槫也] 그리고 같은 책의 「십문」(十問)에는 본문에서 말하고 있는 것과 매우 비슷한 원진의 격파 방법에 대해서 말하고 있다. "이를 격파하기 위해서는 전군을 넷이나 다섯 개의 부대로 재편성하며, 그 중 하나의 부대로 적을 공격하는 척 하다가 일부러 거짓으로 도망가도록 하여 우리가 산뜩 겁을 집어먹고 있다는 인상을 적에게 심어 줍니다. 적은 아군이 겁에 질려 있다고 판단해서 차례로 병력을 출동시켜 우리를 공격해 올 것이며, 자신들의 수비를 허술하게 할 것입니다. 이는 적이 스스로 자신의 견고한 진지를 허무는 계기가 됩니다. 아군은 적의 혼란을 틈타 그들의 견고한 진지로 공격해 들어갑니다. 이 때 아군은 징과 북을 크게 울리며 전차 부대를 투입하고 동시에 다섯 부대로 나누어 반격해 들어갑니다. 다섯 부대가 일제히 쇄도해 들어가면 전군의 파괴력은 하나로 집중되어 매우 강력한 힘을 발휘하게 됩니다. 이것이 바로 적의 원진을 격파하는 방법입니다."[曰, 擊此者, 三軍之衆分而爲四伍, 或傅而佯北, 而示之懼. 彼見我懼, 則遂分而不顧. 因以亂毀其固, 駟鼓同擧, 伍遂俱傳. 伍遂俱至, 三軍同利. 此擊圓之道也]

가까운 곳에 병사를 매복시키고 기습 부대를 배치한 다음 일부러 먼 곳에서 적을 속여서 꾀어내면, 적군을 쳐부수고 적장을 사로잡을 수 있습니다. 군대를 네 다섯 부대로 나누어 아무 기강이 없는 것처럼 흩어져 있다가 일제히 공격하면 적의 원진[28]이나 방진[29]을 쳐부술 수 있습니다. 적이 놀라 허둥대는 틈을 타서 공격하면 한 명의 아군으로 열 명의 적을 공격할 수 있습니다. 피로해진 적이 밤에 머물러 쉬고 있는 틈을 타서 공격하면 열 명의 아군으로 백 명의 적을 공격할 수 있습니다.

정교한 기계나 기술을 사용하여 뜬다리 같은 것을 세우면 깊은 냇물

---

29. 방진(方陣)은 전통적으로 정면 공격에 가장 많이 쓰이는 진법이다. 정면에 많은 병력을 배치하여 공격력을 높이고, 옆쪽도 굳건하게 하여 안전성을 높인 다음에 지휘관은 중앙의 뒤쪽에 위치하여 전체 상황을 한 눈에 파악하면서 지휘한다. 그런데 중심부의 병력이 적어서 쉽게 약해질 수 있고, 주로 중무장한 보병 중심의 편성이므로 기동력이 매우 떨어진다는 단점이 있다. 방진에 대해서는『손빈병법』「십진」에 간략한 설명이 실려 있다. "방진은 적군을 분열시킬 때 쓰는 진법이다.…… 방진은 중앙에 병력을 적게 배치하고 양쪽 옆에는 많은 병력을 배치하며 지휘부는 뒤쪽에 둔다. 중앙에 병력이 적은 것은 이로써……하기 위해서이다. 양쪽 옆을 강화한 것은 적군의 대오를 끊기 위해서이고, 지휘부를 뒤쪽에 두는 것은……하기 위해서이다."〔方陣者, 所以剸也. 圓陣者, 所以榑也.……方陣之法, 必薄中厚方, 居陣在後. 中之薄也, 將以吠也. ▨▨, 將以剸也. 居陣在後, 所以……〕이 진법을 격파하는 방법은 같은 책의「십문」에 실려 있다. "이런 적을 격파하려면 송곳 모양의 추행진(錐行陣)을 전개하여 집중되어 있는 적군을 분산시킵니다. 적과 일단 교전이 시작되면 도망가는 척하면서 물러섭니다. 그리고 적이 공격해 올 때, 아군의 정예 병사에게 적의 후방에 있는 지휘부를 공격하도록 합니다. 이 때는 적군이 우리의 의도를 알아차리지 못하도록 해야 합니다. 이것이 바로 적의 방진을 격파하는 방법입니다."〔曰, 擊此者▨陣而之, 規而離之, 合而伴北, 殺將其後, 勿令知之. 此擊方之道也〕원진의 격파 방법은『육도』본문의 내용과 맞아떨어지지만 방진의 경우는 연결되지 않는다.『육도』와『손빈병법』의 저술 연대나 전쟁 방식의 차이 때문에 생기는 문제로 보인다.

이나 강을 건널 수 있습니다. 강력한 쇠뇌[30]나 장거리 사격 무기를 사용하면 강물을 사이에 두고 건너편에 대피하고 있는 적을 공격할 수 있습니다. 한편으로 아군의 관문을 오래도록 닫아걸고 다른 한편으로 멀리까지 척후병을 보내고, 군대를 재빨리 진격시키거나 거짓으로 후퇴시키며 적을 꾀어내면, 적의 성을 무너뜨리고 고을을 점령할 수 있습니다.

북을 치고 시끄럽게 떠들며 일부러 적의 주의를 끌면, 빈틈을 찌르며 계략을 쓸 수 있습니다. 태풍이나 폭우가 몰아쳐서 적이 수비하기 곤란한 틈을 타서 진격하면 적의 전방 부대를 쳐부수고 후방 부대를 사로잡을 수 있습니다. 적의 사신으로 위장하고 적의 후방으로 들어가면, 적의 군량 수송로를 끊을 수 있습니다.

적의 신호를 위조하여 사용하고 적군과 똑같은 복장을 하면 적군 속에 뒤섞여 들어가 패배하여 달아날 때에 추격할 수 있습니다. 싸울 때에 반드시 병사들에게 대의명분을 앞세우면 병사들을 격려하여 적을 이길수 있습니다. 뛰어난 업적을 이룬 자에게 높은 자리를 주고 두터운 상을 내리면 병사들이 명령에 잘 따르도록 권장할 수 있습니다. 잘못을 저지른 자를 엄하게 처벌하면 게으름을 막을 수 있습니다.

장수가 때로는 기뻐하여 부하들을 도닥거리다가 때로는 노여워하여

---

30. 원문은 '노'(弩)이다. 중국 전국시대 이래로 사용된 무기이다. 화살을 재서 활시위의 탄력으로 날려보내는 것은 활과 비슷하지만 방아쇠가 달려 있어 정확도가 훨씬 높고 사정 거리도 매우 멀었다. 특히 북방 유목민족의 기병을 막는데 매우 효과적이어서 널리 사용되었다. 나중에는 화살을 여러 발 장착하고 간단한 동작으로 장전되어 재빨리 이어서 쏠 수 있도록 개량한 연발식 쇠뇌인 연노(連弩)가 개발되어 더욱 위력을 발휘하였다.

부하들을 두렵게 하며, 또한 벼슬자리를 주어서 공로를 치하하기도 하고 자리를 빼앗아 죄를 다스리기도 하며, 도덕 윤리로 은혜를 베풀기도 하고 군사력의 권위로 위엄을 보이기도 하며, 명령을 천천히 따르게 하기도 하고 재빨리 서둘러 따르게 하기도 하면, 전군을 조화롭게 조정하고 휘하 병사들을 한결같이 아우를 수 있습니다.

지형이 높고 탁 트인 곳에 병력을 배치하면 경계와 수비를 철저히 힐 수 있습니다. 험한 요새를 확보하여 지키면 수비를 견고히 할 수 있습니다. 산과 숲이 빽빽하게 우거진 곳에 진지를 치면 적에게 발각되지 않고 부대가 오가며 작전할 수 있습니다. 참호를 깊이 파고 보루를 높이 쌓으며 군량을 많이 쌓아 두면, 지구전에 대비할 수 있습니다.

그러므로 '적을 공략하는 책략을 깊이 알지 못하는 자는 적에 대해서 말할 자격이 없다. 부대를 나눠서 기습 부대와 정규 부대를 자유롭게 움직일 줄 모르는 자는 비정규 전술로 말할 자격이 없다. 다스려짐과 어지러움이 끊임없이 뒤바뀌는 이치를 꿰뚫어 보지 못하는 자는 임기응변하는 권도를 논의할 자격이 없다'라고 말합니다.

그러므로 또한 '장수가 인자하지 못하면 군대의 위아래가 서로 화목하지 못합니다. 장수가 용감하지 못하면 군대가 날래고 용맹하지 못합니다. 장수가 지혜롭지 못하면 군대가 큰 의구심에 빠지게 됩니다. 장수의 태도가 분명하지 못하면 병사들이 크게 흔들리게 됩니다. 장수가 치밀하지 못하면 전군이 적을 이길 수 있는 결정적인 기회를 잃게 됩니다. 장수가 늘 경계하지 않으면 전군의 수비가 소홀해집니다. 장수가 나약하여 강력하지 못하면 전군이 직무를 게을리 하게 됩니다'라고 말합니다.

그런 까닭에 장수야말로 모든 백성의 생명을 손에 쥔 자라고 할 수 있습니다. 군대는 장수와 더불어 다스려지기도 하고, 장수와 함께 어지러 워지기도 합니다. 군주가 현명한 장수를 얻으면 군대는 강해지고 나라 는 번창하며, 현명한 장수를 얻지 못하면 군대는 약해지고 나라는 멸망 하게 됩니다."

무왕은 감탄하였다.

"매우 좋은 말씀입니다."

載王問太公曰, 凡用兵之法, 大要何如. 太公曰, 古之善戰者, 非能 戰於天上, 非能戰於地下, 其成與敗, 皆由神勢. 得之者昌, 失之者亡.

夫兩陣之間, 出甲陳兵, 縱卒亂行者, 所以爲變也. 深草蓊翳者, 所以遁逃也. 溪谷險阻者, 所以止車禦騎也. 隘塞山林者, 所以少擊 衆也. 坳澤窈冥者, 所以匿其形也. 淸明無隱者, 所以戰勇力也. 疾 如流矢, 擊如發機者, 所以破精微也. 詭伏設奇, 遠張詽誘者, 所以 破軍擒將也. 四分伍裂者, 所以擊圓破方也. 因其驚駭者, 所以一擊 十也. 因其勞倦暮舍者, 所以十擊百也. 奇技者, 所以越深水渡江河 也. 强弩長兵者, 所以踰水戰也. 長關遠候, 暴疾繆遁者, 所以降城 服邑也. 鼓行讙囂者, 所以行奇謀也. 大風甚雨者, 所以搏前擒後 也. 僞稱敵使者, 所以絶糧道也. 謬號令, 與敵同服者, 所以備走北 也. 戰必以義者, 所以勵衆勝敵也. 尊爵重賞者, 所以勸用命也. 嚴 刑重罰者, 所以進罷怠也. 一喜一怒, 一予一奪, 一文一武, 一徐一 疾者, 所以調和三軍, 制一臣下也. 處高敵者, 所以警守也. 保險阻 者, 所以爲固也. 山林茂穢者, 所以黙往來也. 深溝高壘, 積糧多 者, 所以持久也. 故曰, 不知戰攻之策, 不可以語敵. 不能分移, 不可以語奇. 不通治亂, 不可以語變.

故曰, 將不仁, 則三軍不親. 將不勇, 則三軍不銳. 將不智, 則三軍大疑. 將不明, 則三軍大傾. 將不精微, 則三軍失其機. 將不常戒, 則三軍失其備. 將不強力, 則三軍失其職. 故將者, 人之司命, 三軍與之俱治, 與之俱亂. 得賢將者, 兵強國匯昌. 不得賢將者, 兵弱國亡. 武王曰, 善哉.

11. 다섯 소리〔伍音〕

무왕이 태공망에게 물었다.

"십이율[31]과 오음[32]을 잘 들어 보고 적군의 움직임이나 승패의 결과

---

31. 십이율(十二律)은 동양 음악에 있어서 12개의 기본 음계를 나타낸다. 본래 12개의 죽관(竹管)으로 소리를 내며 12개월을 상징한다. 그리고 12율은 양(陽)에 속하는 6율(律, 陽律)과 음(陰)에 속하는 6려(呂, 陰呂)로 구성되었다. 각각의 달과 연결해 보면 황종(黃鍾, 율)은 11월, 대려(大呂, 려)는 12월, 태주(太簇, 율)는 정월, 협종(夾鐘, 려)은 2월, 고선(姑洗, 율)은 3월, 중려(仲呂, 여)는 4월, 유빈(蕤賓, 율)은 5월, 임종(林鐘, 려)은 6월, 이칙(夷則, 율)은 7월, 남려(南呂, 려)는 8월, 무역(無射, 율)은 9월, 응종(應鐘, 려)은 10월에 해당된다. 이 가운데 황종은 궁(宮), 태주는 상(商), 고선은 각(角), 유빈은 변치(變徵), 임종은 치(徵), 남려는 우(羽), 응종은 쌍궁(雙宮)으로 분류된다.

32. 오음(伍音)은 궁(宮)·상(商)·각(角)·치(徵)·우(羽)의 다섯 음률로 오성(伍聲)이라고도 한다. 오행(伍行)에 맞추어 신령, 방향, 계절, 날짜가 연결되었다. 아래의 '오행'의 각주에서 도표로 정리되어 있다. 이 장에서는 바로 이 오행과 오음의 관계를 통해서 적의 움직임을 파악하는 방법을 말하고 있다.

를 알 수 있습니까?"

태공망이 대답하였다.

"왕의 그 질문은 참으로 깊이가 있습니다. 열두 가지 기본 음계가 있습니다만, 간추려 보면 궁·상·각·치·우의 오음이 됩니다. 이 오음은 참으로 모든 소리의 바탕이 되는 바른 소리로서 만세가 지나도록 변치 않는 법칙입니다. 오음의 바탕이 되는 것은 오행[33]인데 이 오행의 신비로움이란 영원한 진리라고 할 수 있습니다. 금·목·수·화·토의 오행은 상생과 상극의 이치가 있으니, 오행 가운데 서로 이기는 형세를 가지고 이

---

33. 중국 고대의 사상가들은 오행(伍行), 곧 목(木)·화(火)·토(土)·금(金)·수(水)의 다섯 가지 원기(元氣)가 우주 만물을 이루고 운행하는 힘이 되었다고 생각하였다. 처음에는 단순히 황하 유역에 사는 고대인의 생활에 꼭 필요한 물질적 요소였다가, 점차 발전하여 갖가지 자연과 인간 세계의 운행 법칙이 되었다. 각 원소 사이는 서로 낳고 보완해주는 상생(相生)과 서로 이기고 제거하는 상극(相剋, 相克)의 관계로 맺어져 있다. 상생의 이치는 '수생화, 화생토, 토생금, 금생수, 수생목'으로 적용된다. 또한 상극의 이치는 '수극화, 화극금, 금극목, 목극토, 토극수'로 적용된다. 이러한 상생과 상극의 이치로 자연계의 변화뿐만 아니라 왕조의 변화까지도 설명하였다. 앞에서 말한 오음은 오행에 배치되었다. 또한 『예기』 「월령」과 『여씨춘추』(呂氏春秋)의 내용에 따라 오행이 음계, 방향, 계절 등과 어떻게 연결되는지 도표로 정리해 보았다.

五行	木	火	土	金	水
五音	角	徵	宮	商	羽
五神	靑龍	朱雀	句陳	白虎	玄武
五方	東	南	中	西	北
五星	木星	火星	土星	金星	水星
五季	春	夏	仲夏/四季	秋	冬
五日	甲乙	丙丁	戊己	庚申	壬癸
五色	靑	赤	黃	白	黑
五味	酸	苦	甘	辛	咸(鹹)
五臟	肝	心	脾	肺酸	腎

기지 못하는 형세를 공격하여야 이길 수 있습니다.

옛날 삼황[34]이 세상을 다스릴 때에는 텅 비운 채 저절로 이루어지도록 내버려두는 마음으로 굳세고 완강한 백성들을 다스렸습니다. 그 때에는 글자가 없어서 모두 오행의 이치에 따라 천하를 다스렸습니다. 오행의 법칙은 천지 자연의 이치로서 육십갑자[35]도 모두 여기에 나눠져서 속해 있으니, 참으로 오묘하고 신비하다 할 것입니다.

이 오음을 가지고 적의 움직임을 아는 방법은 이렇습니다. 하늘이 맑아 먹구름이나 비바람이 전혀 없는 때를 이용하여, 한밤중에 가볍게 무장한 기병을 적군의 보루에서 약 9백 걸음쯤 떨어진 지점까지 은밀히 다가가게 합니다. 그런 다음 십이율의 관을 귀에 들이대고 적진을 향하

---

34. 삼황(三皇)은 아주 먼 옛날 중국의 전설 시대에 천하를 다스렸던 세 군주이다. 이에 관해서 고대의 학자들이나 저작에서는 저마다의 입장(유가, 도가, 묵가 등)에 따라서 일곱 가지 설로 이야기한다. ① 복희(伏羲)·신농(神農)·여와(女媧) ② 복희(伏羲)·신농(神農)·축융(祝融) ③ 복희(伏羲)·신농(神農)·공공(共工) ④ 복희(伏羲)·신농(神農)·황제(黃帝) ⑤ 복희(伏羲)·신농(神農)·수인(燧人) ⑥ 천황(天皇)·지황(地皇)·태황(泰皇) ⑦ 천황(天皇)·지황(地皇)·인황(人皇). 이 가운데 ⑥번과 ⑦번은 사실 천지인(天地人)의 삼재(三才)에 따른 분류이다. ①번에서 ⑤번까지 복희와 신농은 공통적으로 포함하고 있다는 점이 눈길을 끈다. 이들은 사실 고대의 인간 생활과 산업을 총체적으로 상징하는 인물들이다.

35. 육십갑자(六十甲子)의 원문은 '육갑'(六甲)이다. 중국인들이 시간을 나누는 간지(干支)에 따르면, 10개의 천간(天干)과 12개의 지지(地支)를 갈무리하여 짝을 지으면 갑자(甲子)에서 시작하여 계해(癸亥)로 끝나는데 모두 60개가 된다. 그 가운데 갑(甲)에 짝하는 것으로 갑자·갑술(甲戌)·갑신(甲申)·갑오(甲午)·갑진(甲辰)·갑인(甲寅)의 여섯이므로 육갑이라고 한다. 본문에서 육십갑자가 여기에 나눠져서 속해 있다는 말은 오행과의 관계를 말한다. 십간(十干) 가운데 갑을은 목에 속하고, 병정은 화에 속하고, 무기는 토에 속하고, 경신은 금에 속하고, 임계는 수에 속한다.

여 큰 소리로 함성을 질러 적군을 놀라게 합니다. 이렇게 하여 적진에서 반응하는 소리를 관으로 들어봅니다. 이때 관에 울리는 소리는 매우 미묘합니다.

각의 소리가 관에 울려온다면 적은 나무의 형세에 속해 있는 것입니다. 그러므로 나무의 형세를 이길 수 있는 쇠의 기운을 이용하여, 방향으로는 백호로 상징되는 서쪽, 계절로는 가을, 날짜로는 경신일에 맞추어 공격하여야 합니다.

치의 소리가 관에 울려온다면 적은 불의 형세에 속해 있는 것입니다. 그러므로 불의 형세를 이길 수 있는 물의 기운을 이용하여, 방향으로는 현무로 상징되는 북쪽, 계절로는 여름, 날짜로는 임계일에 맞추어 공격하여야 합니다.

상의 소리가 관에 울려온다면 적은 쇠의 형세에 속해 있는 것입니다. 그러므로 쇠의 형세를 이길 수 있는 불의 기운을 이용하여, 방향으로는 주작으로 상징되는 남쪽, 계절로는 여름, 날짜로는 병정일에 맞추어 공격하여야 합니다.

우의 소리가 관에 울려온다면 적은 물의 형세에 속해 있는 것입니다. 그러므로 물의 형세를 이길 수 있는 흙의 기운을 이용하여, 방향으로는 구진으로 상징되는 중앙, 계절로는 6월의 한여름, 날짜로는 무기일에 맞추어 공격하여야 합니다.

적의 소리가 다섯 관을 전혀 울리지 않는다면, 이는 궁의 소리이며 적은 지금 흙의 형세에 처해 있는 것입니다. 그러므로 흙의 형세를 이길 수 있는 나무의 기운을 이용하여, 방향으로는 청룡으로 상징되는 동쪽, 계절로는 봄, 날짜로는 갑을일에 맞추어 공격하여야 합니다.

이는 오행의 조짐에 따라 상극의 원리를 적용한 것으로 적을 이길 수 있는 조짐과 성공과 패배의 기미를 보여 줍니다.”

무왕이 말하였다.

“참으로 좋은 방법입니다.”

태공망이 다시 말하였다.

“적군이 반응하여 오는 소리는 미묘하여 알기 어려운 경우가 많습니다. 모두 관에 반응하지 않으면서 밖으로 뚜렷이 드러나는 징후를 살피면 알 수 있습니다.”

무왕이 물었다.

“어떤 방법으로 징후를 살펴서 알 수 있습니까?”

태공망이 대답하였다.

“적군이 놀라서 시끌벅적할 때 그 소리를 들어보면 알 수 있습니다. 북채로 북을 두드리는 소리가 들리면 이것은 각입니다. 불꽃이 보이면 이것은 치입니다. 금속성의 무기나 창[36] 따위가 부딪치는 소리가 들리면 이것은 상입니다. 큰소리로 떠들며 외치는 소리가 들리면 이것은 우입니다. 고요하여 아무 소리도 들리지 않으면 이것은 궁입니다. 이 다섯 가지

---

36. 원문은 '금철모극'(金鐵矛戟)이다. '금철'은 쇠로 만든 무기류를 가리키는 말이다. 당시의 기본 장비인 양날 칼(劍)이나 베기 칼(刀) 등을 가리키는 것으로 보인다. '모극'은 전차병이나 기병의 기본 장비로 칼보다는 긴 무기이며 크게는 창(槍)의 일종으로 분류된다. '모'는 창의 시조로 긴 나무나 대나무 끝에 뾰족하고 날카로운 창끝이 달려 있어서 주로 찌르는 기능으로 쓴다. '극'은 '모'의 기본형에 두 쪽으로 갈라지거나 기억자로 생긴 칼날을 갖춘 무기인 과(戈)를 합쳐 놓은 형태이다. 찌르기, 베기, 찍기, 끌어오기 등 살상 능력이 '모'에 비해서 매우 향상되었다.

는 빛깔과 소리가 밖으로 드러나서 실제 모습을 알려주는 조짐입니다."

武王問太公曰, 律音之聲, 可以知三軍之消息, 勝負之決乎

太公曰, 深哉. 王之問也. 夫律管十二, 其要有伍音, 宮商角徵羽,
此眞正聲也, 萬代不易. 伍行之神, 道之常也. 金木水火土, 各以其勝
攻也. 古者三皇之世, 虛無之情, 以制剛强. 無有文字, 皆由伍行. 伍
行之道. 天地自然, 六甲之分, 徵妙之神. 其法以天淸淨, 無陰雲風雨,
夜半遣輕騎, 往至敵人之壘, 去九百步外, 徧持律管當耳, 大呼驚之.
有聲應管, 其來甚微. 角聲應管, 當以白虎. 徵聲應管, 當以玄武. 商
聲應管, 當以朱雀, 羽聲應管, 當以勾陳. 伍管聲盡不應者, 宮也, 當
以靑龍. 此伍行之符, 佐勝之徵, 成敗之機也. 武王曰, 善哉.

太公曰, 徵妙之音, 皆有外候. 武王曰, 何以知之. 太公曰, 敵人
驚動則聽之. 聞枹鼓之音者, 角也. 見火光者, 徵也. 聞金鐵矛戟之
音者, 商也. 聞人嘯呼之音者, 羽也. 寂寞無聞者, 宮也. 此伍音者,
聲色之符也.

12. 승패의 징조〔兵徵〕

무왕이 태공망에게 물었다.

"나는 적과 맞붙어 싸우기에 앞서 적이 강한지 아니면 약한지, 승리
할지 아니면 패배할지의 징조를 미리 알고 싶습니다. 어떻게 하면 되겠
습니까?"

태공망이 대답하였다.

"승리와 패배의 징조는 병사들의 정신 상태에 가장 먼저 나타납니다. 지혜가 뛰어난 장수는 이를 잘 살펴보고 알 수 있습니다. 이러한 징조는 먼저 사람의 행위에 드러납니다. 적군의 진영에 병사들이 드나들거나 부대가 나가고 물러나는 상황을 조심스럽게 엿봅니다. 그래서 부대의 움직임, 부대 안에서의 말, 길흉에 대한 소심, 병사들이 주고받는 대화 내용 따위를 주의 깊게 살펴보아야 합니다.

전군의 병사들이 모두 군대 생활을 즐거워하고, 군법을 두려워하며, 장수의 명령을 철저히 이행하며, 적을 쳐부수는 것을 서로 좋아하고, 용맹하게 싸운 이야기를 주고받으며, 권위와 강함을 최고로 내세우고 있다면, 이것은 군대가 강하다는 징조입니다.

이와 반대로 전군이 자주 놀라서 들썩거리고, 병사들이 마음을 잡지 못하고 갈팡질팡하며, 적이 강하다고 여겨서 벌벌 떨고, 상황이 불리하다는 말을 수군거리며, 유언비어를 입에서 입으로 귀에서 귀로 옮기며, 여러 헷갈리는 말들이 넘쳐서 갈피를 잡지 못하게 하고, 함부로 법령을 어기고, 장수를 존중하지 않아 명령이 제대로 시행되지 않는다면, 이것은 군대가 약하다는 징조입니다.

군대의 대오가 가지런하고 진세가 견고하며, 해자가 깊고 보루는 높으며, 또 큰 바람이나 폭우가 몰아쳐 도리어 아군에게 유리하고, 전군에 아무런 사고도 없으며, 깃발은 앞을 향하여 펄럭이며, 쇳소리[37]가 높고

---

37. 원문은 '금탁'(金鐸)이다. 고대에 청동으로 만든 큰 종[鈴]이나 징을 뜻하며 전쟁이 일어났을 때에는 후퇴 신호를 할 때 쓰였다.

맑게 퍼져 나가고, 북소리[38]가 우렁차게 울린다면, 이것은 크게 승리할 징조입니다.

이와 반대로 군대의 대오가 가지런하지 못하여 진형이 견고하지 못하고, 깃발이 어지럽게 휘날려 서로 뒤엉키며, 큰 바람이나 폭우가 몰아치는데 아군에게 유리하게 이용하지 못하고, 병사들이 겁에 질려 벌벌 떨고, 사기가 떨어지고 앞뒤 부대가 이어지지 못하고, 전투마가 놀라서 날뛰고, 전차의 수레 굴대가 부러지며, 쇳소리가 낮고 흐리며, 북소리가 물에 젖어들 듯 제대로 울리지 않으면, 이것은 크게 패배할 징조입니다.

적의 성을 공격하고 고을을 에워쌀 때에 성 안에서 피어오르는 연기의 색깔이 불 꺼진 다음의 잿빛처럼 보인다면, 그 성이나 고을을 무찌를 수가 있습니다. 연기가 성 안에서 나와 북쪽으로 흐르면 그 성을 무너뜨릴 수 있으며, 서쪽으로 향하면 그 성을 꼭 항복시킬 수가 있습니다. 그러나 연기가 나와서 남쪽으로 향하면 그 성은 빼앗을 수가 없으며, 또한 동쪽으로 향하면 그 성은 공격해서는 안 됩니다.

연기가 성 안에서 나왔다가 다시 성 안으로 들어가면, 그 성을 지키는 성주가 반드시 도망갈 조짐이며, 적의 성 안에서 연기가 나와 아군 진영 위를 덮으면 반드시 아군에게 질병이 퍼질 조짐입니다. 또한 연기가 높이 올라가며 멈추지 않을 경우에는 전투가 길어질 조짐입니다.

적의 성을 공격하거나 고을을 에워싼 지 열흘이 지나도록 우레가 치지 않고 비도 내리지 않을 경우에는 재빨리 포위를 풀고 군대를 물러나

---

38. 원문은 '비고'(鼙鼓)이다. '비'는 말 위에서 치는 조금 작은 북이고, '고'는 큰 북을 뜻한다. 작전할 때에 군대의 진격 신호로 쓰였다.

게 해야 합니다. 이것은 적의 성 안에 반드시 적장을 잘 보좌하는 인물이 있기 때문입니다. 이상은 적을 공격해서 이길 수 있다는 판단이 서면 공격하고, 이길 수 없다고 생각되면 곧바로 공격을 멈추어야 한다는 것입니다."

무왕은 칭찬하였다.

"참으로 그렇습니다."

武王問太公曰, 吳欲未戰, 先知敵人之强弱, 五見勝負之徵, 爲之奈何. 太公曰, 勝負之徵, 精神先見, 明將察之, 其效在人. 謹候敵人出入進退, 察其動靜言語妖祥, 士卒所告. 凡三軍悅懌, 士卒畏法, 敬其將命, 相喜以破敵, 相陳以勇猛, 相賢以威武, 此强徵也. 三軍數驚, 士卒不齋, 相恐以敵强, 相語以不利, 耳目相屬, 妖言不止, 衆口相惑, 不畏法令, 不重其將, 此弱徵也. 三軍齋整, 陣勢以固, 深溝高壘, 又有大風甚雨之利, 三軍無故, 旌旗前指, 金鐸之揚以淸, 鼙鼓之聲宛以鳴. 此得神明之助, 大勝之徵也. 行陣不固, 旌旗亂而相遶, 逆大風甚雨之利, 士卒恐懼, 氣絶而不屬, 戎馬驚奔, 兵車折軸, 金鐸之聲下以濁, 鼙鼓之聲濕以沐, 此大敗之徵也.

凡攻城圍邑, 城之氣色如死灰, 城可屠. 城之氣出而北, 城可克. 城之氣出而西, 城可降. 城之氣出而南, 城不可拔. 城之氣出而東, 城不可攻. 城之氣出而復入, 城主逃北. 城之氣出而覆我軍之上, 軍必病. 城之氣出高而無所止, 用兵長久. 凡攻城圍邑, 過旬不雷不雨, 必亟去之, 城必有大輔. 此所以知可攻而攻, 不可攻而止. 武王曰, 善哉.

13. 병농 합일 〔農器〕

무왕이 태공망에게 물었다.

"천하가 이미 안정되어 나라에 아무 일도 일어나지 않을 경우에 적을 공격할 때 쓰던 무기와 장비를 고치거나 닦아 놓지 않아도 좋습니까? 또 적의 침략을 막을 준비를 하지 않아도 되겠습니까?"

태공망이 대답하였다.

"적을 공격하거나 적의 침략을 막는 무기나 장비는 특별히 따로 갖추어 놓을 필요 없이, 농민들의 보통 생활 가운데 모두 있습니다. 다시 말해 농부들이 사용하는 쟁기[39]는 전투가 벌어지면 목책[40]이나 마름쇠[41]와 같은 장애물을 대신해서 쓸 수 있습니다. 또한 말이나 소가 끄는 수

---

39. 원문은 '뇌사'(耒耜)이다. 흔히 쟁기와 보습이라고 푸는데, 두 가지 농기구가 아니다. '뇌'는 쟁기 자루 부분이고 '사'는 쟁기 날 부분으로 소나 사람이 끌어서 땅을 깊이 갈아 흙을 뒤집는 농기구였다.

40. 원문은 '행마'(行馬)이다. 말이나 사람이 오고가지 못하도록 막는 장애물이다. 보통 나무로 만든 목책(木柵)이 대부분이지만, 당랑검(螳螂劍)의 칼날을 박아 넣거나 거마창(拒馬槍)을 비스듬히 묶어 세워서 기병(騎兵)을 저지하거나 살상하는 기능을 갖는다.

41. 원문은 '질려'(蒺藜)이다. 춘추시대 이래로 적의 이동을 막거나 성에 가까이 다가오지 못하게 막는 도구였다. 처음에는 자연생 가시풀이나 가시덩쿨을 사용하였지만, 후대로 갈수록 나무를 인공적으로 다듬거나 쇠로 만들기도 하였다. 쇠로 만든 것은 철질려(鐵蒺藜)라고 하며 삼각대 모양으로 날카로운 뿔이 뻗어 있어서 땅에 뿌려 놓으면 적의 병사나 말의 다리를 다치게 하였다. 또한 똥을 묻히거나 독약을 발라서 살상효과를 높였다. 질려를 개량한 무기로 철능각(鐵菱角)이 있는데 비슷한 모양으로 주로 얕은 내나 성 주변에 판 해자 속에다 뿌려서 건너려는 적을 막는 무기였다.

레는 진영이나 보루[42]를 만들거나 울타리나 큰 방패[43] 대신 사용할 수 있습니다. 농민이 사용하는 호미와 곰방메[44] 따위는 창으로 활용할 수 있으며, 도롱이와 우산과 삿갓은 병사의 갑옷과 방패로 대용할 수 있습니다. 또한 괭이·가래·도끼·톱·절구공이·절구 등은 병사들이 성을 공격할 때에 사용하는 도구로 쓸 수 있습니다.

소나 말은 군량을 수송할 수 있으며, 시간을 알려주는 닭이나 집을 지켜주는 개는 군대의 척후병과 같습니다. 부인들이 길쌈하여 짜낸 비단은 부대들의 깃발로 사용할 수 있으며, 남자들이 굳은 흙덩이를 깨고 땅을 고르던 작업은 병사들이 적의 성을 공격하는 데에 비유할 수 있습니다.

봄에 잡풀이나 가시나무 따위를 베어내 논밭을 정리하는 것은 전투 초기에 전차 부대나 기병 부대를 내보내 기선을 제압하는 것과 같습니다. 여름에 논밭에서 김매는 것은 싸움이 무르익을 때에 보병을 출전시키는 것과 같습니다. 가을에 벼를 베어 거두고 나무를 잘라 땔감을 장만하는 것은 병사들이 군량을 쌓아 두는 것과 같습니다. 겨울에 양식을 들여다

---

42. 원문은 '영루'(營壘)이다. '영'은 주둔하기 위한 막사나 진지[屯營]를 뜻한다. '루'는 적을 막기 위해서 흙으로 쌓은 언덕이나 성벽[壘壁]을 뜻한다. 여기서는 농사용 수레로 임시 거처나 방어막을 칠 수 있다는 말이다.

43. 원문은 '폐노'(蔽櫓)이다. '폐'는 적의 화살이나 무기를 막는 울타리나 담장[垣]을 말한다. '노'는 큰 방패[大楯]나 큰 방패로 둘러 쌓여 있고 지붕이 없는 망루(望樓)를 뜻한다.

44. 원문은 '서우'(鋤耰)이다. '서'는 호미로 김매는 데에 쓰는 농기구이다. '우'는 씨를 뿌리고 흙을 덮거나 평평하게 고르는 도구인 곰방메를 뜻한다. 쇠스랑이나 고무래처럼 갈퀴가 달려 있는 농기구로 '파'(鈀)라는 무기의 원형인 듯하다. 『서유기』(西遊記)에 등장하는 저팔계(豬八戒)가 사용한 무기가 바로 그것이다.

곳간에 쌓아 잘 보관하는 것은 병사들이 굳게 지키는 것과 같습니다.

마을에 다섯 집씩 한 조로 조직되어 있는 것은 군대가 규율과 증명서로 통제되고 있는 것과 같으며, 마을마다 다스리는 벼슬아치가 있고 관청에 우두머리가 있는 것은 군대에 장수가 있는 것과 같습니다. 부락마다 둘레에 담으로 에워싸서 함부로 오가지 못하게 하는 것은 군대에 각 부대가 나뉘져 관할 지역을 통제하는 것과 같으며, 곡식을 날라 오고 꼴을 베어서 여물을 쌓는 것은 군대에서 보통 때에 곳간을 잘 채워두는 것과 같습니다. 백성들이 봄과 가을에 무너지고 갈라진 담이나 벽을 손보고 메워진 도랑을 치는 것은 병사들이 보루와 성벽을 고치고 다듬는 일과 같습니다.

그러므로 전투 장비는 농부의 일상 생활에 모두 갖추어져 있다고 볼 수 있습니다. 나라를 잘 다스리는 자는 백성의 보통 농사일에서 모든 것을 얻습니다. 그러므로 농민으로 하여금 소, 말, 양, 개, 닭, 돼지 같은 가축을 잘 기르게 하고, 거친 땅을 논밭으로 개간하여 생산을 늘리게 하며, 한 곳에 편안히 자리잡을 수 있게 해주십시오. 그리고 농부들에게는 농사지을 수 있는 땅의 넓이를 배정해 주고, 부녀자들에게는 길쌈하여야 할 분량을 정해 주십시오. 이것이 바로 나라를 부유하게 하고 군대를 강성하게 할 수 있는 방법입니다."

부왕은 기뻐하며 말하였다.

"참으로 좋은 말씀입니다."

武王問太公曰, 天下安定, 國家無爭. 戰攻之具, 可無修乎. 守禦之備, 可無設乎.

太公曰, 戰攻守禦之具, 盡在於人事. 耒耜者, 其行馬蒺藜也. 馬牛車輿者, 其營壘蔽櫓也. 鋤耰之具, 其矛戟也. 蓑薜簦笠, 其甲胄干櫓也. 钁鍤斧鋸杵臼, 其攻城器也, 牛馬所以轉輸糧也. 鷄犬其伺候也. 婦人織紝, 其旌旗也. 丈夫平壤, 其攻城也. 春鏺草棘, 其戰車騎也夏耨田疇, 其戰步兵也. 秋刈禾薪, 其糧食儲備也. 冬實倉廩, 其堅守也. 田里相伍, 其約束符信也. 里有吏, 官有長, 其將帥也. 里有周垣, 不得相過, 其隊分也. 輸粟取芻, 其廩庫也. 春秋治城郭, 修溝渠, 其塹壘也. 故用兵之具, 盡於人事也. 善爲國者, 取於人事. 故必使遂其六畜, 闢其田野, 究其處所. 丈夫治田有畝數, 婦人織紝有尺度, 其富國强兵之道也. 武王曰, 善哉.

호 도(虎 韜)

범은 '백수(百獸)의 왕'으로 꼽히는 동물이다. 범으로 상징되는 당당
한 위엄과 뛰어난 용맹을 본따서 편명으로 정한 것이다.
이 편에서는 군대의 무기와 장비, 진법과 작전 요령 등에 관한 내
용을 말하고 있다.
『육도』를 크게 나누어 볼 때, 「문도」에서 「용도」까지의 3편은 주로
나라의 운영과 전쟁에 전체를 움직이는 전략에 대하여 논하였다면,
「호도」를 비롯하여 「표도」(豹韜)와 「견도」(犬韜)까지 3편은
주로 구체적인 전술과 전투 방법을 논한 것이 특징이다.

1. 전투 장비 〔軍用〕

무왕이 태공망에게 물었다.

"군주가 군대를 일으켜 전쟁에 나가는데, 전군이 갖추어야 할 군수물자와 공격과 수비에 쓰이는 무기의 종류와 수량에 일정한 법칙이 있어야 합니까?"

태공망이 대답하였다.

"참으로 좋은 질문이십니다. 공격과 수비에 쓰이는 무기와 장비에는 저마다 다른 종류와 등급이 있습니다. 이것을 바르게 알고 바르게 쓰는 것이 바로 군대의 큰 위력이 됩니다."

무왕이 이어서 물었다.

"이에 대하여 자세히 들려주십시오."

태공망이 대답하였다.

"병사를 움직일 때 무기와 장비의 대략적인 수량에 대하여 말씀드리겠습니다. 갑옷을 입고 무장한 병사 10,000명을 출동시키려면 무위라고 부르는 큰 전차[1] 36대가 필요합니다. 여기에는 용맹하고 무술에 뛰어난 병사가 강한 쇠뇌와 창을 가지고 양 날개처럼 옆에서 호위하는데, 전차 1대에 24명을 붙여서 밀고 나갑니다. 전차 바퀴의 직경은 8자이고, 수레 위에 깃발과 북을 세웁니다. 이 부대를 병법에서는 벼락치듯

---

1. 원문은 '대부서'(大扶胥)이다. 중국 고대에 쓰이던 대형 전차로 공격과 방어를 겸할 정도로 단단한 장갑 기능과 돌파 능력을 갖췄다. '부서'란 전차를 다르게 부르는 이름으로 단순히 진격용 전차나 대형 방패라는 해석도 있지만 다른 기구이다.

놀라게 만드는 군대[2]라고 부르며, 적의 굳건한 진지를 무너뜨리고 강한 적을 무찌르는 데에 씁니다.

다음으로 무익이라 부르는 큰 방패를 둘러치고 창을 장착한 중전차가 72대 필요합니다. 여기에도 역시 용맹하고 무술에 뛰어난 병사가 강한 쇠뇌와 창을 들고 옆을 지키며, 수레바퀴는 5자인데 고패[3]가 달린 연발식 쇠뇌[4]가 장치되어 있어서 스스로를 지킵니다. 이것 역시 견고한 적진을 무너뜨리고 강한 적을 무찌르는 데 씁니다.

다음으로 제익이라고 부르는 작은 방패를 장착한 전차 146대가 필요합니다. 여기에도 고패가 달린 연발식 쇠뇌가 장치되어 있으며, 작은 수레[5]의 바퀴로 움직입니다. 이 역시 견고한 적진을 무너뜨리고 강한 적을 무찌르는 데 씁니다.

다음에는 대황이라고 부르는 삼연발의 쇠뇌를 장치한 큰 전차가 36대가 필요합니다. 여기에도 용맹하고 무술이 뛰어난 병사가 강한 쇠뇌와 창을 들고 곁에서 호위하며, 비부와 전영[6]이라는 화살로 스스로를 방

---

2. 원문은 진해(震駭)다. 벼락이나 우레가 내리 쳐서 화들짝 놀란다는 뜻이다.

3. 원문은 '교거'(絞車)이다. 수레나 전차를 가리키는 말이 아니다. 높은 곳에 물건을 달아 올리고 내리는데 줄을 걸치는 작은 바퀴나 고리인 고패를 가리킨다. 녹로(轆轤)라고도 부른다. 여기서는 쇠뇌의 연발 장치를 가리키는 것으로 보인다.

4. 원문은 '연노'(連弩)이다. 여러 개의 화살을 쉼 없이 발사될 수 있도록 쇠뇌를 개량하여 만든 무기이다.

5. 원문은 '녹거'(鹿車)이다. 겨우 사슴 한 마리 정도를 실을 수 있는 작은 수레라는 뜻이다.

6. 원문은 '비부'(飛鳧)와 '전영'(電影)이다. 모두 화살의 이름으로 아래에 모습과 재료를 설명하고 있다.

어합니다. 비부는 붉은 살대에 흰 깃을 달고 살촉은 구리로 만들었으며, 전영은 푸른 살대에 붉은 깃을 달고 살촉은 쇠로 만들었습니다. 전차 위에는 낮에 길이가 6자이고 너비가 6치인 붉은 비단으로 만든 깃발을 꽂는데, 이것을 광요라고 부릅니다. 밤에는 길이가 6자이고 너비가 6치인 흰 비단으로 만든 깃발을 꽂는데, 이것을 유성이라고 부릅니다. 이 전차는 견고한 적진을 무너뜨리고 적의 보병 부대와 기병 부대를 쳐부수는데 사용합니다.

다음으로 커다란 충거 36대가 필요합니다. 여기에는 사마귀[7]처럼 용감하게 달려드는 병사들이 함께 올라타고, 적진을 가로세로 돌아다니며 충돌하며 강한 적을 무찌르는 데 사용합니다.

다음으로 일명 번개차라고 불리는 가벼운 수레[8]와 습격하는 기병 부대[9]가 필요합니다. 이것은 기동이 빠르기 때문에 병법에서 번개 치듯 재빨리 내리친다는 뜻의 전격 작전이라고 부릅니다. 이러한 부대는 견고한 적진을 무너뜨리고 적의 보병 부대와 기병 부대를 쳐부수는데 씁니다.

---

7. 원문은 '당랑'(螳螂)이다. 버마재비과에 속한 곤충으로 몸이 길쭉하고 초록빛 또는 황갈색을 띠었으며, 길고 단단한 앞발을 사용하며 성질이 사납고 겁 없이 닥치는 대로 덤벼들기를 잘한다. 그래서 만용(蠻勇)을 부리는 사람을 가리킬 때에 '사마귀가 수레바퀴와 겨룬다'[螳螂拒轍]는 말로 표현하기도 한다. 본문에서는 창 따위의 긴 무기를 들고 용감하게 싸우는 병사를 가리킨다.
8. 원문은 '치거'(輜車)이다. 치거는 식량이나 장비를 실어 나르는 짐수레를 가리킨다. 무게가 무겁고 속도가 느리다. 따라서 치거는 이 문장의 맥락에 맞지 않는다. 아마도 '경'(輕)자의 오자일 것이라고 보는 견해가 있다.
9. 원문은 '기구'(騎寇)이다. 적진에 뛰어들어 재빨리 치고 빠지는 기병 부대로, 도적 떼처럼 왔다갔다는 뜻에서 이름지었다.

다음으로 적이 밤의 어둠을 틈타 습격할 것에 대비하여 무장한 가벼운 전차 160대가 필요합니다. 여기에는 수레마다 사마귀처럼 용맹한 무사를 3명씩 태웁니다. 이것은 병법에서 우레가 울리듯 재빠르게 공격한다고 하여 정격이라고 부릅니다. 이 역시 견고한 적진을 무너뜨리고 적의 보병 부대와 기병 부대를 쳐부수는 데 씁니다.

다음으로 갖가지 무기에 대하여 말씀드리겠습니다.

머리 부분이 네모진 큰 철봉으로 무게가 12근이고 길이가 5자 이상인 무기 1,200개가 필요합니다. 이것은 일명 천봉[10]이라고 부릅니다.

자루가 긴 도끼로, 날의 길이가 8치이고 자루 길이가 5자 이상인 무기 1,200개가 필요합니다. 이것은 일명 천월[11]이라고 부릅니다.

머리가 네모진 쇠망치인 철퇴로, 무게가 8근이고 자루 길이가 5자 이상인 무기 1,200개가 필요합니다. 이것은 일명 천퇴[12]라고 부릅니다.

이 세 가지 병기는 적의 보병과 기병이 밀집 대형으로 공격해 올 때에 사용합니다.

비구[13]라는 무기는 길이가 8치이고 갈고리의 길이가 4치이며 자루 길

---

10. 원문은 '천봉'(天棓)이다. 본래는 별이름인데 무기 이름으로 쓰였다. 머리가 큰 철봉(鐵棒)으로 천봉(天棒)이라고도 부른다.

11. 원문은 '천월'(天鉞)이다. 별이름인데 여기서는 도끼 모양의 무기를 가리킨다.

12. 원문은 '천퇴'(天槌)이다. 별이름이었다가 무기 이름으로 쓰였다.

13. 비구(飛鉤)는 긴 막대기나 긴 줄에 갈고리나 쇠스랑 등을 묶어서 성벽이나 보루 위에서 떼로 달려드는 적에게 던져 찍어서 끌어오는 무기이다. 나중에 짐승 발톱 모양의 날카로운 칼날을 달아 살상력을 높이고 자유롭게 움직이는 비조(非爪)로 발전한 무기이다.

이가 6척 이상으로 1,200개가 필요합니다. 이것은 몰려드는 적군 속에 던져 긁어 잡아당기는 데 사용합니다.

적을 막아 전군을 지킬 때에 사용하는 목당랑[14]이나 칼날을 장착하고 너비가 2장이 되도록 만든 수레 120개가 필요합니다. 이것은 일명 행마라고 하는데, 평지에서 아군의 보병이 적의 전차 부대나 기병 부대를 막을 때에 사용합니다.

높이가 2자 5치인 나무 마름쇠 120개가 필요합니다. 이것은 적의 보병과 기병의 공격을 막아내고, 막다른 곳에 몰린 적군을 요격하며, 달아나는 적을 가로막는 데에 사용합니다.

굴대가 짧아 잘 돌며 창을 장착한 전차 120대를 준비합니다. 이것은 옛날 황제가 치우[15]를 쳐부술 때에 사용하였습니다. 적의 보병과 기병을 무찌르고, 막다른 곳으로 몰린 적을 요격하며, 달아나는 적을 막는 데 사용합니다

좁은 길이나 오솔길에 적이 오고가지 못하게 쇠로 만든 마름쇠를 뿌려 둡니다. 날들의 높이가 4치이고 너비가 8치이며 길이가 6자 이상으로 1,200개가 필요합니다. 이것은 적의 보병 부대와 기병 부대를 막는 데 사용합니다.

---

14. 목당랑(木螳螂)은 나무 목책에 당랑검이라는 날이 긴 칼날을 달아서 만든 방어 무기이다. 「용도」의 '행마'에 대한 설명(40번 주석)을 참조하시오.

15. 치우(蚩尤)는 황제 당시 구려족(九黎族)의 우두머리로, 바람과 구름을 일으키는 조화를 부리며 무쇠 머리와 강철 이마를 가졌으며 매우 용맹하고 싸움에 뛰어난 인물이다. 황제의 세력에 반항하였다가 판천(販泉)의 들판에서 결전 끝에 패배하여 사로잡혔다고 한다.

적이 칠흙같은 어둠을 틈타 습격하여 양쪽이 칼날을 부딪치며 백병전을 치를 경우에 대비하여, 땅위에 그물을 쳐 놓고 뾰쪽한 촉이 두 개 붙은 마름쇠나 이것을 촉 끝 사이의 간격이 2치가 되도록 여러 개를 이어서 만든 직녀라는 마름쇠 12,000개가 필요합니다.

풀이 우거진 초원 지대나 너른 들판에서 싸울 때에는 네모꼴의 짧은 창인 연모 1,200개를 1자 5치의 높이로 풀 속에 꽂아 놓습니다. 이것은 적의 보병과 기병 부대를 막고, 막다른 곳으로 몰린 적을 요격하고, 적이 달아날 때 가로막는 데 사용합니다.

좁고 끊어질듯 난 길이나 움푹 파여 고르지 못한 곳에서는 서로 이어져 만든 쇠사슬 120개를 준비합니다. 이것 역시 적의 보병과 기병을 쳐부수고, 막다른 골에 몰린 적을 요격하고, 달아날 때는 그들을 가로막는 데 사용합니다.

진지의 출입문을 지킬 때에는 창을 매단 작은 방패 12개와 고패가 달린 연발식 쇠뇌를 준비하여 스스로 지킵니다.

전군을 적의 공격으로부터 보호하기 위해서 천라나 호락[16]이라고 부르는, 넓이가 1장 5자이고 높이가 8자인 쇠사슬을 이어 만든 울타리 120개를 준비합니다. 또 호락과 칼날이 장착된 전차는 너비 1장 5자이

---

16. 원문은 '천라'(天羅)와 '호락'(虎落)이다. '천라'는 원래는 대나무나 나뭇가지로 거칠게 엮어서 멧돼지나 사슴같은 짐승이 들어오지 못하게 돌려친 울타리로 녹원(鹿垣)이라고도 부른다. 전쟁에 응용하여 펼쳐서 걸어 놓은 쇠그물로 적의 무기나 침입을 막는 장치이다. '호락'은 원래 범을 막는 담이라는 뜻인데 보통 대나무나 밧줄로 만든 울타리이지만, 전쟁시에는 쇠사슬을 연결해서 만들었다고 한다. 뒤에 무락(武落)이라고도 부른다. 모두 방어용 장치이다.

고 높이 8자로 510대를 준비합니다.

적이 파놓은 구덩이나 해자[17]를 건널 때에는 작은 뜬 다리인 비교[18]가 필요합니다. 비교는 너비 1장 5자, 길이 2장 이상으로서 돌아가는 고패 8개를 덧붙여서, 굵은 밧줄로 동여매서 잡아당겼다 풀었다 할 수 있게 설치합니다.

큰 강을 건널 때에는 큰 뜬 다리인 비강이라는 장비가 필요합니다. 비강은 너비 1장 5자, 길이 2장 이상으로 8대를 준비하되, 굵은 밧줄로 묶어서 내리고 올리며 사용합니다.

저절로 물에 뜨며 안은 네모지고 밖은 둥글며 직경은 4자 이상으로 밧줄로 튼튼히 동여맨 천부철당랑[19] 32척이 필요합니다. 이 천부는 큰 강이나 바다에서 뜬 다리인 비강을 펼치는 거룻배인데, 일명 천황[20]이

---

17. 원문은 '구참'(溝塹)이다. 성을 방어하기 위해서 일부러 성벽 아래를 파서 만들어 놓은 봇도랑이나 구덩이를 말한다. 흔히 물이 채워져 있어 쉽게 건너기 어렵다. 이런 방어용 도랑을 해자라고 하는데, 물 속에 마름쇠인 질려를 뿌리거나 쇠그물을 설치하여 방어 능력을 높이는 경우도 있다.

18. 비교(飛橋)는 오늘날 군대에서 사용하는 이동식 부교(浮橋)를 말한다. 적이 파놓은 구덩이나 해자인 참호(塹壕)를 건너는 다리라고 하여 호교(壕橋)라고도 부른다. 바퀴가 달려 있고 밀고 나가는 병사들을 보호하는 칸막이나 방패가 달려 있다. 또한 호교보다 큰 규모로 접은 채 밀고 나가서 내나 강 앞에서 펼쳐 다리를 내려놓는 방식의 접첩교(摺疊橋)도 쓰임새가 비슷하다. 본문의 뒤에 나오는 비강(飛江)이 아마도 접첩교인 듯하다.

19. 천부철당랑(天浮鐵螳螂)은 물에 뜨는 수상용 장갑선으로 보이는데 확실히 어떤 장비인지 알려지지 않고 있다. '천부'는 저절로 뜬다는 뜻으로 이 배의 이름인 것 같다. 또한 '철당랑'은 이름의 일부인지 아니면 배를 보호하기 위해서 당랑검의 칼날을 설치한 것인지 분명하지 않다.

20. 천황(天潢)은 천황(天黃)이라고도 부르는데 본래는 별이름이었다. 하늘 나루라는

라고 부르며, 천선²¹이라고도 부릅니다.

산림이나 평야에 진지를 설치할 때에는 대나무나 쇠로 만든 울타리인 호락이나 쇠사슬을 이어서 만든 목책을 둘러 쳐서 막사를 만드는데, 회전이 자유로운 2장 이상의 쇠사슬 1,200개가 필요합니다. 그리고 직경이 4치이고 길이 4장 이상인 밧줄 600줄, 직경이 2치이고 길이가 4장 이상인 밧줄 200개, 길이가 2장 이상의 가는 밧줄 12,000개를 준비합니다.

비가 올 때에 비를 막기 위하여 전차 위에 판자를 두 겹으로 덮습니다. 그리고 삼으로 꼰 밧줄로 서로 엇갈리게 묶습니다. 너비가 4자이고 길이 4장 이상인 판자를 전차마다 한 벌씩을 갖추어 쇠말뚝을 박고 설치합니다.

나무를 베는 장비로는 무게 8근이고 자루 길이 3척 이상인 큰 도끼 200개를 준비합니다. 날 넓이가 6치이고 자루 길이가 6자 이상인 큰 괭이²² 300개를 준비합니다. 또 길이 5자 이상인 동축고위수²³라는 기구는 3백 개를 준비합니다. 매의 발톱처럼 생긴 날이 달린 네모난 쇠스랑²⁴과

뜻에서 빌려와 천부(天浮)의 별명으로 쓰인 듯하다.

21. 천선(天船)은 천강(天紅)이라고 하는데 천황처럼 별이름이다. 마찬가지로 천부의 별명으로 쓰였다.

22. 원문은 '계곽'(棨钁)이다. 자루가 달린 큰 괭이[大鋤]라는 설과 큰 톱과 같이 생긴 도구라는 설이 있다.

23. 동축고위수(銅築固爲垂)는 나무를 베는 기구라고 하는데 무슨 도구를 가리키는지 알 수 없다. 일설에는 큰 쇠추[大鎚]라고 하는데 나무의 무게를 재는 데에 썼는지 알 수 없다.

24. 원문은 '철파'(鐵杷)이다. '파'(耙)라는 쇠스랑 무기와 같은 모양으로 갈쿠리 같은 끝으로 긁어 모으거나 찍어서 끌어 온다.

네모난 쇠작살,[25] 길이가 7장 이상이고 가지가 두 갈래인 쇠작살을 각각 300개씩 준비합니다. 이것들은 모두 나무를 베는 기구들입니다.

풀과 나무를 베는 데 사용하는 기구로는 자루 길이가 7자 이상인 낫 300개와 무게가 8근이고 자루 길이가 6자인 크고 날이 두껍고 넓은 낫[26]을 300개 준비합니다. 그밖에 길이가 3자 이상인 고리가 달린 쇠말뚝 300개와 쇠말뚝을 박는 데 쓰는 무게가 5근이고 길이가 5사 이상인 큰 망치 120개를 준비합니다.

무장한 병사 10,000명 가운데 강한 쇠뇌를 갖고 있는 자가 6,000명, 큰 갈래 창과 큰 방패를 든 자가 2,000명, 보통 외날 창과 작은 방패로 무장한 자가 2,000명이 되도록 편성합니다. 그밖에 공격 무기나 장비를 고치고 닦으며 개인 무기를 예리하게 다듬는 기술자 300명이 필요합니다.

위에서 말한 것들은 군대가 출동할 때에 갖추어야 할 무기와 장비의 대략적인 숫자입니다."

무왕은 감탄하였다.

"참으로 좋은 말입니다."

---

25. 원문은 '철차'(鐵叉)이다. '차'라는 도구는 본래 물고기를 잡는 작살 같은 도구로 세 가닥 또는 두 가닥으로 끝 부분이 갈라져 있다. 쇠도리깨라는 해석도 있지만 전혀 다른 도구이다. 도리깨는 곡식의 알을 까발리는 도구이다. 이 도리깨는 실제로 무기로 활용되어 다절곤(多節棍)으로 쓰였다. 판본에 따라서는 '차'를 '예'(乂)로 보아 큰 낫으로 보는 견해도 있는데, 본문의 다음 구절에 두 가닥으로 갈라진다는 구절로 보아 낫으로 보기 어렵다.

26. 원문은 '대노인'(大櫓刃)이다. 크고 긴 자루가 달린 넓은 날의 낫을 말한다.

武王問太公曰, 王者擧兵, 三軍器用, 攻守之具, 科品衆寡, 豈有法乎.

太公曰, 大哉王之問也. 夫攻守之具, 各有科品, 此兵之大威也. 武王曰, 願聞之. 太公曰, 凡用兵之大數, 將甲士萬人, 法用武衛大扶胥三十六乘, 材士强弩矛戟爲翼, 一車二十四人, 推之以八尺車輪, 車上立旗鼓, 兵法謂之震駭, 陷堅陳, 敗强敵. 武翼大櫓矛戟扶胥七十二具, 材士强弩矛戟爲翼, 以伍尺車輪, 絞車連弩自副, 陷堅陳, 敗强敵. 提翼小櫓扶胥一百四十六具, 絞車連弩自副, 以鹿車輪, 陷堅陳, 敗强敵. 大黃參連弩大扶胥三十六乘. 材士强弩矛戟爲翼, 飛鳧電影自副, 飛鳧赤莖白羽, 以銅爲首, 電影靑莖赤羽, 以鐵爲首, 晝則以絳縞長六尺, 廣六寸, 爲光耀, 夜則以白縞長六尺, 廣六寸, 爲流星, 陷堅陳, 敗步騎. 大扶胥衝車三十六乘, 螳螂武士共載, 可以擊縱橫, 敗强敵. 輜車騎寇, 一名電車, 兵法謂之電擊. 陷堅陳, 敗步騎. 寇夜來, 前矛戟扶胥輕車一百六十乘, 螳螂武士三人共載, 兵法謂之霆擊, 陷堅陳, 敗步騎. 方首鐵棓維盼, 重十二斤, 柄長伍尺以上, 千二百枚, 一名天棓. 大柯斧, 刃長八寸, 重八斤, 柄長伍尺以上, 千二百枚, 一名天鉞. 方首鐵槌, 重八斤, 柄長伍尺以上, 千二百枚, 一名天槌. 敗步騎群寇. 飛鉤長八寸, 鉤芒長四寸, 柄長六尺以上, 千二百枚, 以投其衆. 三軍拒守, 木螳螂劍刃扶胥, 廣二丈, 百二十具, 一名行馬, 平易地, 以步兵敗車騎. 木蒺藜, 去地二尺伍寸, 百二十具, 敗步騎, 要窮寇, 遮走北. 軸旋短衝矛戟扶胥, 百二十具, 黃帝所以敗蚩尤氏, 敗步騎, 要窮寇, 遮走北. 狹路微徑, 張鐵蒺藜, 芒高四寸, 廣八寸, 長六尺以上. 千二百具, 敗步騎, 突瞑來前促戰, 白刃接, 張地羅, 鋪兩鏃蒺藜, 參連織女, 芒間相去二尺, 萬二千具. 曠野草中, 方胸鋋矛千二百具, 張鋋矛法, 高一尺伍寸, 敗步騎, 要窮寇, 遮走北. 狹路微徑地陷, 鐵械鎖參連, 百二十具, 敗步騎, 要窮寇, 遮走北. 壘門拒守, 矛戟小櫓十二具, 絞車連弩自副, 三軍拒守. 天羅虎落鎖連一部, 廣一丈伍尺, 高八尺, 百二十具, 虎落劍刃扶胥, 廣一丈伍尺, 高八尺, 伍百一十具. 渡溝塹, 飛橋一間, 廣一丈伍尺, 長二丈以上, 著轉關轆轤八具, 以環利通索張之. 渡大水, 飛江, 廣一丈伍尺, 長二丈以上八具, 以環利通索張之. 天浮鐵螳螂, 矩內圓外, 徑四尺以上, 環絡自副, 三十二具, 以天浮張飛江, 濟大海, 謂之天潢, 一名天船. 山林野居, 結虎落柴營, 環利鐵鎖, 長二丈以上千二百枚, 環利大通索, 大四寸, 長四丈以上, 六百枚. 環利中通索, 大二寸, 長四丈以上, 二百枚, 環利小徽纆, 長二丈以上萬二千枚. 天雨, 蓋重車上板, 結枲鉏鋙, 廣四尺, 長四丈以上, 車一具, 以鐵杙張之. 伐木, 天斧, 重八斤, 柄長三尺以上, 三百枚. 棨钁刃, 廣六寸, 柄長伍尺以上三百枚. 銅築固爲垂, 長伍尺以上, 三百枚. 鷹爪方胸鐵把, 柄長七尺以上, 三百枚, 方胸鐵叉, 柄長七尺以上, 三百枚. 方胸兩枝鐵叉, 柄長七尺以上, 三百枚. 艾草木, 大鎌, 柄長七尺以上, 三百枚, 大櫓刃, 重八斤, 柄長六尺, 三百枚. 委環鐵杙, 長三尺以上三百枚. 極杙大槌, 重伍斤, 柄長二尺以上, 百二十具. 甲士萬人. 强弩六千, 戟櫓二千, 矛楯二千, 修治攻具, 砥礪兵器, 巧手三百人. 此舉兵用軍之大數也, 武王曰, 允哉.

2. 세 가지 전투 대형 〔三陣〕

무왕이 태공망에게 물었다.

"군대를 출동시켜 적과 싸울 때에는 천진, 지진, 인진의 세 가지 진법을 전개해야 한다고 하는데, 어떤 것들입니까?"

태공망이 대답하였다.

"해달과 수많은 별들 그리고 북두칠성[27]은 어느 때는 왼쪽으로 향하고 어느 때는 오른쪽으로 향하며, 또 어떤 때는 앞으로 향하고 어떤 때는 등지는 것처럼 보입니다. 이렇게 하늘의 상태와 방향을 잘 살펴보고 부대 대형의 방향을 결정하는 것을 천진이라고 합니다.

산이나 언덕의 높낮이와 강이나 연못의 깊이를 보고 진지의 앞뒤와 좌우를 결정하는 것을 지진이라 합니다.[28]

전차병을 쓸 것인가, 기마병을 쓸 것인가, 인덕으로 교화하여 우리편으로 돌아서게 할 것인지, 무력을 사용하여 적국을 무너뜨릴지를 선택

---

27. 원문은 '두표'(斗杓)이다. 국자의 자루라는 뜻으로 북두칠성(北斗七星)을 가리킨다. 7개의 별 가운데 위의 4개의 별은 머리 부분으로 두괴(斗魁)라고 부르며, 꼬리 부분의 3개의 별은 '표' 또는 두병(斗柄)이라고 부른다.

28. 지진(地陣)은 지형을 이용하는 방법으로 산이나 언덕은 오른쪽과 등뒤에 두는 것이 좋고, 강과 연못은 앞과 왼쪽에 두는 것을 원칙으로 한다. 물론 언덕 위의 적을 포위해서 보급을 끊는 전술이나 배수진(背水陣)처럼 병사의 결사적인 투쟁을 염두에 둔 진법을 예외로 한다. 앞뒤 좌우에 대한 설명은 『손자』「행군」(行軍)에서도 볼 수 있다. "평원지대에서는 평탄하게 뚫려져 있는 곳을 점령하며, 주력 부대의 오른쪽과 뒤쪽은 높은 곳을 의지하는 것이 중요하다. 지세는 앞쪽이 낮고 뒤쪽이 높으면 적의 등뒤에서의 기습과 정면에서의 공격에 대비하기가 유리하기 때문이다."〔平陸處易, 而右背高, 前死後生〕

하는 것을 인진이라고 합니다."

무왕이 말하였다.

"과연 옳은 말씀입니다."

武王問太公曰, 凡用兵爲天陣, 地陣, 人陣, 奈何. 太公曰, 日月
星辰斗柄, 一左一右, 一向一背, 此謂天陣. 丘陵水泉, 亦有前後左
右之利, 此謂地陣用車用馬, 用文用武, 此謂人陣. 武王曰, 善哉.

3. 속전속결 [疾戰]

무왕이 태공망에게 물었다.

"적군이 아군을 에워싸고 앞뒤를 가로막고 군량 보급로를 끊을 경우
에는 어떻게 하여야 합니까?"

태공망이 대답하였다.

"가장 나쁜 처지에 빠져 있는 군대입니다. 이럴 때에는 병사들을 내
몰면서 사기를 고무시켜 과감하고 재빠르게 결전을 치루어야 이길 수
있습니다. 거꾸로 머뭇거리면서 지구전을 시도한다면 스스로 무너지고
맙니다. 이와 같은 경우에는 4대의 돌격용 무충 전차를 앞세우는 '사무
충진'[29]을 펼치며, 용감무쌍한 전차 부대와 기마 부대를 출동시켜 적진

---

29. 사무충진(四武衝陣)에 대해서 학설에 따라 두 가지 해석이 맞서고 있다. 첫째는 아
    군의 병력을 네 부대의 돌격대로 편성하여 앞뒤와 양 옆에 각각 한 부대씩 배치하

을 마구 휘저은 다음, 적군이 놀라서 허둥지둥하는 틈을 타서 주력 부대로 공격하면 적의 포위망을 뚫고 나가면서 종횡무진할 수 있습니다."

무왕이 말하였다.

"아군이 적의 포위망을 뚫고 나갔을 경우, 그 여세를 몰아 적군을 무찔러 승리를 거두고자 한다면 어떻게 해야 합니까?"

태공망이 대답하였다.

"좌군이 재빨리 적의 왼쪽을 치고 나가고, 우군은 적의 오른쪽을 향해 습격하여, 주력 부대인 중군의 공격로를 열어 주어야 합니다. 그러나 이때 기동로를 차지하려고 적과 다투다가 병력이 나눠지거나 깊이 유인당하는 일이 없도록 조심하여야 합니다. 그런 다음 중군이 양쪽의 부대와 손발을 맞추면서 앞뒤로 나아가고 물러나면서 들이받기도 하고 받아치기도 하면 병력이 아무리 많은 적군이라 할지라도 결국 무너지고 적장은 꼬리를 감추고 도망갈 수밖에 없을 것입니다."

武王問太公曰, 敵人圍我, 斷我前後, 絶我糧道, 爲之奈何. 太公曰, 此天下之困兵也, 暴用之則勝, 徐用之則敗. 如此者, 爲四武衝陳, 以武車驍騎, 驚亂其軍. 而疾擊之, 可以橫行. 武王曰, 若已出圍地, 欲因以爲勝, 爲之奈何. 太公曰, 左軍疾左, 右軍疾右, 無與

는 진법이다. 모든 힘을 앞쪽으로 쏠리게 하면서 양 옆을 대비하는 사각의 충격(衝擊) 대형이다. 전투력을 모아 앞으로 치고 나가는 힘이 강한 진법이다. 둘째는 4대의 충거(衝車) 또는 무충차(武衝扶胥)를 앞쪽에 배치하고 병력을 뒤따르게 하여 포위망을 뚫는 전술이다. 옮긴이는 뒤의 해석을 따라 본문을 풀었다. 두 가지 다 방진(方陣)의 일종으로 본 해석이다.

敵人爭道, 中軍迭前迭後, 敵人雖衆, 其將可走.

4. 탈출 작전 〔必出〕

무왕이 태공망에게 물었다.

"군대를 이끌고 적지에 깊이 들어갔다가 사방으로 포위를 당하여 후퇴로와 군량 수송로가 가로 막혔습니다. 이때 적군은 병력이 많고 군량도 넉넉할 뿐만 아니라, 깎아지른 듯한 요새지에 자리잡아 수비 태세가 또한 군건합니다. 이럴 경우에 아군이 적의 포위망을 뚫고 나가려면 어떻게 하여야 합니까?"

태공망이 대답하였다.

"이럴 때에 포위망을 뚫고 탈출할 수 있는 방법은 무기와 장비를 최대한 활용하여 용맹하게 싸우는 길이 으뜸입니다. 적의 포위망 가운데 허술한 곳이나 많은 병력이 지키지 않는 곳을 찾아낸다면 포위망을 반드시 뚫고 나갈 수 있습니다.

우선 적의 눈에 띠지 않게 은밀히 병사들에게 검정 깃발를 들고 무기와 장비들을 손에 들고 입에는 재갈[30]을 물게 하여 목소리를 죽여가면서 밤의 어둠을 틈타 출동합니다. 이 때 용기와 힘이 있고 행동이 재빨라서 적의 장수와 맞서더라도 싸워서 죽일 수 있는 용사를 선두에 세워

---

30. 원문은 '함매'(銜枚)이다. 군대가 밤에 행진하거나 특별히 적에게 발견되지 않도록 아군의 입을 가는 막대를 물려 떠들지 못하게 하던 일을 가리킨다.

적의 방어막을 무너뜨리고 아군의 통로를 열게 합니다.

재주와 용기가 있으며 강력한 쇠뇌를 지닌 복병을 뒤에 숨겨두고, 병약한 병사들과 전차 부대, 그리고 기병 부대는 군대의 대형의 가운데에 두고, 대형이 갖추어지면 서서히 진군하게 하되, 매우 조심하여 병사들이 놀라거나 허둥대는 일이 없게 해야 합니다. 무충 전차로 주력군의 앞뒤를 지키고, 무익이라는 큰 방패로 왼쪽과 오른쪽의 양옆을 가려서 적의 화살을 막게 합니다.

이렇게 하여 적이 놀라 갈팡질팡하는 기색을 보이면, 그 기회를 타고 용감한 돌격대가 맹렬하게 공격하고, 병약한 병사들과 전차와 기병은 뒤따라 진격합니다. 뒤쪽에 매복하고 있는 재주가 뛰어나고 강력한 쇠뇌를 갖고 있는 병사들은 적군이 쫓아오는 것을 잘 보고 있다가 뜻하지 못한 때에 일제히 적의 뒤통수를 공격하게 합니다. 또 횃불을 환하게 밝히고 북을 요란하게 울려서 적의 눈과 귀를 아찔하게 어지럽히며, 마치 땅 속에서 솟아난 듯 하늘에서 떨어진 듯 갑자기 나타나 전군이 용감하고 맹렬한 기세로 싸웁니다. 그러면 적은 도저히 막아내지 못할 것입니다."

무왕이 물었다.

"행군하는데 앞에는 큰 강이 가로 놓이고 넓은 해자나 깊은 구덩이가 패어 있고 건너고 싶어도 병력이나 장비를 건넬 만한 배가 없을 경우에는 어떻게 하여야 합니까? 더구나 적군은 방어 진지를 굳게 지키며 아군의 나갈 길을 가로막고 있고, 아군이 물러날 길마저 틀어막고 있을 뿐 아니라, 적의 척후병이 끊임없이 아군의 움직임을 감시하고 있습니다. 더구나 적이 험한 요충지를 굳게 지키고 있는 상태에서 전차 부대와 기병 부대가 아군의 정면으로 달려들고, 정예병으로 아군의 뒤통수를 치려고 하는 상황입니다. 이러한 경우에는 어떻게 해야 합니까?"

태공망이 대답하였다

"큰 강이나 넓은 해자나 깊은 구덩이 따위가 있는 곳은 적이 안전하다고 생각하여 수비를 소홀히 하게 마련이며, 수비를 한다 하더라도 병력이 그리 많지 않을 것입니다. 이러한 경우에는 뜬 다리인 비강이나 자유롭게 올리고 내리는 도강 도구나 작은 거룻배인 천황 등을 이용하여 아군을 건너게 하고, 용맹스럽고 재주가 뛰어난 병사들을 뽑아 장수의 지휘에 따라 목숨을 걸고 적진을 쳐부수며 뚫고 나가게 합니다.

그런데 이 작전을 시작하기에 앞서 아군의 모든 군수품과 식량 등을 불태워서 필사의 각오를 다지고 나서 장수가 병사들에게 다음과 같이 훈시합니다.

'반드시 죽기를 각오하고 용감하게 싸우면 살 길이 있을 것이요, 목숨을 아끼며 용감히 싸우지 않으면 전군은 모두 죽고 말 것이다.'

이렇게 하여 선두 부대가 포위망을 벗어나면 화톳불을 피워서 후위 부대가 뚫고 나올 수 있도록 알려주며, 멀리 척후병을 내보내서 적의 움직임을 엿보고, 반드시 수풀과 나무가 우거진 숲이나 언덕이나 험한 곳 등을 이용하여 병력을 숨어 있게 합니다.

이렇게 하면 아마 적의 전차 부대나 기병 부대는 멀리까지 쫓아오지 못할 것입니다. 포위망을 벗어난 부대들은 횃불을 표시로 삼아 집결하는데 먼저 탈출한 선봉 부대는 불꽃이 있는 곳에 멈추어 전열을 정비한 다음, 곧바로 4대의 무충 전차를 중심으로 전투 대형을 짜는 사무충진을 갖춥니다. 이처럼 우리 전군의 정예 부대가 용감하게 싸운다면 적은 아군의 진격을 막을 수 없을 것입니다."

무왕이 말하였다.

"참으로 옳은 말씀입니다."

　武王問太公曰, 引兵深入諸侯之地, 敵人四合而圍我, 斷我歸道,
絶我糧食. 敵人旣衆, 糧食甚多, 險阻又固. 我欲必出, 爲之奈何.
太公曰, 必出之道, 器械爲寶, 勇鬪爲首. 審知敵人空虛之地, 無人
之處, 可以必出. 將士持玄旗, 操器械, 設銜枚夜出. 勇力飛走, 冒
將之士, 居前平壘, 爲軍開道. 材士强弩爲伏兵, 居後. 弱卒車騎居
中. 陣畢徐行, 愼無驚駭. 以武衝扶胥, 前後拒守. 武翼大櫓, 以蔽
左右. 敵人若驚, 勇力冒將之士疾擊而前. 弱卒車騎, 以屬其後. 材
士强弩, 隱伏而處, 審候敵人追我, 伏兵疾擊其後. 多其火鼓, 若從
地出, 若從天下, 三軍勇鬪, 莫我能禦武王曰, 前有大水廣塹深坑,
我欲踰渡, 無舟楫之備, 敵人屯壘, 限我軍前, 塞我歸道, 斥候常戒,
險塞盡守, 車騎要我前, 勇士擊我後, 爲之奈何. 太公曰, 大水廣塹
深坑, 敵人所不守, 或能守之, 其卒必寡. 若此者, 以飛江轉關與天
潢以濟吾軍. 勇力材士, 從我所指, 衝敵絶陣, 皆致其死. 先燔吾輜
重, 燒吾糧食, 明告吏士, 勇鬪則生, 不勇則死. 已出, 令我踵軍,
設雲火遠候, 必依草木丘墓險阻, 敵人車騎, 必不敢遠追長驅. 因以
火爲記, 先出者, 令至火而止, 爲四武衝陣. 如此, 則吾三軍皆精銳
勇鬪, 莫我能止. 武王曰. 善哉.

5. 장비 전략 〔軍略〕

무왕이 태공망에게 물었다.

"군대를 이끌고 적지에 깊숙이 들어갔다가 행군 도중 깊은 계곡이나 큰 협곡에서 험한 격류를 만나 건너게 되었습니다. 전군이 미처 다 건너가지 못하였는데, 갑자기 폭우가 쏟아지고 물이 불어나, 후방 부내가 먼저 건너간 선봉 부대를 따라 건너가지 못하여 행렬이 끊기고 말았습니다. 이 때 배나 다리로 쓸 만한 것도 없고, 또 강물을 막을 만한 풀더미조차 없습니다. 이럴 경우에 전군이 온전히 강을 건너가 한 사람도 뒤처지는 자가 없이 행군을 계속하게 하려면 어떻게 하여야 합니까?"

태공망이 대답하였다.

"장수로서 수많은 병사를 이끌면서 그러한 뜻하지 않은 사태에 대해 아무런 대책도 미리 세워 놓지 않았고, 필요한 장비들도 마련해 놓지 않았을 뿐만 아니라, 평소에 그러한 상황에 대처하는 교육도 철저히 실행하지 않았고, 장교나 병사들도 익숙할 정도로 훈련되어 있지 않았다면, 이는 천하를 제패할 만한 왕자의 군대라고 할 수 없습니다.

전군을 출동시키는 큰 일이 벌어졌을 때에는 특수한 기계나 장비를 쓰는 데에 익숙하지 않으면 안 됩니다. 적의 성을 공격하거나 고을을 에워쌀 때에는 분온이라는 장갑차,[31] 높이 쌓아 위에서 아래를 내려다보

---

31. 분온(轒轀)은 『묵자』(墨子)와 『손자』에 언급되어 있는 대표적인 공성 장비이다. 특히 『손자』의 「모공」(謀攻)에는 "성을 공격하는 데에 필요한 방어용 방패와 엄호용 수레인 분온을 제작하다"〔修櫓轒轀〕라는 구절에 여러 사람이 주석을 달아 놓았다.

고 공격하는 임차,[32] 적진이나 성문을 옆에서 뚫고 들어가는 충거를 사용하여야 합니다. 적의 성안을 정찰하려면 사다리차인 운제[33]나 망루차인 비루[34]를 사용하여야 합니다. 또한 부대가 적진을 향하여 진격하거나 멈출 때에는 무충이라는 전차와 큰 방패를 사용하여 앞뒤와 좌우를

조조(曹操)의 주석에 따르면, 이 수레는 적의 성이나 방어 둔덕에 접근하는 부대를 엄호하기만 할 뿐, 직접 성채를 파괴할 능력은 없었다고 한다. 두목(杜牧)의 주석에 분온의 모습과 기능이 잘 정리되어 있다. 네 바퀴가 달려 있고 정면과 좌우 측면에 큰 방패인 노(櫓)를 장착하고, 윗면은 판자나 날 쇠가죽으로 덮었다. 그리고 그속에 10명 정도의 병사가 들어가서 엄호를 받으면서 적의 성채를 향해 밀고 나가도록 제작되어 있다. 수레 안에다 흙을 실어 옮겨서 성 주변의 함정이나 해자나 참호를 메우는데, 이 과정에 화살과 돌멩이 공격으로부터 병사들을 보호하는 데 사용하기도 하였다. 그리고 사다리가 달려 있는 경우도 있는데 이를 통해서 성을 넘어 갈 수 있다.

32. 임차(臨車)는 높은 곳에서 낮은 곳을 향해 활이나 쇠뇌로 공격하는 전차이다. 본래 '임'이란 적의 성벽 가까이에 흙을 높이 쌓아 비슷한 높이로 만들어 성벽을 무력하게 만든 다음에 그 위에 망루를 세워 위에서 아래를 보고 공격하거나 널빤지를 놓아 성으로 뛰어드는 전술을 모두 가리키는 병법 용어이다.

33. 운제(雲梯)는 긴 사다리를 접은 채 성벽으로 다가가, 사다리를 세운 다음에 기어올라가 넘게 해주는 장비이다. 『좌전』(左傳)과 『묵자』에도 기록되어 있는 매우 오래된 장비이다. 특히 묵자의 제자인 공수반(公輸般)이 운제의 발명자로 기록되어 있다. 그리고 강국인 초(楚)나라가 약소국인 송(宋)나라를 공격하였을 때 묵자의 제자인 금활리(禽滑釐)가 묵가 집단을 거느리고 이 운제를 가지고 초나라를 물리쳤다고 기록되어 있다. 청(淸)나라 때까지 공성 장비의 핵심을 이루며 사용되었다.

34. 비루(飛樓)는 망루 형태로 높이 타고 올라가 이리저리 이동하면서 멀리 사방을 관찰하는 정찰 장비라는 점을 빼고는 정확히 어떤 장비를 가리키는지 알 수 없다. 정찰 장비 가운데 하나인 소거(巢車)가 가장 가까운 장비인 듯하다. 소거는 날아오는 화살을 막을 수 있도록 나무 상자처럼 만들어진 구조에 사방에 창문이 뚫려 있으며 고정식과 위아래로 끌어올려지는 이동식 두 가지가 있다. 창문의 수로 미루어 보면 두세 명 정도가 탑승하여 적의 성안을 관찰하던 전망대였던 것 같다.

보호하여야 합니다. 적의 통로를 끊고 거리를 가로막으려면 재주 있고 용감한 병사에게 강한 쇠뇌를 사용하여 좌우를 지키게 하여야 합니다.

진지와 보루를 세울 때에는 천라, 무락, 행마, 마름쇠 따위의 장애물을 사용하여 적의 공격에 대비하여야 합니다. 또한 낮에는 운제에 올라가 멀리 적의 움직임을 살피며, 다섯 가지 샛깔의 어지러운 깃발을 많이 꽂아 적의 눈을 헷갈리게 만듭니다. 그리고 밤에는 화톳불이니 횃불을 많이 올리고, 큰 북[35]을 두드리거나 작은 북과 방울[36]을 요란스럽게 흔들며, 풀피리[37] 따위를 불어대어 적의 귀를 휘저어 놓습니다.

깊은 구덩이나 해자를 건널 때에는 비교, 고패,[38] 톱니바퀴[39] 따위를 사용하여야 합니다. 큰 강을 건널 때에는 천황이나 비강과 같은 뜬 다리를 사용하여야 하며, 거센 파도를 헤치고 급류를 거슬러 올라갈 때에는

---

35. 원문은 '뇌고'(雷鼓)이다. 직경이 8자이며 8면으로 이루어진 큰 북을 말한다. 마치 우레가 울리듯 소리가 커서 붙여진 이름이다.

36. 원문은 '비탁'(鼙鐸)이다. '비'는 말에 달고 다니는 조그만 북으로 마상고(馬上鼓)라고도 부른다. 기병이 적을 혼란시키기 위해서 사용하는 악기이다. '탁'은 역시 말에 달고 다니는 방울이다. 둘 다 기병이 말이나 몸에 붙이고 다니는 악기이다.

37. 원문은 '명가'(鳴笳)이다. 갈대잎이나 풀잎으로 부는 피리이다. 날카롭 애절한 소리를 낸다.

38. 원문은 '전관녹로'(轉關轆轤)이다. 일종의 도르래 장치인 고패를 가리킨다. 여기서는 뜬 다리를 들었다 놨다 할 수 있는 고패를 장치한 장비를 가리키는 것으로 보인다.

39. 원문은 '서어'(鉏鋙)이다. 저어(齟齬)라고도 하는데 아래위의 이가 맞지 않다는 뜻에서 톱니바퀴[齒輪]를 가리키는 말로 발전하였다. 그 톱니바퀴가 어떻게 쓰였는지는 알 수 없다.

부해⁴⁰나 절강⁴¹과 같은 배를 사용하여야 합니다.

전군에 이와 같은 장비와 기구가 제대로 갖추어져 있으면, 장수는 아무 걱정을 할 것이 없습니다."

武王問太公曰, 引兵深入諸侯之地, 遇深溪大谷險阻之水, 吾三軍未得畢濟, 而天暴雨, 流水大至. 後不得屬於前, 無舟梁之備, 又無水草之資. 吾欲畢濟, 使三軍不稽留, 爲之奈何.

太公曰, 凡帥師將衆, 慮不先設, 器械不備, 敎不精信, 士卒不習. 若此, 不可以爲王者之兵也. 凡三軍有大事, 莫不習用器械. 若攻城圍邑, 則有轒轀臨衝, 視城中, 則有雲梯飛樓. 三軍行止, 則有武衝大櫓. 前後拒守, 絶道遮街, 則有材士强弩, 衛其兩旁. 設營壘, 則有天羅武落行馬蒺藜. 晝則登雲梯遠望, 立伍色旌旗. 夜則設雲火萬炬, 擊雷鼓, 振鼙鐸, 吹鳴笳, 越溝塹, 則有飛橋轉關轆轤鉏鋙. 濟大水, 則有天潢飛江, 逆波上流, 則有浮海絶江. 三軍用備, 主將何憂.

6. 대치 요령 〔臨境〕

무왕이 태공망에게 물었다.

---

40. 부해(浮海)는 배를 힘차게 미는 추진기를 말한다.
41. 절강(絶江)은 배의 꼬리 부분에 장치하여 배를 젓는 노(櫓)를 가리킨다.

"적과 아군이 국경을 맞대고 대치하고 있습니다. 그런데 적군에서나 아군에서나 모두 진격할 수는 있으나, 양쪽의 수비 대형이 모두 굳건하여 누구든 먼저 손을 쓸 수 없는 상황에 있습니다. 그리하여 아군이 먼저 적을 공격하면, 적도 아군을 공격할 수 있게 되어 있습니다. 이렇게 서로 팽팽하게 맞서고 있는 경우에는 어떻게 하여야 합니까?"

태공망이 대답하였다.

"이러한 경우에는 병력을 세 곳으로 나누어 배치하여야 합니다. 전방 부대에게는 구덩이를 깊이 파고 보루를 높이 쌓고 출동하지 않은채 굳게 수비만 하게 합니다. 또한 후방 부대는 식량을 넉넉하게 쌓아서 지구전에 대비하는 것처럼 위장하여 적이 아군의 의도를 모르게 만듭니다.

그런 다음 정예병으로 짜여진 중앙의 주력 부대를 은밀히 출동시켜, 적이 전혀 뜻하지 않는 곳을 도무지 대비하지 못할 때에 습격합니다. 이렇게 하면 적은 아군의 의도가 무엇인지 알지 못하므로, 주력 부대의 움직임을 유인 작전이라고 의심하여, 진영에 머무르며 역습을 감행하지 못할 것입니다."

무왕이 물었다.

"적이 아군의 실정을 잘 파악하고 아군의 계략을 꿰뚫고 있어서 아군이 움직이자마자 곧바로 알아차립니다. 그래서 정예병을 키 큰 숲 속에 매복시켰다가 아군이 좁은 길목을 지나갈 때에 공격하여 아군의 요충지를 치고 들어오려 합니다. 이럴 경우에는 어떻게 하여야 합니까?"

태공망이 대답하였다.

"이러한 때에는 전방 부대로 하여금 날마다 출격하여 끊임없이 적을 도발하게 해서 적을 지치게 하고 경계심을 늦추게 만들어야 합니다. 한편으로 병사 가운데 노약자들로 하여금 나무섶을 끌고 다니며 흙먼지를 일으키게 하여 대병력이 움직이는 것처럼 위장하게 하고, 요란스럽게 북을 치고 큰 소리를 지르며 돌아다니게 합니다. 또한 공격 부대가 적진의 왼쪽으로도 진격하고 오른쪽으로도 진출하며 자유롭게 오고가게 하지만, 적진에서 100보 이내 지점까지만 다가가게 합니다.

이렇게 하면 적장은 아군의 종잡을 수 없는 행동에 반드시 지쳐버리고, 병사들은 놀라서 허둥지둥할 것입니다. 그렇게 되면 적은 감히 아군을 공격하지 못할 것입니다. 거꾸로 아군은 적진으로 출격하여 끊임없이 공격을 이어가며 적진 안쪽을 위협하기도 하고 바깥쪽을 공격하기도 하면서 기회를 노립니다. 그러다가 적이 극도로 피로한 기색이 보일 때에 그 틈을 타서 전군이 일제히 맹공을 가하면, 적은 반드시 패배하고 말 것입니다."

武王問太公曰, 吾與敵人臨境相拒, 彼可以來, 我可以往, 陣皆堅固, 莫敢先擧, 我欲往而襲之, 彼赤可以來, 爲之奈何. 太公曰, 分兵三處. 令我前軍, 深溝增壘而無出, 列旌旗, 擊鼕鼓, 完爲守備. 令我後軍, 多積 糧食, 無使敵人知我意. 發我銳士, 潛襲其中, 擊其不意, 攻其無備. 敵人不知我情, 則止不來矣. 武王曰, 敵人知我之情, 通我之機, 動則得我事. 其銳士伏於深草, 要我隘路, 擊我便處, 爲之奈何. 太公曰, 令我前軍, 日出挑戰, 以勞其意. 令我老弱, 曳柴揚塵, 鼓呼而往來, 或出其左, 或出其右, 去敵無過百步, 其將必勞, 其卒必駭. 如此, 則敵人不敢來. 吾往者不止, 或襲其內, 或擊其外, 三軍疾戰, 敵人必敗.

7. 매복 작전 〔動靜〕

무왕이 태공망에게 물었다.

"군대를 이끌고 적지에 깊이 들어가 적군과 대치하게 되었습니다. 서로가 진영을 마주 대하고 있는데 양쪽의 병력이나 군사력이 엇비슷하므로, 어느 쪽도 먼저 손을 쓰지 못하고 있습니다. 이러한 상황에서 적장을 두려워 떨게 하고 적병들의 사기를 꺾어 적의 전투 대형을 약화시키려고 합니다. 그리하여 적의 후방 부대는 달아날 생각만 하고, 전방 부대는 아군이 두려워 뒤만 돌아다보게 만든 다음, 기회를 잡아서 북을 울리고 큰 소리를 지르며 돌격하여 일거에 적을 쳐부수려고 합니다. 이럴 경우에는 어떻게 하여야 합니까?"

태공망이 대답하였다.

"이와 같은 경우에는 먼저 아군을 동원하여 일부 병력은 적진에서 10리쯤 떨어진 지점의 왼쪽과 오른쪽에 매복시키고, 전차 부대와 기병 부대는 적진에서 100리쯤 떨어진 곳의 앞뒤에 배치합니다. 그리고 깃발을 많이 꽂아놓고 북과 징을 더욱 많이 준비해 둡니다. 그런 다음 양쪽이 맞붙어 싸움이 시작되면 일제히 깃발을 흔들고 북을 치고 큰 소리를 질러서 적의 눈과 귀를 어지럽히면서 맹렬하게 공격합니다. 이렇게 하면 적장은 반드시 두려움에 떨고 적병들은 반드시 놀라서 갈팡질팡하게 됩니다. 그러면 적의 대부대와 소부대가 서로 구원하지 못하고, 상관과 부하들이 서로 도와주지 못하게 되어 패배하고 말 것입니다."

무왕이 다시 물었다.

"적이 주둔한 지형으로 보아 적진의 왼쪽과 오른쪽의 양옆에 아군의 병력을 매복시킬 만한 곳이 없고, 더구나 적진의 앞뒤에 아군의 전차 부대나 기병 부대를 배치할 수 없는 상황입니다. 게다가 적이 우리의 의도를 미리 꿰뚫어 보고 미리 대비를 하고 있으므로 아군 병사들은 불안하여 사기가 떨어지고, 장수들은 두려워 하고 있습니다. 이렇게 되면 싸우더라도 승리할 수 없을 것이니, 이런 경우에는 어떻게 하여야 합니까?"

태공망이 대답하였다.

"참으로 좋은 질문이십니다. 그런 경우에는 맞붙어 싸우기 5일 전에 척후병을 멀리 내보내어 적의 움직임을 살피게 하여 적이 습격할지를 정찰합니다. 적이 습격할 조짐이 뚜렷할 때에는 요충지에 복병을 매복시키고 기다려야 합니다. 그런데 이 때에는 반드시 병사들을 도망갈 구멍조차 없는 필사의 땅에 매복시켜서, 적을 만나면 기필코 목숨을 바쳐 싸울 수밖에 없도록 만듭니다. 그런 다음 매복한 곳에서 멀리 떨어진 곳에 깃발을 세워 놓고 병력을 흩어지게 하여 아군이 기율이 없고 엉성한 것처럼 위장합니다.

이러한 준비가 갖추어지면 반드시 적진 앞으로 진격하여 적과 대치하여 맞붙어 보다가 조금 치열해졌을 때에 두려워 꼬리를 감추는 것처럼 거짓으로 달아납니다. 군대가 3리쯤 물러난 다음에 징을 울려서 멈추게 하고, 다시금 갑자기 되받아 치면서 적을 계속 꾀어냅니다. 그래서 적이 아군의 매복 지점에 다다르게 되면 복병이 일제히 일어나 적의 양옆으로 돌격하고 앞뒤를 치고, 전군은 전력을 다하여 맹공을 가합니다. 이렇게 하면 적은 반드시 패배해서 달아나고 말 것입니다."

이 말을 들은 무왕은 칭찬하였다.

"매우 좋은 전술입니다."

武王問太公曰, 引兵深入諸侯之地, 與敵之軍相當, 兩陣相望, 衆
寡强弱相等, 未敢先擧. 吾欲令敵人將帥恐懼, 士卒心傷, 行陣不
固, 後陣欲走, 前陣數顧. 鼓譟而乘之, 敵人遂走, 爲之奈何. 太公
曰. 如此者, 發我兵, 去寇十里而伐其兩旁, 車騎百里而越其前後.
多其旌旗, 益其金1鼓. 戰合, 鼓譟而俱起. 敵將必恐, 其軍驚駭. 衆
寡不相救, 貴賤不相待, 敵人必敗.

武王曰, 敵之地勢, 不可以伏其兩旁, 車騎又無以越其前後. 敵知
我慮, 先施其備. 吾士卒心傷, 將帥恐懼, 戰則不勝, 爲之奈何. 太
公曰, 誠哉王之問也. 如此者, 先戰伍日, 發我遠候, 往視其動靜,
審候其來, 設伏而待之. 必於死地, 與敵相遇. 遠我旌旗, 疏我行陣.
必奔其前, 與敵相當. 戰合而走, 擊金而止. 三里而還, 伏兵乃起.
或陷其兩旁, 或擊其先後, 三軍疾戰, 敵人必走. 武王曰, 善哉.

8. 명령 체계〔金鼓〕

무왕이 태공망에게 물었다.

"군대를 이끌고 적지에 깊이 들어가 적군과 대치한 상황에서 엄청난
추위나 더위에 시달리게 되고, 또 밤낮으로 내리는 장마비가 10일 이상
이어져 참호가 메워지고 보루가 무너져 내려서, 굳건하던 진지를 제대
로 지킬 수 없게 되었습니다. 그리고 병사들이 모두 지쳐 척후병들은 정
찰 임무를 게을리 하고 있고, 병사들은 경계심이 느슨해져 있습니다. 이
럴 때 적이 밤에 갑자기 습격해 와서, 아무런 대비도 하지 않았던 아군

병사들이 큰 혼란에 빠졌습니다. 이런 경우에 어떻게 하여야 합니까?"

태공망이 대답하였다.

"군대는 언제나 경계를 철저히 하면 수비가 견고해지고, 경계를 게을리 하면 적의 공격을 받아 패배하게 마련입니다. 아군 보루의 감시병들은 진지를 드나드는 자들을 철저히 감시하며, 진지 안에 있는 자와 밖에 있는 자가 업무 연락을 할 때에는 저마다 표시 깃발을 들고 다니며, 서로 연락할 때에는 암호로 확인하며, 서로 경계하는 소리가 끊이지 않게 해야 합니다. 그리고 경계병과 정찰병은 언제나 적진을 향하여 주의를 게을리 하지 않게 해야 합니다. 그리고 병력을 3,000명 단위로 부대를 편성하여 임무와 지시 사항을 깊이 심어 준 다음, 담당 지역을 삼가며 수비하게 하여야 합니다.

이와 같이 완벽한 경계 태세를 갖추면, 적이 아군을 공격하려고 하더라도 아군 진영의 경계가 엄중한 것을 보고 가까이 왔다가 반드시 되돌아 갈 것입니다. 이렇게 되면 적군은 힘이 떨어지고 사기도 곤두박질 치게 되므로, 이 기회를 틈타서 아군의 정예병을 출동시켜 돌아가는 적을 뒤쫓아가서 공격하여야 합니다."

이에 무왕이 다시 물었다.

"그렇다면 아군이 적을 뒤쫓아 공격할 때, 적이 이를 미리 알아차리고 정예병을 매복시켜 놓은 다음, 거짓으로 달아나며 아군을 매복 지점으로 꾀어냅니다. 매복을 알지 못하고 적을 뒤쫓던 아군은 매복 지점에서 적의 복병을 만나 공격을 받고 서둘러 되돌아오려고 해도 적이 아군의 선두 부대나 후미 부대에 타격을 가하고, 이어서 아군 본진의 보루까지 치달려 오고 있습니다. 그렇다면 아군은 모두 큰 두려움에 빠져 대오가 흔들리고 담당 지역을 벗어나 달아나게 되지 않겠습니까? 이러한 경우에는 어떻게 하여야 합니까?"

태공망이 대답하였다.

"이럴 때에는 전군을 3개 부대로 나누어 달아나는 적을 쫓아가게 하되, 무턱대고 적을 뒤쫓기만 하여 적의 매복 지점까지 들어가는 실수를 범하지 않도록 주의하여야 합니다. 달아나는 적을 쫓아살 경우에 3개 부대가 다함께 적을 에워싸고 앞뒤에서 치고 양옆에서 무너뜨려야 합니다. 이 때 명령 체계를 철저하게 유지하고, 모든 병사들이 맹렬하게 진격하면, 적은 틀림없이 패배할 것입니다."

武王問太公曰, 引兵深入諸侯之地, 與敵相當. 而天大寒甚署, 日夜霖雨, 旬日不止. 溝壘悉壞, 隘塞不守, 斥候懈怠, 士卒不戒, 敵人夜來, 三軍無備, 上下惑亂, 爲之奈何. 太公曰, 凡三軍以戒爲固, 以怠爲敗. 令我壘上, 誰何不絶, 人執旌旗, 外內相望, 以號相命, 勿令乏音, 而皆外向. 三千人爲一屯, 誡而約之, 各愼其處. 敵人若來, 視我軍之警戒, 至而必還, 力盡氣怠, 發我銳士, 隨而擊之.

武王曰, 敵人知我隨之, 而伏其銳士, 佯北不止. 遇伏而還, 或擊我前, 或擊我後, 或薄我壘. 吳三軍大恐, 適亂失次, 離其處所. 爲之奈何. 太公曰, 分爲三隊, 隨而追之, 勿越其伏. 三隊俱至, 或擊其前後, 或陷其兩旁, 明號審令, 疾擊而前, 敵人必敗.

9. 보급로의 단절 〔絶道〕

무왕이 태공망에게 물었다.

"군대를 이끌고 적지에 깊숙이 들어가서 적과 맞서고 있는데, 적이 아군의 보급로를 끊은 데다가 아군의 앞뒤에서 압박하고 있어서 아군이 나가지도 물러나지도 못하는 상태에 빠졌습니다. 그리하여 아군은 진격하여 싸우려 해도 승산이 없고, 그 자리에서 굳게 지키려고 해도 식량이 떨어져 오래 버틸 수 없습니다. 이런 경우에는 어떻게 하여야 합니까?"

태공망이 대답하였다.

"적지에 깊숙이 들어가면 반드시 먼저 적지의 지형과 지세를 자세히 살펴서, 되도록 유리한 지역을 찾는데 힘써야 합니다. 산림, 험한 요새지, 강이나 샘, 우거진 숲 따위의 지형 지물을 이용하여 굳건한 진지를 마련하고, 관문이나 다리들을 철저하게 지킵니다. 그리고 성, 고을, 언덕, 묘지 등 유리하게 활용할 수 있는 지형들이 어디에 있는지 어떤 장점이 있는지 미리 알아두어야 합니다. 이와 같이 하면, 아군의 진영은 단단해질 것이므로, 적은 감히 아군의 보급로를 끊거나 아군 앞뒤에서 압박해 오지도 못할 것입니다."

무왕이 다시 물었다.

"우리의 전군이 울창한 숲, 드넓은 늪, 탁 트인 평야를 통과하다가 척후병이 제대로 살피지 못한 탓으로 갑작스레 적과 맞닥뜨리게 되었습니다. 적과 싸우자니 승산이 없고, 막으려 해도 진지가 단단하지 못합니다. 이런 상황에서 적이 아군의 좌우를 포위하고 앞뒤를 가로막았기 때문에 아군 병사들이 크게 놀라서 두려움에 떨고 있습니다. 이런 경우에는 어떻게 하여야 합니까?"

태공망이 대답하였다.

"대군을 출동시킬 때에는 반드시 먼저 척후병을 멀리 내보내어 적진으로부터 200리 떨어진 지점까지 엿보게 하여 적의 주둔지와 움직임을 자세히 손에 넣어야 합니다. 만일 지세가 불리한 지역을 만나 아군이 어려움에 부딪치게 되면, 무충 전차를 이어서 임시 보루를 만들어 방어 태세를 갖추고 나서 나갑니다. 그리고 두 부대를 뒤쪽에 배치하되 한 부대는 1백 리 뒤쪽에 두고 한 부대는 50리 거리에서 뒤따르게 하여 적의 습격에 대비합니다. 이렇게 하면 미처 생각하지 못한 사태가 갑자기 터지더라도, 앞뒤의 부대가 서로 연락하여 구원할 수 있습니다. 그러므로 아군의 수비 태세는 늘 완벽하여, 무너지거나 다치는 일이 없습니다."

이 말을 듣고 무왕은 칭찬하였다.

"매우 좋은 방법입니다."

武王問太公曰, 引兵深入諸侯之地, 與敵相守. 敵人絶我糧道, 又越我前後. 吳欲戰則不可勝, 欲守則不可久. 爲之奈何. 太公曰, 凡深入敵人之境, 必察地之形勢, 務求便利. 依山林險阻, 水泉林木, 而爲之固, 謹守關梁, 又知城邑丘墓地形之利. 如是, 則我軍堅固, 敵人不能絶我糧道, 又不能越我前後.

武王曰, 吳三軍過大林廣澤平易之地, 吳候望誤失, 卒與敵人相薄. 以戰則不勝, 以守則不固. 敵人翼我兩旁, 越我前後, 三軍大恐, 爲之奈何. 太公曰, 凡帥師之法, 常先發遠候, 去敵二百里, 審知敵人所在. 地勢不利, 則以武衝爲壘而前, 又置兩踵軍於後, 遠者百里, 近者伍十里. 卽有警急, 前後相知, 吳三軍常完堅, 必無毀傷.
武王曰, 善哉.

10. 영토 점령 〔略地〕

무왕이 태공망에게 물었다.

"적과의 전투에서 연일 승승장구하며 적지에 깊숙이 들어가 여러 지역을 점령하였습니다. 그런데 크고 단단한 성이 있어 쉽게 무너뜨리지 못하고, 적의 별동 부대가 험한 요새지에서 아군과 대치하고 있습니다.

아군이 그 성을 에워싸고 공격하려고 할 경우, 적의 별동대가 갑자기 아군의 뒤통수를 치거나, 성안의 적과 합세하여 아군의 앞뒤를 한꺼번에 협공하지 않을까 두렵습니다. 이렇게 되면 전군이 모두 엄청난 혼란에 빠지게 되고 상관이건 병사들이건 가릴 것없이 두려움에 사로잡히게 될 것입니다. 이런 경우에는 어떻게 하여야 합니까?"

태공망이 대답하였다.

"성을 공격하고 고을을 에워싸려면 전차 부대와 기병 부대를 성과 고을로부터 멀리 떨어진 지점에 주둔시키고, 주둔지 주변을 늘 경계하여 적의 성을 완전히 가로막아 안팎이 서로 연락하지 못하게 하여야 합니다. 이렇게 하면 성안에는 식량이 떨어지는데도 밖으로부터 식량 보급을 받지 못하게 되고, 마침내 성안의 모든 사람들이 두려움에 떨게 되어 적장은 반드시 손을 들게 됩니다."

무왕이 다시 물었다.

"이때 비록 성안에서는 식량이 바닥나고 성밖에서는 아무런 식량도 보급해 주지 못한다 하더라도, 성 안팎의 적은 은밀하게 서로 내통하여 역습할 꾀를 세울 수도 있습니다. 그리하여 성안에서는 어둠을 틈타 결사대를 성밖으로 내보내 목숨을 걸고 아군과 싸우게 하고, 성밖에서는 전차 부대와 기병 부대 및 보병 정예부대까지 출동시켜 아군 진지를 안팎에서 공격하게 한다면, 아군 병사들은 혼란에 빠지고 선군이 침패하게 될지 모릅니다. 이럴 때에는 어떻게 하면 좋겠습니까?"

태공망이 대답하였다.

"그럴 경우에는 전군을 셋으로 나눈 다음, 신중하게 지형 지물을 살펴서 병력을 배치합니다. 한편으로는 적의 별동 부대가 있는 곳과 큰 성의 다른 보루가 있는지 등을 자세히 파악한 다음, 성의 세 면만을 포위하고 한 쪽을 내버려 두어 도망갈 길을 터 주어 성안의 적이 도망치고 싶어하는 마음이 일도록 유인합니다. 그러나 이 때 아군도 수비 태세를 가다듬어 실수하는 일이 없도록 하여야 합니다.

이렇게 되면 적은 두려워서 성에서 탈출하여 산림으로 달아나지 않으면 큰 고을이나 적의 별동 부대가 있는 곳으로 도망갈 것입니다. 이 때 아군의 전차 부대와 기병 부대는 멀리서 적의 도주로를 가로막고 공격하여 한 사람도 남김없이 사로잡아야 합니다.

성안에 있는 적군은 성밖의 상황을 모르고 먼저 탈출한 자들이 무사히 살 길을 찾아 달아났을 것이라고 생각하여, 잘 훈련된 병사들과 재주 뛰어난 자들도 모두 뒤이어 탈출할 것이고, 성안에는 노약자들만이 남게 될 것입니다. 그리하여 아군의 전차 부대와 기병 부대가 적지의 후방에 깊이 들어가 치달려도 적군 중에 감히 맞서 싸울 수 있는 자가 하나도 없을 것입니다. 이 때는 성안에 있는 적군과 서둘러 싸워서는 안되며, 식량 보급로를 끊고 포위한 채 지구전으로 들어가 성이 스스로 무릎을 꿇기를 기다려야 합니다.

항복을 받아 성안에 들어가서는 적이 쌓아 놓은 곡식을 불태우거나 적의 궁궐과 백성들의 집을 부수는 일이 없도록 하며, 또한 묘지 주변에 심어놓은 나무나 사당의 숲을 베어내지 말아야 하고, 항복하는 자들을 죽이지 말며, 사로잡은 자들을 죽이지 말아야 합니다. 그리하여 모든 사람들에게 아군의 어질고 정의로운 모습을 보여주고, 두터운 은덕을 베풀며, 적국의 백성들에게 '모든 잘못은 너희 군주나 장수 한 사람에게 있는 것이지, 나머지 모든 이는 아무 죄가 없다'고 선포합니다. 이와 같이 하면 천하는 싸우는 일 없이 저절로 고개를 숙이고 따르게 됩니다."

이 말을 들은 무왕은 매우 칭찬하였다.

"매우 좋은 말씀입니다."

武王問太公曰, 戰勝深入, 略其地, 有大城不可下. 其別軍守險, 與我相拒, 我欲攻城圍邑, 恐其別軍卒至而薄我, 中外相合, 擊我表裏. 三軍大亂, 上下恐駭. 爲之奈何. 太公曰, 凡攻城圍邑, 車騎必遠屯衛, 警戒阻其內外. 中人絶糧, 外不得輸, 城人恐怖, 其將必降.

武王曰, 中人絶糧, 外不得輸, 陰爲約誓, 相與密謀夜出, 窮寇死戰其車騎銳士, 或衝我內, 或擊我外. 士卒迷惑, 三軍敗亂. 爲之奈何.

太公曰, 如此者, 當分爲三軍, 謹視地形而處, 審知敵人別軍所在, 及其大城別堡, 爲之置遺缺之道, 以利其心, 謹備勿失. 敵人恐懼, 不入山林, 卽歸大邑, 走其別軍. 車騎遠要其前, 勿令遺脫. 中

人以爲先出者得其徑道, 其練卒材士必出, 其老弱獨在. 車騎深入
長驅, 敵人之軍, 必莫敢至. 愼勿與戰, 絶其糧道, 圍而守之, 必久
其日. 無燔人積聚, 無毁人宮室, 塚樹社叢勿伐. 降者勿殺, 得而勿
戮, 示之以仁義, 施之以厚德. 令其士民曰, 罪在一人. 如此則天下
和服. 武王曰, 善哉.

11. 화공 전술 [火戰]

무왕이 태공망에게 물었다.

"군대를 이끌고 적지에 깊이 들어가, 우거진 잡초가 아군의 주위를 사
방으로 둘러싸고 있는 곳에 다다랐는데, 전군의 병사들은 이미 수백 리
를 행군하여 사람과 말이 모두 지쳐 있기 때문에 머물러 쉬어야 합니다.

그런데 적군이 메마른 공기와 세차게 부는 바람을 이용하여 아군 진
지 쪽으로 불어오는 바람을 타고 불을 지릅니다. 이 때 적은 또 전차 부
대, 기병대, 보병 정예부대를 아군의 뒤쪽에 매복시켜서 굳게 지키고 있
습니다. 따라서 아군 병사들은 모두 공포의 도가니에 빠져서 이리저리
흩어져 도망치게 됩니다. 이럴 경우에는 어떻게 하여야 합니까?"

태공망이 대답하였다.

"이런 경우에는 운제나 비루 등의 전망대를 이용하여 멀리 진지의 앞
뒤와 좌우를 자세히 살펴보다가, 만일 어느 곳에 불이 일어나는 것을 발
견하면 곧바로 아군 진지 앞쪽에 있는 나무숲이나 풀숲에 맞불을 질러
미리 태워버리고 마찬가지로 뒤쪽에도 불을 질러 태워버려 불길이 번지

는 것을 막아야 합니다.

이 때 적이 공격을 해오면 군대를 이끌고 물러나 숲을 불태운 자리에 진을 치고 굳게 지키게 합니다. 이렇게 하면 아군의 후방을 노리고 쳐들어오던 적은, 아군이 선수를 쳐서 맞불을 놓은 불길이 솟아오르는 것을 보면 반드시 멀리 도망칠 것입니다. 아군은 그 불탄 자리에 진지를 세우고 강력한 쇠뇌 부대와 용맹한 병사들로 진지의 좌우 양옆을 빈틈없이 지키게 하고, 다시 진지의 앞뒤로 불을 놓아 완전히 태워버립니다. 이렇게 하면 적의 화공이 전혀 힘쓰지 못하게 되어 아무리 강한 화공을 펼친다 하더라도 아군에게 큰 타격을 주지 못할 것입니다."

무왕이 다시 물었다.

"적군이 아군 진영의 앞뒤 좌우 사방에다 모두 불을 놓아 연기가 아군 진영을 뒤덮고 있으며, 적의 대군이 그 불탄 자리에 진지를 세우고 떨쳐 일어나 아군을 공격할 경우에는 어떻게 하여야 합니까?"

태공망이 대답하였다.

"그런 경우에는 무충 전차를 이어서 네모난 충격 대형을 만드는 사무충진을 펼치고, 강력한 쇠뇌로 무장한 병사들에게 대형의 좌우 양옆을 보호하게 하면서 뚫고 나가야 합니다. 그런데 이 전술은 승리를 거두지는 못하더라도 패배하는 일도 없는 방법입니다."

武王問太公曰, 引兵深入諸侯之地, 遇深草蓊穢, 周吳軍前後左右. 三軍行數百里, 人馬疲倦休止. 敵人因天燥疾風之利, 燔吳上風, 車騎銳士, 堅伏吳後. 三軍恐怖, 散亂而走. 爲之奈何. 太公曰, 若此者, 則以雲梯飛樓, 遠望左右, 謹察前後. 見火起, 卽燔吳前而

廣延之, 又燔吳後. 敵人苟至, 卽引軍而却, 按黑地而堅處, 敵人之
來. 猶在吳後, 見火起, 必遠走. 吳按黑地而處, 强弩材士, 衛吳左
右, 又燔吳前後. 若此, 則敵人不能害我.

　武王曰, 敵人燔吳左右, 又燔吳前後, 烟覆吳軍, 其大兵按黑地而
起. 爲之奈何. 太公曰, 若此者, 爲四武衝陣, 强弩翼吳左右, 其法
無勝亦無負.

12. 위장 진지 〔壘虛〕

무왕이 태공망에게 물었다.

"적의 방어 보루의 실태와 적군의 움직임을 어떻게 하면 정확히 알
수 있습니까?"

태공망이 대답하였다.

"훌륭한 장수는 반드시 위로는 하늘의 기상을 잘 알고, 아래로는 땅의
지세를 손바닥 보듯이 훤히 알며, 가운데로는 사람 사이의 일을 꿰뚫어
알고 있습니다. 높은 곳에 올라가 아래를 내려다보면 적진의 상황 변화를
살필 수 있습니다. 그렇게 하여 적의 보루를 바라다보면 그 실태를 파악
할 수 있고, 적의 병사들을 관찰하면 그들의 움직임을 알 수 있습니다."

무왕이 물었다.

"어떻게 알 수 있습니까?"

태공망이 대답하였다.

"예를 들면 다음과 같습니다. 적진에서 북소리나 방울 소리가 들리지

않고, 보루 위에는 많은 새들이 한가롭게 놀며 놀라는 빛이 없으며, 적진의 상공는 사람이 오가며 생기는 뿌연 흙먼지가 나지 않는다면, 이는 적이 사람이 있는 것처럼 아군을 속이기 위하여 거짓으로 허수아비를 만들어 보루 위에 세워 놓은 것입니다.

적이 갑자기 물러났다가는 멀리 가지 않고 대오가 정돈되기도 전에 다시 진지로 되돌아온다면, 이는 적장이 성급하여 너무 가볍게 병사들을 지휘하는 것입니다. 군대를 너무 가볍게 지휘하면 앞뒤 부대의 대오에 질서가 제대로 잡히지 않게 마련이며, 대오의 질서가 제대로 잡히지 않으면 반드시 행렬이나 대형이 어지러워집니다.

적이 이와 같다면 아군이 재빨리 병력을 출동시켜 쳐부수어야 합니다. 이 경우에는 적은 수의 병력만을 출동시켜도 많은 수의 적군을 공격할 수 있으며, 적은 반드시 패배하고 말 것입니다."

武王問太公曰, 何以知敵壘之虛實, 自來自去. 太公曰, 將必上知天道, 下知地理, 中知人事. 登高下望, 以觀敵之變動. 望其壘, 則知其虛實. 望其士卒, 則知其來去.

武王曰, 何以知之. 太公曰, 聽其鼓無音, 鐸無聲, 望其壘上, 多飛鳥而不驚. 上無氛氣, 必知敵詐而爲偶人也. 敵人卒去不遠, 未定而復反者, 彼用其士卒太疾也. 太疾則前後不相次. 不相次, 則行陣必亂. 如此者, 急出兵擊之. 以少擊衆, 則必敗矣.

표 도(豹韜)

표범[豹]은 행동이 재빠르고 변화 무쌍하며, 몸을 숨기고 은밀하게
움직이다가 갑자기 튀어나오는 맹수이다. 표범의 이러한 특성을 본
따 편명으로 삼은 것이다.
이 편에서는 군대가 삼림지대나 늪지대에서 움직이며 싸우는 방법
과 적지에 깊이 들어가서 불리한 처지에 빠졌을 때 벗어나는 방법
등을 설명하고 있다.

1. 숲지 작전 [林戰]

무왕이 태공망에게 물었다.

"군대를 이끌고 적지에 깊숙이 들어갔다가 커다란 숲 지대를 만나 적과 숲을 양분하여 점령하고 대치하게 되었을 경우, 단단히 수비를 하거나 싸워서 이기기를 원한다면, 어떻게 하여야 합니까?"

태공망이 대답하였다

"먼저 우리의 전군을 넷으로 나누고 무충 전차를 이어서 사무충진을 펼치게 하고, 각 부대를 저마다 유리한 지형에 배치합니다. 그리고 활과 쇠뇌로 무장한 궁노 대형의 바깥쪽에 배치하고, 갈래 창과 방패로 무장한 창병은 대형의 안쪽에 배치합니다. 그런 다음 병사들의 작전 행동을 가로막는 진지 주변의 풀과 나무들을 베어내어 되도록 아군의 통로를 넓혀서 오가며 싸우기 편리하게 합니다. 그리고 깃발을 높이 세우고 전군에 엄명을 내려, 적이 아군의 실상을 제대로 알아내지 못하게 하여야 합니다. 이것이 숲 지대에서의 전법입니다.

숲 지대에서 싸우는 방법은 숲에서는 활이나 쇠뇌를 멀리 쏠 수 없으므로 창을 든 병사를 중심으로 대오를 편성합니다. 나무가 드문드문 성근 숲 속에서는 기병 부대를 뒤에 배치하여 지원 부대로 삼고, 전차 부대를 앞에 내세워 상황이 유리하다고 여겨지면 곧바로 출동하고, 불리하다고 여겨지면 그대로 자리를 지키게 합니다.

또 숲이 많고 지형이 험한 지역에서는 사무충진을 펼치고 앞뒤로 공격해 오는 적에 대비해야 합니다. 그리고 전군이 질풍처럼 달려나가 맹렬하게 싸웁니다. 이렇게 하면, 적의 병력이 아무리 많다 하더라도 적의 장수를 패배시킬 수 있습니다. 그런 다음 병사들을 서로 돌아가면서 출전시켜 한편으로 싸우고 한편으로는 쉬게 합니다. 그러면서도 저마다 소속 부대에서 흩어지지 않게 자리를 굳게 지켜야 합니다. 이것이 숲지대에서 싸우는 요령입니다."

武王問太公曰, 引兵深入諸侯之地, 遇大林, 與敵人分林相拒. 吾欲以守則固, 以戰則勝. 爲之奈何.

太公曰, 使吾三軍, 分爲衝陣, 使兵所處, 弓弩爲表, 戟楯爲裏. 斬除草木, 極廣吾道, 以便戰所. 高置旌旗, 謹勅三軍, 無使敵人知吾之情, 是謂林戰. 林戰之法, 率吾矛戟, 相與爲伍. 林間木疎, 以騎爲輔, 戰車居前, 見便則戰, 不見便利止. 林多險阻, 必置衝陣, 以備前後. 三軍疾戰, 敵人雖衆, 其將可走. 更戰更息, 各按其部, 是謂林戰之紀.

2. 돌격전 〔突戰〕

무왕이 태공망에게 물었다.

"적이 승승장구하며 깊숙이 쳐들어와서 우리 땅에서 마구 노략질을 저지르고, 우리 백성들의 소와 말을 몰아 갑니다. 또한 적의 대병력이 아군의 성 밑에까지 몰려들어 왔습니다. 따라서 아군 병사들은 모두 큰 두려움에 사로잡혀 있고 백성들은 줄줄이 꿰어져 적의 포로가 되는 상황입니다. 이런 경우에 아군이 단단하게 지키거나, 싸워서 이기기를 원한다면 어떻게 하여야 합니까?"

태공망이 대답하였다.

"이와 같이 뜻하지 않게 침입해 오는 적을 돌격 부대라고 합니다. 이런 적은 빼앗은 가축을 제대로 먹이지도 못하며, 병사들을 식량도 제대로 조달하지 못하여 오로지 앞으로 진격하는 데에만 정신이 팔려 있습니다.

이 때에 아군은 멀리 떨어져 있는 별동 부대에게 정예병을 뽑아 재빨리 적의 뒤쪽을 습격하게 하고, 결전 날짜를 정하여 각 부대들에게 어둠을 틈타 지시된 집결 장소로 모이게 합니다. 그리하여 부대가 모두 모이면 전군이 떨쳐 일어나 재빠르게 적의 앞뒤에서 맹공격을 펼칩니다. 이렇게 하면 적의 병력이 아무리 많더라도 적을 쳐부수고 적장을 사로잡을 수 있을 것입니다."

무왕이 다시 물었다.

"적이 만일 군대를 서너 개의 부대로 나뉘어, 한편으로는 침입하여 우리의 영토를 빼앗기도 하고 다른 한편으로는 점령 지역에 머물러 있으면서 우리 땅의 소와 말을 빼앗고 있습니다. 그리고 적의 주력 부대가 모두 도착하지 않았는데도 일부의 병력만으로 아군의 성 밑에까지 치달려 와서 아군 병사들이 모두 두려움에 떨고 있다면, 어떻게 하여야 합니까?"

태공망이 대답하였다.

"적의 움직임을 조심스럽게 엿보아서, 아직 적의 주력 부대가 모두 도착하지 않았다면, 수비 태세를 굳히고 기다려야 합니다. 성에서 4리쯤 떨어진 지점에 보루를 쌓고, 징과 북에다 깃발 따위를 줄지어 세우둡니다. 그리고 별동 부대를 매복시킨 다음, 보루 위에는 강력한 쇠뇌를 많이 배치하고, 1백 보마다 아군의 돌격 부대가 출격할 수 있도록 돌문[1]을 하나씩 만들어 두며, 돌문 앞에는 적의 기병이 공격하는 것을 막기 위해서 행마를 설치해 놓습니다. 또한 아군의 전차 부대와 기병 부대는 진영 밖의 양옆에 배치하고, 따로 정예 부대를 성밖에 매복시킵니다.

그런 다음 적이 공격해 오면 가볍게 무장한 부대를 출동시켜 적과 싸우다가 거짓으로 달아나게 하고, 성 위에서는 깃발을 휘날리고 그리고 작은 북 등을 요란스럽게 울리면서 수비가 굳건한 것처럼 보입니다. 이렇게 하면, 적은 아군이 오로지 성만 굳게 지키면서 움츠리고 있을 것이라고 판단하여, 아군의 성 밑에까지 밀고 들어 올 것입니다. 이때 매복하고 있던 아군의 정예 부대가 출동하여 적군의 중심부를 향해 돌격하는가 하면 한편으로 적을 밖에서 공격하며, 이에 호응하여 전군이 재빠르게 출동하여 적의 선두 부대를 공격하기도 하고 적의 후방 부대를 공격하기도합니다. 이렇게 하면 적병들이 아무리 용감하다 하더라도 당황하여 제대로 싸우지 못할 것이며, 아무리 날쌘 병사라고 하더라도 미처 달아나지 못하여 사로잡히고 말 것입니다. 이것을 돌격전이라고 합니다.

---

1. 돌문(突門)은 보루나 성 밖을 향해서 돌출해 나온 문이다. 정확하게 어떤 모습인지는 알 수 없다. 본문의 문맥으로 보아 임시 진지에 목책으로 막아 놓아서 출동할 때 열고 나가는 방식인 듯하다. 본격적인 성곽 건축에서는 호성장(護城墻)과 옹성(甕城)이 바로 돌문의 발전형으로 보인다. 참고로 호성장은 성문 밖을 감싸듯이 기억자나 둥근 형태로 감싸고 세워진 담이다. 적의 충거(衝車)의 공격으로부터 성문을 보호하고, 성문을 자유롭게 여닫으며 들락날락할 수 있는 이점이 있다. 옹성은 호성장을 발전시킨 형식으로 돌출시켜 나온 성벽에서 적을 사방으로 공격할 수 있다. 반원형이 많고 옹기 모양과 비슷하여 이름붙여진 것이다. 성벽에 매달린 적의 등뒤로 갑자기 부대를 출동시켜 무찌를 수 있다.

이 작전을 쓰면, 적의 병력이 아무리 많다 하더라도 적장은 반드시 패배하여 달아나게 됩니다."

무왕은 칭찬하였다.

"참으로 좋은 전술입니다."

武王問太公曰, 敵人深入長驅, 侵掠我地, 驅我牛馬, 其三軍大至, 薄我城下. 吳士卒大恐, 人民係累, 爲敵所虜. 吳欲以守則固, 以戰則勝. 爲之奈何. 太公曰, 如此者謂之突兵, 其牛馬必不得食, 士卒絶糧, 暴擊而前. 令我遠邑別軍, 選其銳士, 疾擊其後. 審其期日, 必會於晦. 三軍疾戰. 敵人雖衆, 其將可虜.

武王曰, 敵人分爲三四, 或戰而侵掠我地, 或止而收我牛馬. 其大軍未盡至, 而使寇薄我城下, 致吳三軍恐懼, 爲之奈何. 太公曰, 謹候敵人, 未盡至則設備而待之, 去城四里而爲壘, 金鼓旌旗, 皆列而張. 別隊爲伏兵. 令我壘上, 多積强弩. 百步一突門, 門有行馬. 車騎居外, 勇力銳士, 隱伏而處. 敵人若至, 使我輕卒合戰而佯走, 令我城上立旌旗, 擊鼙鼓, 完爲守備. 敵人以我爲守城, 必薄我城下. 發吳伏兵, 以衝其內. 或擊其外. 三軍疾戰, 或擊其前, 或擊其後. 勇者不得鬪, 輕者不及走, 名曰突戰. 敵人雖衆, 其將必走, 武王曰, 善哉.

3. 강적과의 전투 [敵强]

무왕이 태공망에게 물었다.

"군대를 이끌고 적지에 깊이 들어가서 적의 돌격 부대[2]와 대치하였는데, 적은 병력이 많고 강하며 아군은 병력이 적고 약한 상황입니다. 그런데 밤의 어둠을 틈탄 적의 습격을 받게 되어 아군은 왼쪽을 공격받기도 하고 오른쪽을 공격받기도 하여, 전군이 두려움에 떨고 있습니다. 이런 경우에 적과 싸워서 이기거나 튼튼하게 수비하려면 어떻게 하여야 합니까?"

태공망이 대답하였다.

"그러한 적을 벼락치듯 두렵게 하는 도적이라고 하여 '진구'라고 부릅니다. 이럴 때에는 적극적으로 적과 싸워야 하며 수비만 해서는 안 됩니다. 재주가 뛰어난 병사, 강력한 쇠뇌를 사용하는 부대, 전차 부대와 기병 부대를 뽑아 왼쪽과 오른쪽 날개로 삼고, 재빨리 출동하여 적의 전방과 후방 부대를 맹렬하게 공격합니다. 또한 적진의 바깥을 치기도 하고 안으로 돌진하기도 합니다. 이렇게 하면 적은 반드시 갈팡질팡하게 되고 적장은 당황하여 어찌할 바를 모르게 됩니다."

무왕이 다시 물었다.

"적군이 멀리서 아군의 진로를 막은 다음 갑자기 아군의 뒤통수를 쳐서, 아군 정예 부대의 출격을 막아 버리고 재주가 뛰어난 병사의 출동할

---

2. 원문은 '충군'(衝軍)이다. 돌격 부대의 이름이다.

길을 끊어버립니다. 그래서 아군의 안팎 사이에 연락이 끊어져 주력 부대가 고립되고 전군이 질서를 잃고 어지러워져, 병사들은 달아날 생각만 하고 적에 맞서 싸우려는 투지가 전혀 없으며, 장수나 장교들은 진지를 굳게 지키려는 의지를 잃게 되었습니다. 이런 경우에는 어떻게 하여야 합니까?"

태공망이 대답하였다.

"참으로 지혜로운 질문이십니다. 그러한 경우에는 장수가 똑똑하고 엄숙하게 명령을 내려야 하고, 적장의 목이라도 들고 올 만큼 용감한 장사들을 선발하여 이들에게 저마다 횃불을 들게 하여 아군의 위세를 드날리게 하고, 두 명이 함께 북을 두드려 우렁차게 울리는 북소리로 사기를 북돋아야 합니다.

그리고 꼭 적진이 있는 곳을 확인하여 뜻하지 않을 때에 적진의 안팎을 공격할 계획을 세웁니다. 그리고 은밀하게 암호를 쓰며 서로의 의견을 나눈 다음 병사들에게 횃불을 끄고 북소리를 그치게 합니다. 그리고 불시에 적진 안팎에서 서로 호응하며 계획에 따라 돌격전을 감행하여, 전군이 일제히 일어나 빠르게 치고 나가면 적군은 반드시 패망하게 됩니다."

무왕은 이 말을 듣고 칭찬하였다.

"매우 좋은 방법입니다."

武王問太公曰, 引兵深入諸侯之地, 與敵人衝軍相當. 敵衆我寡, 敵强我弱. 敵人夜來, 或功吾左, 或攻吾右, 三軍震動. 吾欲以戰則勝, 以守則固, 爲之奈何. 太公曰, 如此者謂之震寇. 利以出戰, 不

可以守. 選吳材士强弩車騎爲左右, 疾擊其前, 急攻其後, 或擊其
表, 或擊其裏. 其卒必亂, 其將必駭.

武王曰, 敵人遠遮我前, 急攻我後, 斷我銳兵, 絶我材士. 吳內外
不得相聞, 三軍擾亂, 皆敗而走. 士卒無鬪志, 將吏無守心, 爲之奈
何. 太公曰, 明哉王之問也. 當明號審令, 出我勇銳冒將之士, 人操
炬火, 二人同鼓. 必知敵人所在, 或擊其表裏. 微號相知, 令之滅火,
鼓音皆止, 中外相應, 期約皆當. 三軍疾戰, 敵必敗亡. 武王曰, 善哉

4. 강력한 적군 〔敵武〕

무왕이 태공망에게 물었다.

"군대를 이끌고 적지에 깊숙이 들어갔는데, 갑자기 적의 주력 부대와
마주쳤습니다. 적은 숫자가 많을 뿐만 아니라 매우 강력하고, 굳센 전차
부대와 날랜 기병 부대가 아군의 좌우 옆을 에워싸고 쳐들어옵니다. 그
래서 아군 병사들은 모두 사기가 꺾여 부들부들 떨며 달아날 생각만 합
니다. 이런 경우에는 어떻게 하여야 합니까?"

태공망이 대답하였다.

"이처럼 처음부터 사기가 꺾여 싸워볼 생각조차 못하는 군대를 '패배
한 군대'라고 합니다. 이러한 경우 용병에 뛰어난 장수는 전세를 뒤집어
승리로 이끌 수 있으나, 그렇지 못한 장수는 그대로 패망하고 맙니다."

무왕이 다시 물었다.

"그러면 어떻게 하여야 합니까?"

태공망이 대답하였다.

"재주가 뛰어난 병사와 강한 쇠뇌로 무장한 병사를 매복시키고, 강력한 전차 부대와 날랜 기병 부대를 좌우 양옆에 배치하되, 언제나 주력 부대와 앞뒤로 3리쯤 떨어져 있게 합니다. 그런 다음 적군이 아군을 추격해오면 곧바로 전차 부대와 기병 부대를 출동시켜 적군의 좌우 양옆을 기습하게 합니다. 이렇게 하면 적은 흩어져서 허둥지둥 어찌할 바를 모르게 되고, 적을 두려워하여 달아나던 아군 병사들은 저절로 발걸음을 멈추고 투지를 되찾게 됩니다."

무왕이 다시 물었다.

"적이 아군의 전차 부대와 기병 부대에게 맞서서 대치하고 있는 상황에서, 적은 병력이 많고 전투력이 강한데 아군은 병력이 적고 전투력이 약한데다가, 적의 정예 부대가 일사불란하게 밀고 들어오고 있어서 아군이 이를 막아낼 엄두도 내지 못하고 있습니다. 이런 경우에는 어떻게 하여야 합니까?"

태공망이 대답하였다.

"이런 경우에는 재주가 뛰어나고 강력한 쇠뇌로 무장한 병사를 뽑아서 좌우에 매복시키고, 전차 부대와 기병 부대로 하여금 진지를 굳건하게 지키면서 적의 침입에 대비하여야 합니다. 적이 아군을 공격하기 위하여 매복 지점으로 들어오면, 때를 놓치지 말고 복병들이 일제히 쇠뇌를 발사하여 양옆에서 공격하고, 전차 부대와 기병 부대, 그리고 정예 부대까지 모두 재빨리 출동시켜 적의 앞뒤를 공격하게 합니다. 이렇게 되면 적의 병력이 아무리 많고 강하더라도 반드시 패배하여 달아나고 말 것입니다."

이 말을 들은 무왕은 몹시 칭찬하였다.

"참으로 좋은 전술입니다."

武王問太公曰, 引兵深入諸侯之地, 卒遇敵人, 甚衆且武. 武車驍騎, 繞我左右. 吾三軍皆震, 走不可止. 爲之奈何. 太公曰, 如此者謂之敗兵. 善者以勝, 不善者以亡.

武王曰, 爲之奈何. 太公曰, 伏我材士强弩, 武車驍騎, 爲之左右, 常去前後三里. 敵人逐我, 發我車騎, 衝其左右. 如此, 則敵人擾亂, 吾走者自止.

武王曰, 敵人興我車騎相當, 敵衆我少, 敵强我弱, 其來整治精銳, 吾陣不敢當. 爲之奈何. 太公曰, 選我材士强弩, 伏於左右, 車騎堅陣而處. 敵人過我伏兵, 積弩射其左右, 車騎銳兵, 疾擊其軍, 或擊其前, 或擊其後. 敵人雖衆, 其將必走. 武王曰, 善哉

5. 산지에서의 오운진법 〔烏雲山兵〕

무왕이 태공망에게 물었다.

"군대를 이끌고 적진 깊숙이 들어가서 높고 밋밋한 바위산에 이르렀는데 산 위에는 우뚝 우뚝 솟은 바위들만 있고 병력을 숨길 만한 풀 한 포기 나무 한 그루조차 없습니다. 이런 지형에 처해 있을 때 사방에서 적이 공격해 와서 우리의 전군이 두려움에 떨면서 갈팡질팡하고 있습니다. 이런 경우에 굳건하게 수비하거나, 싸워서 승리하려면 어떻게 하여야 합니까?"

태공망이 대답하였다.

"전군이 산의 꼭대기에 진을 치면 새가 나무 위 둥지에 깃든 형국이 되어, 적이 에워싸고 공격할 경우 아래쪽으로 내려갈 수가 없습니다. 또 산 아래 골짜기에 진을 치면 감옥에 갇힌 형세가 되어, 적이 공격할 경우 갇혀서 바깥으로 빠져나갈 수가 없습니다. 어쩔 수 없이 산에다 진을 치게 될 경우에는 오운진[3]을 쳐야 합니다.

이 오운진은 산의 양지와 음지에 모두 부대를 배치하여 수비를 철저히 하는 진법입니다. 그래서 음지인 북쪽에 자리잡거나 양지인 남쪽에 자리잡기도 합니다. 예를 들어 기동 부대가 산의 남쪽에 진을 쳤으면 반드시 반대 방향인 북쪽에 대한 대비가 있어야 하고, 산의 북쪽에 진을 쳤으면 반드시 반대 방향인 남쪽에 대한 대비가 있어야 하며, 마찬가지로 산의 왼쪽이나 오른쪽 등 어느 곳에 진을 치더라도 그 반대 방향에 대한 대비를 해야 합니다.

적이 기어올라 올 수 있는 지역에는 밖에다 병력을 배치하여 경계하여야 합니다. 사방으로 통하는 길[4]과 여러 곳으로 뚫려 있는 골짜기의

---

3. 오운진(烏雲陣)은 까마귀가 일정한 규칙 없이 갑자기 모였다가 흩어지는 것처럼, 또 구름이 뭉게뭉게 피어올랐다가 어느새 사라지는 것처럼 고정된 대오나 전투 대형을 취하지 않고 상황에 따라 임기응변으로 대처하는 진법이다. 이 진법은 전차 부대와 기병 부대처럼 기동력이 뛰어난 부대를 중심으로 편성한다.

4. 원문은 '구도'(衢道)이다. 사통팔달(四通八達)로 어느 곳으로든 뻗어 나갈 수 있는 길가를 말한다.『손자』의 「구변」(九變)과 「구지」(九地)에서는 '구지'(衢地)라고 분류하여 똑같이 정의하고 있다. 다만『손자』에서는 이 곳이 이웃의 여러 나라와의 접경지대로서, 먼저 도달한 쪽이 외교 관계를 맺고 어떠한 형태로든 지원을 받게

좁은 길에는 전차를 배치하여 적의 침입을 미리 막아야 합니다. 그리고 깃발을 높이 세우고 전군에 엄명을 내려 보안을 철저히 유지하도록 하여 적이 아군의 움직임을 미리 알아내지 못하게 하여야 합니다. 이것이 바로 산 위의 성곽이라고 할 수 있습니다.

이렇게 전열이 가지런히 안정되고, 병사들이 맡은 임무에 따라 부대의 대형을 잘 이루고, 군법과 명령이 골고루 전달되며, 정규 진술과 기습 작전도 상황에 따라 마련합니다. 그리고 각 부대마다 사무충진을 산의 밖을 향해서 배치하고, 부대는 유리한 지형에 따라 배치하며, 전차 부대와 기병 부대를 나눠서 오운진을 펼칩니다. 그리고 전투가 벌어지면 전군이 재빨리 힘을 모아 격렬하게 반격을 가합니다. 이렇게 하면 적의 병력이 아무리 많다 하더라도 적을 쳐부수고 적장을 사로잡을 수 있습니다."

武王問太公曰, 引兵深入諸侯之地, 遇高山磐石, 其上亭亭, 無有草木, 四面受敵. 吳三軍恐懼, 士卒迷惑. 吳欲以守則固, 以戰則勝. 爲之奈何.

太公曰, 凡三軍處山之高, 則爲敵所棲, 處山之下, 則爲敵所囚. 旣以被山而處, 必爲烏雲之陣 烏雲之陣, 陰陽皆備. 或屯其陰, 或屯其陽. 處山之陽, 備山之陰. 處山之陰, 備山之陽. 處山之左, 備山之右. 處山之右, 備山之左. 敵所能陵者, 兵備其表, 衢道通谷,

---

되는 지역이라고 정의하였다.

絶以武車. 高置旌旗, 謹勑三軍, 無使敵人知吾之情, 是謂山城. 行
列已定, 士卒已陣, 法令已行, 奇正已設, 各置衝陣於山之表, 便兵
所處. 乃分車騎爲烏雲之陣. 三軍疾戰, 敵人雖衆, 其將可擒.

6. 습지에서의 오운진법 〔烏雲澤兵〕

무왕이 태공망에게 물었다.

"군대를 이끌고 적지 깊숙이 들어가 강물을 사이에 두고 적과 대치
하였습니다. 그런데 적은 보급품이 넉넉하고 병력이 많고, 반대로 아군
은 보급품이 모자라고 병력도 적습니다. 따라서 아군이 강을 건너서 선
제 공격을 하려 해도 병력이 적어서 진격할 수 없고, 날짜를 질질 끌며
지구전을 시도하려 해도 식량이 모자랍니다. 더구나 소금기가 많은 불
모지에 주둔해 있어서 주위에는 마을도 없고 풀 한 포기 나무 한 그루
도 자라지 않습니다. 그래서 아군이 물자를 징발하려고 해도 구할 수
없고 소와 말을 먹일 풀조차 없습니다. 이런 경우에는 어떻게 하여야
합니까?"

태공망이 대답하였다.

"전군이 적을 막을 아무런 대비도 없고, 병사들에게 먹일 식량도 없
으며, 말과 소에게 먹일 풀조차 없는 상황에서 적과 싸우는 것은 매우
불리합니다. 이런 경우에는 기회를 틈타 어떤 수단과 계략을 써서라도
적을 속이고, 재빨리 그 곳을 빠져나오는 것이 상책입니다. 또한 군대가
빠져나갈 때에는 뒤쪽에 부대를 매복시켜, 철수하는 아군을 적이 쫓아

오지 못하게 대비하여야 합니다."

무왕이 다시 물었다.

"계략으로 적을 속이려 해도 속아넘어가지 않고 오히려 아군의 병사들이 당황하여 갈팡질팡하고 있으며, 더구나 적은 당황하는 아군을 앞뒤에서 공격해오고 있습니다. 이에 아군이 패배하여 달아나게 될 경우에는 어떻게 하여야 합니까?"

태공망이 대답하였다.

"그런 경우에 아군의 탈출로를 확보하기 위해서는 적의 사신에게 금은이나 보물 등을 뇌물로 주는 방법을 주로 씁니다. 그리하여 적의 사신을 매수하여 정보를 빼내거나 역이용하여야 합니다. 이 때에는 기밀을 철저히 지켜 적이 눈치채지 못하게 하는 것이 무엇보다 중요합니다."

무왕이 다시 물었다.

"적이 아군의 매복 작전을 눈치채고, 주력의 대군은 강을 건너오지 않고 따로 부대장을 세워 별동 부대로 하여금 강을 건너 아군을 공격하게 합니다. 이에 병사들이 두려움에 떨고 있다면 어떻게 하여야 합니까?"

태공망이 대답하였다.

"그런 경우에는 네 부대로 나누어 사무충진을 펼치며 유리한 지형에 공격부대를 배치하고, 적의 별동 부대가 모두 강을 건너기를 기다렸다가 복병을 출동시켜 적의 등뒤를 급습하게 하고, 강력한 쇠뇌로 무장한 병사들이 좌우에서 일제히 쇠뇌를 퍼붓게 합니다. 또한 전차 부대와 기병 부대로 오운진을 펼치며 앞뒤에서 주력 부대를 엄호하면서 대비하게 합니다. 그리고 전군이 회오리바람처럼 몰아쳐 공격합니다.

이렇게 하면 적의 주력 부대는 강을 건너온 별동 부대가 아군과 혈전을 벌이는 것을 보고, 반드시 전군을 총동원하여 강을 건너서 가세할 것입니다. 이 때 따로 매복시켜 두었던 복병을 출동시켜 주력 부대의 뒤쪽을 재빨리 공격하고, 전차 부대와 기병 부대는 적의 좌우 옆쪽을 부수어 버립니다. 이렇게 하면, 적의 병력이 아무리 많다 하더라도 반드시 패배하고 적장은 꽁무니를 빼고 달아나고 말 것입니다.

용병술에서 크게 중요한 점은 적을 맞아 싸울 때 반드시 사방을 든든히 하는 사무충진을 펼치고 지형 지물을 이용하여 적절하게 병력을 배치하여 진형을 다집니다. 그런 다음 전차 부대와 기병 부대로 편성된 오운진을 펼쳐서 기습 전술을 적절히 활용하는 것입니다. 이 오운진은 수레와 말의 기동력을 최대한 이용하여, 나는 새나 흐르는 구름처럼 재빨리 흩어지기도 하고 모이기도 하면서 끊임없이 변화하므로 이러한 이름이 붙여진 것입니다."

이 말을 들은 무왕은 칭찬하였다.

"참으로 좋은 전술입니다."

武王問太公曰, 引兵深入諸侯之地, 與敵人臨水相拒. 敵富而衆, 我貧而寡. 踰水擊之, 則不能前. 欲久其日, 則糧食少. 吳居斥鹵之地, 四旁無邑, 又無草木. 三軍無所掠取, 牛馬無所芻牧. 爲之奈何. 太公曰, 三軍無備, 牛馬無食. 士卒無糧, 如此者, 索便詐敵而亟去之, 設伏兵於後.

武王曰, 敵不可得而詐, 吳士卒迷惑, 敵人越我前後, 吳三軍敗而走. 爲之奈何. 太公曰, 求途之道, 金玉爲主, 必因敵使, 精微爲寶.

武王曰, 敵人知我伏兵, 大軍不肯濟, 別將分隊, 以踰於水. 吳三軍大恐. 爲之奈何. 太公曰, 如此者, 分爲衝陣, 便兵所處. 須其畢出, 發我伏兵, 疾擊其後. 强弩兩旁, 射其左右. 車騎分爲烏雲之陣, 備其前後, 三軍疾戰. 敵人見我戰合, 其大軍必濟水而來. 發我伏兵, 疾擊其後, 車騎衝其左右, 敵人雖衆, 其將可走.

凡用兵之大要, 當敵臨戰, 必置衝陣, 便兵所處. 然後以車騎分爲烏雲之陣, 此用兵之奇也. 所謂烏雲者, 烏散而雲合, 變化無窮者也. 武王曰, 善哉.

7. 열세의 극복 〔少衆〕

무왕이 태공망에게 물었다.

"적은 수의 아군 병력으로 많은 수의 적군을 공격하고, 약한 군사력으로 강한 적을 공격하려고 할 경우에는 어떻게 하여야 합니까?"

태공망이 대답하였다.

"적은 수의 병력으로 많은 수의 적을 공격하려면 반드시 어두운 밤을 틈타 풀숲이 우거진 곳에 부대를 매복시켰다가 좁은 길목에서 적을 요격하여야 합니다. 또 약한 군사력으로 강한 적을 공격하려면 반드시 큰나라의 협조와 이웃 나라의 도움을 얻어야 합니다."

무왕이 다시 물었다.

"아군이 진을 친 곳에 풀숲이 우거진 곳이나 적을 요격할 만한 좁은 길목도 없고, 또한 적이 먼저 도착해 있는데다가 습격할 만한 밤중도 아니며, 더구나 큰 나라의 협조나 이웃 나라의 도움조차 없을 경우에는 어떻게 하여야 합니까?"

태공망이 대답하였다.

"이러한 경우에는 아군의 병력을 과장해 보이고, 기만술로 적을 꾀어내기도 하면서 적장을 어리둥절하게 만듭니다. 그리고 적의 진로를 멀리 돌아가도록 꾀어서 풀숲이 우거진 곳을 지나가도록 만들고, 시간을 질질 끌어서 한밤에 그 곳을 지나가도록 만듭니다. 또한 적의 선두 부대가 아직 강을 다 건너지 못하였고, 후방 부대가 미처 진지로 돌아가지 못하였을 때를 노려서 매복해 놓았던 복병을 출동시켜 적의 좌우 양옆을 맹렬하게 공격하며, 전차 부대와 기병 부대는 적의 앞뒤를 마구 헤집어 놓습니다. 이와 같이 하면, 적의 병력이 아무리 많다 하더라도 적을 모두 물리칠 수 있습니다.

약한 군사력으로 강한 적을 공격하려면, 반드시 외교적인 노력에 힘을 기울여야 합니다. 큰 나라의 군주를 잘 받들고 이웃 나라의 훌륭한 인물을 예우하여, 선물을 후하게 보내고 말을 공손히 낮추어야 합니다. 이렇게 하면 큰 나라의 협조와 이웃 나라의 지원을 얻을 수 있습니다."

무왕은 이 말을 듣고 매우 칭찬하였다.

"매우 좋은 생각입니다."

武王問太公曰, 吾欲以少擊衆, 以弱擊强, 爲之奈何. 太公曰, 以少擊衆者, 必以日之暮, 伏於深草, 要之隘路. 以弱擊强者, 必得大國之與, 隣國之助.

武王曰, 我無深草, 又無隘路, 敵人已至, 不適日暮, 我無大國之與, 又無隣國之助. 爲之奈何.

太公曰, 妄張詐誘, 以熒惑其將, 迂其途, 令過深草, 遠其路, 令
會日暮. 前行未渡水, 後行未及舍, 發我伏兵, 疾擊其左右, 車騎擾
亂其前後, 敵人雖衆, 其將可走. 事大國之君, 下隣國之士, 厚其幣,
卑其辭. 如此, 則得大國之與, 隣國之助矣, 武王曰, 善哉.

8. 험지 작전 〔分險〕

무왕이 태공망에게 물었다.

"군대를 이끌고 적지에 깊숙이 진격하여 험하고 깎아지른 듯한 곳에
서 적과 맞부딪쳤습니다. 이때 아군의 왼쪽은 산으로, 오른쪽은 물로
막혀 있으며, 적진의 오른쪽은 산으로, 왼쪽은 물로 막혀 있어, 적군과
아군이 함께 험한 곳을 둘로 나눠서 서로 맞서고 있는 상황입니다. 이
런 경우에 굳건하게 수비를 하거나 싸워서 이기려면 어떻게 하여야 합
니까?"

태공망이 대답하였다.

"산의 왼쪽에 진을 쳤을 경우에는 빨리 산의 오른쪽을 굳게 지키고,
산의 오른쪽에 진을 쳤을 경우에는 곧바로 산의 왼쪽을 굳게 지켜야 합
니다. 지세가 험한 지역에서 큰 강을 만났을 경우, 배와 노가 없다면, 거
룻배인 천황을 이용하여 전군을 건너게 합니다. 그리고 먼저 강을 건넌
부대는 머뭇거리지 말고 아군의 통행로를 최대한 넓히고, 전투하기에
편리하도록 만들어야 합니다. 또한 무충의 전차 부대를 앞뒤에 배치하
고, 강력한 쇠뇌로 무장한 부대를 적의 앞쪽에 줄지어 서서 진지의 태세

를 굳건하게 만듭니다. 사방 어느 곳으로 통하는 길목이나 골짜기 어귀에는 무충의 전차를 가로막고, 진지 안에는 깃발을 높이 세워 놓습니다. 이것을 군성[5]이라고 부릅니다.

험한 지역에서 싸울 경우, 무충 전차를 최전방에 배치하고, 무익이라 부르는 큰 방패로 옆을 지키게 하며, 뛰어난 정예 병사와 쇠뇌로 무장한 부대를 좌우 양옆에 배치합니다. 그리고 보병을 3,000명 단위로 하나의 둔[6]을 편성하여, 각 둔의 진지마다 사무충진을 펼치고 부대들을 유리한 지형에 따라 배치합니다.

그리고 좌군은 왼쪽의 적을 맡고 우군은 오른쪽의 적을 맡으며 중군은 적의 심장부를 맡은 다음에 때가 되면 삼군이 일제히 떨쳐 일어나 진격하게 합니다. 그리고 전투를 치른 부대는 진지로 돌아와 쉬게 하고, 진지에서 쉰 부대는 다시 전투에 투입합니다. 이렇게 휴식과 전투를 교대로 한다면 반드시 적을 쳐부술 수 있습니다."

무왕은 다 듣고는 이렇게 칭찬하였다.

"매우 좋은 전술입니다."

武王問太公曰, 引兵深入諸侯之地, 與敵人相遇於險阨之中, 吾左山而右水, 敵右山而左水, 與我分險相拒. 吾欲以守則固, 以戰則勝, 爲之奈何. 太公曰, 處山之左, 急備山之右, 處山之右, 急備山之左. 險有大水, 無舟楫者, 以天潢濟吾三軍. 已濟者, 亟廣吾道,

---

5. 원문은 '군성'(軍城)이다. 전차를 이어서 만든 임시 보루나 진지를 뜻한다.
6. '둔'(屯)은 한 곳에 주둔하는 진(陣)의 크기를 뜻한다.

以便戰所. 以武衝爲前後, 列其强弩, 令行陣皆固. 衢道谷口, 以武衝絶之. 高置旌旗, 是爲軍城.

凡險戰之法, 以武衝爲前, 大櫓爲衛, 材士强弩, 翼吳左右. 三千人爲一屯, 必置衝陣, 便兵所處. 左軍以左, 右軍以右, 中軍以中, 竝攻而前. 已戰者, 還歸屯所, 更戰更息, 必勝乃已. 武王曰, 善哉.

견 도(犬 韜)

개(犬)는 영리하고 충성스런 동물로서, 사람에게 순화된 이래 사냥의 도구로 사용되었다. 잘 뛰면서 어려움을 잘 피할 줄 아는 개의 특성을 본따 편명으로 삼은 것이다.

이 편에서는 군대의 분산과 집결, 교육 훈련, 그리고 보병·기병·전차 부대의 편성과 활용에 대하여 자세히 말하고, 실제로 전투가 벌어지게 되면 저마다 다른 부대의 특성에 따라 각각 다른 지휘 방법을 구사해야 한다는 것을 아울러 말하고 있다.

1. 분산과 집중 [分合]

무왕이 태공망에게 물었다.

"군주가 전군을 이끌고 출정하였는데, 병력이 여러 곳에 나뉘어 배치되어 있습니다. 이에 장수가 전 병력을 집결지에 모두 모아 놓고 적과 싸우기 위해서, 병사들이 지정된 기일에 정확히 집결하면 상을 받을 것이고 그렇지 못하면 벌을 받을 것이라는 서약을 받아내려고 합니다. 어떻게 하여야 합니까?"

태공망이 대답하였다.

"군대를 움직일 때에는 장수가 전군의 병력을 분산시키거나 집중시키는 변화를 상황에 따라 능수능란하게 할 수 있어야 합니다. 전군을 모두 출동시켜 전투를 벌여야 할 때에는 총대장이 먼저 싸울 곳과 싸울 날짜를 결정한 다음, 부대의 모든 지휘관들에게 통지하여 싸울 날짜를 알려주고 성을 공격하고 마을을 에워쌀 때에 저마다 지정된 집결 장소와 시간에 어김없이 모이도록 합니다. 이 때에 장수는 반드시 전투가 시작되는 날짜뿐만 아니라 시간까지도 정확히 알려 주어야 합니다.

그리하여 명령을 전달하고 나면 총대장은 집결지에 진영을 설치하고, 푯말이 되는 기둥을 군문[1]에다 세우고, 길을 깨끗이 치우고 각 부대가 도

---

1. 원문은 '원문'(轅門)이다. '원'이란 수레 앞에서 말 사이를 연결하는 양쪽에 달린 긴 끌채를 말한다. '원문'이란 수레를 세워서 끌채를 위로 향하게 해서 만든 문이다. 옛날 천자가 지방을 시찰하거나 군사를 훈련시키는 순수(巡狩)와 전렵(田獵)을 실시하다가, 험준한 곳에 머물 때에 수레를 이용하여 울타리를 치고 두 바퀴와 끌채를 이용해서 출입문을 만든 데에서 유래하였다. 후대에는 행정을 담당하는 관청의 바깥문이

착하기를 기다립니다. 여러 지휘관들이 부대를 이끌고 도착하면, 도착한 순서를 견주어 봅니다. 그리하여 약속보다 먼저 도착한 부대의 지휘관에게는 포상을 하고, 늦게 도착한 부대의 지휘관은 목을 베어버립니다.

이렇게 포상과 처벌을 엄격하게 시행하면 거리가 멀고 가까운 것을 가리지 않고 앞다투어 모든 부대가 함께 모여들어 힘을 모아서 적과 싸울 수 있습니다."

武王問太公曰, 王者帥師, 三軍分爲數處, 將欲期會合戰, 約誓賞罰, 爲之奈何. 太公曰, 凡用兵之法, 三軍之衆, 必有分合之變. 其大將先定戰地戰日, 然後移檄書與諸將吏期, 攻城圍邑, 各會其所, 明告戰日, 漏刻有時. 大將設營而陳, 立表轅門, 淸道而待. 諸總吏至者, 校其先後, 先期至者賞, 後期至者斬. 如此, 則遠近奔集, 三軍俱至, 幷力合戰.

2. 승기 포착 〔武鋒〕

무왕이 태공망에게 물었다.

"용병술의 요점은 굳센 전차 부대와 날쌘 기병대, 그리고 목숨을 걸

나 군대를 지휘하는 장수의 진영에 달린 문을 가리키게 되었다. 그래서 군문(軍門)이나 영문(營門)이라고도 부른다.

고 적진에 뛰어 드는 돌격대[2]와 정예 병사로 이루어진 선봉 부대[3] 등을 확보해 두었다가, 딱 알맞은 기회를 만나면 곧바로 공격하는 데 있다고 합니다. 딱 알맞은 공격의 기회란 어느 때입니까?"

태공망이 대답하였다.

"적을 공격하려면 적의 14가지 색다른 변화를 주의 깊게 살펴보아야 합니다. 그 가운데 1가지라도 변화가 발견되면, 그 기회를 놓치지 말고 공격을 단행하여야 합니다. 이렇게 하면 적은 반드시 패배하게 됩니다."

무왕이 다시 물었다.

"주의 깊게 살펴야 할 적군의 14가지 변화가 무엇인지 알려주시겠습니까?"

태공망이 대답하였다

"적군이 이제 막 집결지에 모여서 미처 전투 대형을 갖추지 못한 상태라면 공격해도 좋습니다. 적의 병사와 말이 굶주려 있는 상태라면 공격해도 좋습니다. 하늘의 기상 조건이 적에게 불리한 상태라면 공격해도 좋습니다. 적이 주위의 지형에 밝지 못해서 험난한 지형이나 늪지대 속에서 곤란을 겪고 있는 상태라면 공격해도 좋습니다.

적군이 허둥지둥 달려와서 숨이 차 헐떡거리고 있다면 공격해도 좋습

---

2. 원문은 '치진'(馳陣)이다. 원래는 각 부대 사이의 교섭이나 응원을 위해서 진지 사이를 동분서주하는 기병 부대를 말한다. 학자에 따라서는 단기(單騎) 또는 몇 기의 기병이 적진에 뛰어들어가 파죽지세(破竹之勢)로 돌파해 나가는 돌격 부대로 보기도 한다.
3. 원문은 '선봉'(選鋒)이다. '선봉'은 무예가 뛰어나고 용맹스런 정예 병사를 뽑아서 조직한 선봉 부대이다.

니다. 적이 경계를 게을리 하며 마음을 놓고 있다면 공격해도 좋습니다. 적의 병사들이 몹시 피로한 상황이면 공격해도 좋습니다. 적의 장수가 부하들과 떨어져 있는 상황이면 공격해도 좋습니다. 적이 먼 거리를 행군해 와서 앞뒤 부대끼리 서로 도와 줄 수 없는 상태라면 공격해도 좋습니다.

강을 건널 때에 적의 선두 부대는 다 건너고 후방 부대는 건너지 못해서 서로 호응하지 못한 상태라면 공격해도 좋습니다. 적이 아무 겨를이 없을 정도로 바빠서 아직 대오가 정돈되지 못한 상태라면 공격해도 좋습니다. 적이 험한 땅이나 좁고 길다란 길목을 통과하느라 병사들의 힘이 부친 상태라면 공격해도 좋습니다. 적장이 제대로 군기를 잡지 못하여 대오가 어지러운 상태라면 공격해도 좋습니다. 적의 병사들이 공포에 떨며 사기가 땅에 떨어진 상태라면 공격해도 좋습니다."

武王問太公曰, 凡用兵之要, 必有武車驍騎馳陣選鋒, 見可則擊之. 如何而可擊, 太公曰, 夫欲擊者, 當審察敵人十四變. 變見則擊之, 敵人必敗.

武王曰, 十四變可得聞乎. 太公曰, 敵人新集可擊. 人馬未食可擊. 天時不順可擊. 地形未得可擊. 奔走可擊. 不戒可擊. 疲勞可擊. 將離士卒可擊. 涉長路可擊. 濟水可擊. 不暇可擊. 阻難狹路可擊. 亂行可擊. 心怖可擊.

3. 정예병의 선발 〔練士〕

무왕이 태공망에게 물었다.

"병사들을 선발하여 훈련시키려면 어떻게 하여야 합니까?"

태공망이 대답하였다.

"병사들 가운데 용기가 하늘을 찌르고 죽음조차 두려워하지 않으며 싸움터에서 입은 상처를 기쁨으로 여기는 자들을 모아서 하나의 부대[4]를 만들고, 적의 칼날조차 무릅쓰는 용사라고 부릅니다.

날래고 날카로운 기운이 넘치고, 씩씩하고 용맹스러우며, 강인하고 사나운 자들을 모아서 하나의 부대를 만들고, 적진을 무너뜨리는 용사라고 부릅니다.

용모가 매우 잘나고 긴 칼을 잘 쓰며, 제식 훈련[5]에 뛰어나고 전열을 가지런하게 행진할 수 있는 자들을 모아서 하나의 부대를 만들고, 용맹하고 날쌘 용사라고 부릅니다.

다리 힘이 강해서 높이뛰기를 잘하고, 쇠갈고리를 맨 손으로 곧게 펼치고, 매우 굳세고 괴력이 있어서 적진에 뛰어들어 징과 북을 부수고 깃

---

4. 원문은 '졸'(卒)이다. 고대의 군대 편제를 가리키는데, 대략 100명 정도의 작은 부대 단위이다.

5. 원문은 '접무'(接武)이다. 종무(踵武)와 같은 말로 본래는 발꿈치를 이어 나간다는 뜻에서 발걸음을 이어 나간다 또는 행진한다는 말이 되었다. 여기서 '무'는 굳세다 또는 병사를 뜻하는 말이 아니라 온전한 한 걸음의 절반, 즉 반보(半步)를 뜻한다. 참고로 온전한 한 걸음인 '보'(步)는 6자에서 6자 4치 정도인데, 반 걸음인 '무'는 3 자에서 3자 2치 정도의 짧은 길이를 뜻한다. 그래서 '보무당당'(步武堂堂)이라는 말은 걸음걸이 정도의 보폭을 맞춰가며 씩씩하게 행진한다는 뜻이다.

발을 뽑아 찢을 수 있는 자들을 모아서 하나의 부대를 만들고, 용맹하고 힘이 넘치는 용사라고 부릅니다.

높은 데로 뛰어오를 수 있고, 먼 거리를 단숨에 뛰어갈 수 있으며, 발이 날래서 재빨리 달리는 자들을 모아서 하나의 부대를 만들고, 사납고 재빠른 용사라고 부릅니다.

높은 벼슬자리에 있다가 물러난 자로 전공을 세워 다시 높은 자리에 오르고 싶어하는 자들을 모아서 하나의 부대를 만들고, 죽음도 무릅쓰는 용사라고 부릅니다.

전사한 장교의 아들이나 동생으로서 아버지나 형의 원수를 갚기 위하여 복수심에 불타는 자들을 모아서 하나의 부대를 만들고 복수심을 품고 있는 용사라고 부릅니다.

가난에 한을 품고 어떻게든 전공을 세워 부귀하겠다는 뜻을 이루겠다는 자들을 모아서 하나의 부대를 만들고, 필사의 각오로 싸우는 용사라고 부릅니다.

일찍이 데릴사위[6]가 되거나 포로가 되어 수치를 입었던 사람으로 전공을 세워 과거의 부끄러움을 씻으려는 자들을 선발하여 하나의 부대를 만들고, 완고하고 둔한 성품을 채찍질하여 단련된 정예 용사라고 부릅니다.

---

6. 원문은 '췌서'(贅壻)이다. 결혼하여 여자 집에 들어가 사는 남자로, 중국 고대에는 매우 부끄러운 일이었다.

7. 원문은 '서미'(胥靡)이다. 범죄를 저질러서 도역(徒役), 바로 강제 노동으로 죄값을 치른 형도(刑徒)를 말한다. 죄를 짓고 감옥에서 복역한 자라고 푸는 것은 당시 감옥이 수감 기능보다는 처벌 기능이 중심이었음을 따져 볼 때 오해의 소지가 있다.

죄를 짓고 죄 값을 치렀거나[7] 신체에 대한 처벌을 면제[8]받은 사람들 가운데 전공을 세워서 과거의 치욕을 씻으려는 자들을 모아서 하나의 부대를 만들고, 다행히 치욕을 씻을 기회를 갖게 된 용사라고 부릅니다.

남보다 뛰어난 재능과 기능을 지니고 있으며, 또 무거운 짐을 등에 지고 먼 길을 갈 수 있는 자들을 모아서 하나의 부대를 만들고, 언제든지 능력을 발휘하기 위해서 윗사람의 명령을 기다리는 용사라고 부릅니다.

위에서 말한 것들이 정예 병사를 뽑아서 뛰어난 용사로 훈련시키는 방법입니다. 장수는 이것을 늘 마음에 두고 밝게 살피지 않으면 안 됩니다."

武王問太公曰, 練士之道奈何. 太公曰, 軍中有大勇力, 敢死樂傷者, 聚爲一卒, 名曰冒刃之士. 有銳氣壯勇强暴者, 聚爲一卒, 名曰陷陣之士. 有奇表長劍, 接武齊列者, 聚爲一卒, 名曰勇銳之士. 有披距伸鉤, 强梁多力, 潰破金鼓, 絶滅旌旗者, 聚爲一卒, 名曰勇力之士. 有踰高絶遠, 輕足善走者, 聚爲一卒, 名曰寇兵之士. 有王臣失勢, 欲復見功者, 聚爲一卒, 名曰死鬪之士. 有死將之人子弟, 欲爲其將報仇者, 聚爲一卒, 名曰死憤之士. 有貧窮忿怒, 欲快其志者, 聚爲一卒, 名曰必死之士. 有贅壻人虜, 欲掩迹揚名者, 聚爲一卒, 名曰勵鈍之士. 有胥靡免罪之人, 欲逃其恥者, 聚爲一卒, 名曰

8. 원문은 '면죄'(免罪)이다. 앞의 '서미'가 강제 노동으로 죄 값을 치른 자라면, '면죄'
    는 발꿈치를 잘라내 걷지 못하게 만드는 월형(刖刑)이나 무릎 아래를 잘라내 기어
    다니게 만드는 비형(剕刑)을 면한 자이다. 처벌을 면하여 온전한 몸을 유지하는 대
    신 전투에 참가하여 죄값을 대신하려는 자이다.

幸用之士. 有材技兼人, 能負重致遠者, 聚爲一卒, 名曰待命之士.
此軍之練士, 不可不察也.

4. 전투 훈련 〔教戰〕

무왕이 태공망에게 물었다.

"전군을 모아 전투 훈련을 실시하려면 어떻게 하여야 합니까?"

태공망이 대답하였다.

"전군을 이끌려면 징과 북을 사용하는 절도를 잘 지켜서, 징을 울리면 병사들이 다함께 행군을 멈추고, 북을 울리면 일제히 나아가 싸우도록 해야 합니다. 그것은 병사들을 가지런히 잘 통제하기 위한 것입니다. 장수가 전투 훈련을 실시하려면 반드시 먼저 장교와 병사들에게 훈련 내용을 분명히 알리고, 세 번씩 거듭 명령을 내리면서 무기를 다루는 법, 전진하고 후퇴하는 제식 훈련, 그리고 깃발 종류와 신호에 따라 동작을 바꾸는 법 등을 가르칩니다.

그러므로 장교와 병사에게 가르칠 때에는 먼저 1명씩 전법을 가르쳐 그 1명이 교육을 마치면, 다시 10명을 모아서 가르칩니다. 그리고 이들 10명의 교육을 마치면, 다시 100명을 모아서 가르칩니다. 그리고 100명의 교육을 마치면, 다시 1,000명을 모아서 가르칩니다. 그리고 1,000명의 교육을 마치면, 다시 10,000명을 모아 가르칩니다. 마찬가지로 10,000명의 교육을 마치면, 마지막으로 37,500명인 삼군 전체 병사들에게 대규모 전투 훈련을 실시합니다. 삼군의 대규모 전투 훈련을 마치면 똑같은 방법으로 백만 대군에게도 훈련을 시킵니다. 이렇게 대군을 충분히 훈련시켜 통솔하면 천하에 위엄을 떨칠 수 있습니다."

그 말을 듣고서 무왕이 이렇게 칭찬하였다.

"매우 좋은 방법입니다."

武王問太公曰, 合三軍之衆, 欲令士卒服習敎戰之道, 奈何.

太公曰, 凡領三軍, 必有金鼓之節, 所以整齊士衆者也. 將必先明告吏士, 申之以三令, 以敎操兵起居旌旗指麾之變法. 故敎吏士, 使一人學戰, 敎成, 合之十人. 十人學戰, 敎成, 合之百人. 百人學戰, 敎成, 合之千人. 千人學戰, 敎成, 合之萬人. 萬人學戰, 敎成, 合之三軍之衆. 大戰之法, 敎成, 合之百萬之衆. 故能成其大兵, 立威於天下. 武王曰, 善哉.

5. 기동 부대의 활용 〔均兵〕

무왕이 태공망에게 물었다.

"전차 부대가 보병 부대와 싸울 경우, 전차 1대가 보병 몇 명에 해당하는 역할을 할 수 있습니까? 또 기병 부대가 보병 부대와 싸울 경우, 기마병 1기는 보병 몇 명에 상응하는 역할을 할 수 있습니까? 그리고 전차부대와 기병 부대가 싸울 경우, 전차 1대는 기병 몇 기에 상응하는 역할을 할 수 있습니까?"

태공망이 대답하였다.

"전차는 군대의 양 날개[9]와 같은 것입니다. 적의 굳건한 진지를 무너뜨리고 강력한 적을 요격하며, 달아나는 적을 가로막습니다. 기마병은 적의 빈틈을 노려 기습하는 군대의 기동 부대[10]와 같은 것입니다. 달아나는 적을 바짝 뒤쫓고, 적의 식량 보급로를 끊어버리며, 공격 기회를 노리고 있는 적의 기습 부대[11]를 요격하여 아군의 안전을 꾀합니다.

그러므로 이러한 전차와 기마병의 특성을 상황에 맞게 적절히 사용하지 못한다면, 보병 1명의 힘조차도 당해내지 못합니다. 그러나 전군이 전투 대형을 완전히 갖추고 적과 싸운다면, 드넓은 평지일 때 전차 1대가 보병 80명을 당해내고, 보병 80명이 전차 1대를 당해냅니다. 그리고 기병 1기가 보병 8명을 당해내며, 보병 8명이 기병 1기를 당해냅니다. 또한 전차 1대가 기병 10기를 당해내고, 기병 10기가 전차 1대를 당해냅니다.

지형이 험한 곳일 때에 전차 1대가 보병 40명을 당해내고, 보병 40명이 전차 1대를 당해 냅니다. 그리고 기병 1기가 보병 4명을 당해내며, 보병 4명은 기병 1기를 당해 냅니다. 또한 전차 1대가 기병 6기를 당해

---

9. 원문은 '우익'(羽翼)이다. 새의 날개는 날아 오르게 만드는 기능이 있는가 하면, 한편으로 몸을 보호하는 기능을 갖고 있다. 전차도 부대의 양옆에 배치하여 빠른 기동력을 발휘하며 적을 공격하기도 하지만, 옆에서 기습하는 적을 막아서 보호하기도 한다.

10. 원문은 '사후'(伺候)이다. 본래는 적에 대한 정탐 및 정보 수집만을 가리키는 뜻이었다. 발전하여 적의 실정을 엿보다가 허술한 빈틈을 포착하면 재빨리 목표물을 공격하는 부대를 가리킨다.

11. 원문은 '편구'(便寇)이다. 호시탐탐 아군의 빈틈을 노려 습격하려는 적의 강력한 기습 부대를 날랜 도적떼에 견주어 부른 것이다.

내고, 기병 6기가 전차 1대를 당해 낼 수 있습니다.

전차병과 기마병은 군대의 중요한 전투력입니다 그러므로 전차 10대로써 적의 보병 1천 명을 물리치고, 전차 100대로써 적의 보병 10,000명을 물리칠 수 있으며, 기병 10기로써 적의 보병 100명을 달아나게 만들고, 기병 100기로써 적의 보병 1,000명을 달아나게 만들 수 있습니다. 이것이 전차와 기병 및 보병 사이의 전투력의 비율입니다."

무왕이 다시 물었다.

"전차 부대와 기병 부대는 몇 명의 장교가 있어야 하며, 포진하는 방법은 어떻습니까?"

태공망이 대답하였다.

"전차 부대에 필요한 장교의 수는 전차 5대에 '장'이라는 장교 1명, 10대에 '이'라는 장교 1명, 50대에 '솔'이라는 장교 1명, 1백 대에 '장수'[12] 1명을 둡니다. 평탄한 평야에서 전투할 때는 5대의 전차를 1열로 하고, 앞뒤의 간격은 40보, 왼쪽과 오른쪽의 간격은 10보, 부대와 부대 사이의 간격은 60보가 되도록 배치합니다.

험한 산지에서 싸울 때는 전차는 반드시 길을 따라 움직여야 합니다. 그리고 전차 10대를 1'취'라는 단위로, 20대를 1'둔'이라는 단위로 편성하되, 앞뒤의 간격은 20보, 왼쪽과 오른쪽의 간격은 6보, 부대와 부대 사이의 간격은 36보가 되게 합니다. 전차 5대에 1명의 장을 두고, 각 전차부대는 가로 세로로 1리의 간격을 유지하며, 전투가 끝나면 일단 거

---

12. '장'(長), '이'(吏), '솔'(率), '장수'[將]는 지휘관인 장교의 계급을 가리키는 말인데, 각각의 계급 이름이 무슨 뜻인지 정확히 알 수 없다.

쳐온 길을 따라 돌아가게 합니다.

기병 부대에 필요한 장교의 수는 기병 5기에 장 1명, 10기에 이 1명, 100기에 솔 1명, 200기에 장군 1명을 둡니다. 평탄한 평야에서 싸울 때에는 5명의 기병을 1열로 하고, 앞뒤의 간격은 20보, 왼쪽과 오른쪽의 간격은 4보, 부대와 부대 사이의 간격은 50보가 되도록 합니다.

지형이 험한 곳에서 싸울 때에는 앞뒤의 간격은 10보, 왼쪽과 오른쪽의 간격은 2보, 부대와 부대 사이의 간격은 25보가 되도록 합니다. 또한 기병 30기를 1둔, 60기를 1'배'[13]라는 단위로 편성하고, 10기마다 이 1명씩을 두며 각 기병 부대는 가로 세로로 100보의 간격을 유지하게 합니다. 일단 적진에 뛰어들어 싸운 다음에는 다시 본래 위치로 재빨리 돌아와야 합니다."

이 말을 듣고 무왕은 칭찬하였다.

"매우 좋은 작전입니다."

武王問太公曰, 以車與步卒戰, 一車當幾步卒, 幾步卒當一車, 以騎與步卒戰, 一騎當幾步卒, 幾步卒當一騎. 以車與騎戰, 一車當幾騎. 幾騎當一車.

太公曰, 車者, 軍之羽翼也, 所以陷堅陣, 要强敵, 遮走北也. 騎者, 軍之伺候也, 所以踵敗軍, 絶糧道, 擊便寇也. 故車騎不敵戰, 則一騎不能 當步卒一人, 三軍之衆成陣而相當, 則易戰之法, 一車

---

13. 앞에서부터 '취'(聚), '둔'(屯), '배'(輩)는 전차나 기병의 단위를 가리키는데, 정확히 어떤 의미인지는 알 수 없다.

當步卒八十人, 八十人當一車. 一騎當步卒八人, 八人當一騎 一車
當十騎, 十騎當一車. 險戰之法, 一車當步卒四十人, 四十人當一
車. 一騎當步卒四人, 四人當一騎. 一車當六騎, 六騎當一車. 夫車
騎者, 軍之武兵也十乘敗千人, 百乘敗萬人, 十騎走百人, 百騎走千
人, 此其大數也.

武王曰, 車騎之吏數陣法奈何. 太公曰, 置車之吏數, 伍車　長, 十
車一吏, 伍十車一率, 百車一將. 易戰之法, 伍車爲列, 相去四十步,
左右十步, 隊間六十步. 險戰之法, 車必循道, 十車爲聚, 二十車爲
屯, 前後相去二十步, 左右六步, 隊間三十六步. 伍車一長, 縱橫相去
一里, 各返故道. 置騎之吏數, 伍騎一長, 十騎一吏, 百騎一率, 二百
騎一將, 易戰之法, 伍騎爲列, 前後相去二十步, 左右四步, 隊間伍十
步, 險戰者, 前後相去十步, 左右二步, 隊間二十伍步. 三十騎爲一
屯, 六十騎爲一輩, 十騎一吏, 縱橫相去百步, 周還各復故處. 武王
曰, 善哉.

6. 뛰어난 전차병 〔武車士〕

무왕이 태공망에게 물었다.

"전차병을 선발하려면 어떻게 하여야 합니까?"

태공망이 대답하였다.

"전차병은 40세 이하의 젊은이로서 키가 7자 5치 이상이고, 달리는
말을 따라 잡을 수 있을 정도로 잘 뛰어야 합니다. 그리고 행동이 재빨

라서 달리는 말에 훌쩍 올라타고, 말 위에서 앞뒤와 왼쪽 오른쪽, 또는 위아래로 자유롭게 몸을 움직일 수 있어야 합니다. 게다가 적의 깃발을 빼앗을 수 있고, 또 힘이 세어 800근[14] 무게의 쇠뇌를 잡아 당겨 앞뒤와 양옆을 마음대로 쏠 수 있는 기술을 연습하여 익힌 사람을 뽑아 씁니다. 이러한 자들을 뛰어난 전차병이라고 부르며 이들에게는 두텁게 대우해 주어야 합니다."

武王問太公曰, 選車士奈何. 太公曰, 選車士之法, 取年四十以下, 長七尺伍寸以上, 走能逐奔馬, 及馳而乘之, 前後左右, 上下周旋, 能束縛旌旗, 力能彀八石弩, 射前後左右, 皆便習者, 名曰武車之士, 不可不厚也.

7. 뛰어난 기병 〔武騎士〕

무왕이 태공망에게 물었다.
"기병을 선발하려면 어떻게 하여야 합니까?"
태공망이 대답하였다.
"기병은 40세 이하의 젊은이로서 키가 7자 5치 이상이고, 몸이 매우 건장하고 동작이 재빠르며, 많은 사람 가운데 훨씬 빼어나, 말을 잘 타

---

14. 원문은 '팔석'(八石)이다. 도량형으로 1석은 1백 근(斤)이다.

고 말 위에서 활쏘기를 잘 하여야 합니다. 그리고 말 위에서 앞뒤와 왼쪽 오른쪽으로 자유롭게 돌기도 하고 나갔다 들어갔다 하기도 하며, 가볍게 구덩이를 뛰어넘고 힘차게 언덕을 오르며, 험한 곳도 거침없이 내달리며 늪지대도 가로질러 갈 수 있어야 합니다. 또한 강적을 향해서 머뭇거리지 않고 치달리고, 적의 대군 속으로 뛰어들어 마음대로 헤집고 다닐 수 있어야 합니다. 이러한 자들을 뛰어난 기병이라고 부릅니다. 이들 역시 두텁게 대우하여야 합니다."

武王問太公曰, 選騎士奈何. 太公曰, 選騎士之法, 取年四十以下, 長七尺伍寸以上, 壯健捷疾, 超絶倫等, 能馳騎彀射, 前後左右, 周旋進退, 越溝塹, 登丘陵, 冒險阻, 絶大澤, 馳强敵亂大衆者, 名曰武騎之士, 不可不厚也.

8. 전차전 〔戰車〕

무왕이 태공망에게 물었다.

"전차를 이용하여 싸우는 법에 대해서 말씀해 주십시오."

태공망이 대답하였다.

"보병 부대는 끊임없이 변하는 적의 움직임을 잘 살펴서 그 빈틈을 찌르는 전술이 중요합니다. 전차 부대는 지형을 자세히 파악하여 거침없고 재빨리 치고 빠지는 전술이 중요합니다. 기병 부대는 지름길이나 뜻밖의 사잇길을 찾아내어 적이 도저히 예상하지 못할 곳에 나타나 뒤통수를 치는 전술이 중요합니다. 보병, 전차병, 기병의 세 부대는 똑같은 군대이지만, 쓰임은 저마다 다릅니다.

전차 부대가 싸울 때에, 죽음에 이르는 땅이 10가지 있으며, 이길 수 땅이 8가지가 있습니다."

무왕이 물었다.

"10가지의 죽음에 이르는 땅이란 어떤 곳입니까?"

태공망이 대답하였다.

"앞으로 나갈 수는 있어도 되돌아올 수 없는 곳을 전차 부대가 죽는 땅이라고 하니, 더 이상 전진해서는 안됩니다.

험난하고 가로막힌 곳을 넘어서 적을 추격하다가 적지 깊숙이 들어가 힘이 다 떨어진 곳을 탈진하는 땅이라 하니, 더 이상 추격해서는 안됩니다.

앞쪽은 평탄하지만 뒤쪽은 험하고 막혀 있어서 전진하기는 쉬워도 후퇴하기는 어려운 곳을 곤란한 땅이라 하니, 처음부터 들어가지 말아야 합니다.

전차가 험하고 막힌 곳에 빠져서 옴짝달싹할 수 없게 된 곳을 끊어진 땅이라 하니, 여기서는 싸우지 말아야 합니다.

질척질척한 수렁이나 검고 차진 흙이 수레바퀴에 엉키는 곳을 지치는 땅이라 하니 이런 곳은 돌아가야 합니다.

왼쪽은 험하고 오른쪽은 드넓은 지역이며 가파른 언덕을 올라가야 하는 곳을 비탈을 거슬러 가는 땅이라 하니, 이런 곳에서는 적을 먼저 공격해서는 안됩니다.

수풀이 우거진 곳이나 깊은 연못이 있는 곳, 늪이 많은 곳을 무리하게 밀고 나가는 것은 전차의 기능을 발휘하지 못하게 하는 땅이니, 이런 곳에서는 싸우지 말고 빨리 지나가야 합니다.

드넓고 평탄하여 전차가 자유롭게 움직이지만 전차의 대수가 적어 많은 적의 보병과 상대해야 하는 곳을 패배하는 땅이라 하니, 머물러 있지 말아야 합니다.

뒤로는 깊은 도랑이 가로막고 있고, 왼쪽에는 깊은 냇물이 놓여 있으며, 오른쪽에는 깎아지른 절벽으로 막혀 있어서 전차가 달릴 수 없는 곳을 무너지는 땅이라 하니, 앞으로 나가지 말아야 합니다.

밤낮으로 내리는 장마가 열흘이 넘도록 그치지 않아서 길이 패이고 끊겨 나가지도 물러서지도 못하게 된 곳을 움푹 꺼진 땅이라 하니, 꾀를 써서라도 벗어나야 합니다.

위에서 말한 땅들은 전차 부대에 불리한 지형입니다. 어리석은 장수는 이런 곳에서 싸우다가 결국 적에게 사로잡히게 되지만, 똑똑한 장수는 이를 피해 갑니다."

무왕이 또 물었다.

"8가지의 이길 수 있는 땅이란 어떤 것입니까?"

태공망이 대답하였다.

"적의 선두 부대와 후방 부대가 전쟁터에 막 도착하여 전열을 아직 갖추지 못한 상황이라면 곧바로 무찔러야 합니다.

적의 깃발이 어지럽게 휘날리고 사람과 말이 자주 놀라서 안정되지 못한 상황이라면 곧바로 무찔러야 합니다.

적군이 앞뒤나 좌우의 방향으로 제멋대로 튀어나가 움직임이 통일되지 못한 상황이라면 곧바로 무찔러야 합니다.

적의 전투 대형이 단단하지 못하고 병사들이 앞뒤를 두리번거리며 불안해하는 상황이라면 곧바로 무찔러야 합니다.

적이 앞으로 나가면서도 의심을 품고 멈칫거리며 뒤로 물러나면서도 겁을 내고 두려워하는 상황이라면 곧바로 무찔러야 합니다.

적의 전군이 갑자기 놀라서 허둥대며 아군에게 몰려서 일어나는 상황이라면 곧바로 무찔러야 합니다.

드넓은 지역에서 싸우다가 날이 저물었는데도 적장이 군대를 물려서 쉬게 하지 않는 상황이라면 곧바로 무찔러야 합니다.

적이 멀리서 행군해 와서 해질녘에야 겨우 쉬게 되었지만 무척 피로한 데다가 기습당할까 두려워하고 있는 상황이라면 곧바로 무찔러야 합니다.

위에서 말한 8가지 상황에서는 전차를 동원하여 적을 공격하면 반드시 이길 수 있습니다.

그러므로 장수가 위에서 말한 10가지 죽음에 이르는 땅과 8가지 이길 수 있는 땅의 이치에 밝다면, 적이 1,000대의 전차와 10,000기의 기병으로 아군을 완전히 에워싼다 하더라도 아군은 앞뒤 양옆의 어느 곳으로든 자유롭게 움직이면서 적을 쳐부수고, 몇 번을 싸우더라도 꼭 이길 수 있습니다."

무왕은 다 듣고 나서 크게 칭찬하였다.

"참으로 뛰어난 전술입니다."

武王問太公曰, 戰車奈何. 太公曰, 步貴知變動, 車貴知地形, 騎貴知別徑奇道, 三軍同名而異用也. 凡車之戰, 死地有十, 其勝地有八.

武王曰, 十死之地奈何. 太公曰, 往而無以還者, 車之死地也. 越絶險阻, 乘敵遠行者, 車之竭地也. 前易後險者, 車之困地也. 陷之險阻而難出者, 車之絶地也. 圮下漸澤, 黑土黏埴者, 車之勞地也.
左險右易, 上陵仰阪者, 車之逆地也. 殷草橫畝, 犯歷浚澤者, 車之
拂地也. 車少地易, 與步不敵者, 車之敗地也. 後有溝瀆, 左有深水,
右有峻阪者. 車之壞地也. 日夜霖雨, 旬日不止, 道路潰陷, 前不能
進, 後不能解者, 車之陷地也. 此十者, 車之死地也, 故拙將之所以
見擒, 明將之所以能避也.

　武王曰, 八勝之地奈何. 太公曰, 敵之前後, 行陣未定, 卽陷之,
旌旗 擾亂, 人馬數動, 卽陷之. 士卒或前或後, 或左或右, 卽陷之.
陣不堅固, 士卒前後相顧, 卽陷之, 前往而疑, 後往而怯, 卽陷之.
三軍卒驚, 皆薄而起, 卽陷之. 戰於易地, 暮不能解, 卽階之, 遠行
而暮舍, 三軍恐懼, 卽陷之. 此八者, 車之勝地也. 將明於十害八勝,
敵雖圍周千乘萬騎, 前驅旁馳, 萬戰必勝. 武王曰, 善哉.

9. 기병전 〔戰騎〕

무왕이 태공망에게 물었다.
"기병을 이용하여 싸우는 법에 대해서 말씀해 주십시오."
태공망이 대답하였다.
"기병 전술에는 10가지 승리하는 전술[15]과 9가지 패배하는 전술이

---

15. 태공망은 기병으로 승리하는 전술이 10가지라고 말하였으나 실제로 아래에 기록
　　되어 있는 것은 8가지뿐이다. 중간에 없어졌다고 보는 견해와 원래 8가지 뿐이라

있습니다."

무왕이 물었다.

"10가지 승리하는 전술이란 어떤 것입니까?"

태공망이 대답하였다.

"적군이 전쟁터에 지금 막 도착하여 전열이 미처 정돈되지 못하고 선봉 부대와 후방 부대 사이의 연락이 제대로 이루어지지 못할 경우에는 적의 선두에 있는 기병 부대를 무찌르고 양옆을 쳐부수며 공격하여야 합니다. 이렇게 하면 적은 반드시 패배하여 달아날 것입니다.

적의 전열이 정돈되고 전투 대형이 굳건하며 병사들 또한 투지에 불타는 경우에는, 아군의 기병이 왼쪽과 오른쪽의 양쪽에서 협공하여 빠져나가지 못하게 합니다. 그리고 치달려 나갔다가 재빨리 빠져 나오면서 질풍처럼 달리고 우레처럼 사납게 움직여서 먼지가 하늘을 뒤덮어 대낮인데도 사물을 분간하기 어렵게 만들고, 기병의 복장과 깃발을 자주 바꿔서 아군의 병력이 많은 것처럼 위장합니다. 이렇게 하면 적은 두려움에 빠져서, 공격하기만 하면 반드시 이길 수 있습니다.

적의 전열이 정돈되지 못하고 전투 대형이 굳건하지 못하며, 병사들 역시 투지가 없을 경우에는, 적의 앞뒤 쪽에서 조여들고 좌우에서 부딪치면서 양쪽에서 때려대면 적은 반드시 두려움에 떨다가 달아나게 됩니다.

적군이 해질 무렵에 빨리 진지로 되돌아가려고 서두르면서 적의 전군이 아군의 추격을 두려워하고 있을 경우에는, 기병을 출동시켜 적진의

는 견해가 서로 엇갈리고 있다.

양옆에서 협공하고 또 뒤쪽을 세차게 공격하며 적 진지의 입구까지 추격하여 적군이 진지로 들어가지 못하게 하여야 합니다. 이렇게 하면 적은 반드시 패배할 것입니다.

적이 아군 지역 깊숙이 침입하여 험하고 단단한 요새를 확보하지 못한 경우에는 적의 식량 수송로를 끊어 버려야 합니다. 이렇게 하면 적은 반드시 굶주림에 시달려 꼭 달아나고 맙니다.

전쟁터가 드넓고 평평한 곳이어서 사방 어디로도 적의 움직임을 살펴볼 수 있을 경우에는 기동력이 뛰어난 전차 부대와 기병 부대를 함께 출동시켜 공격하여야 합니다. 이렇게 하면 적은 반드시 혼란에 빠지고 말 것입니다.

패배한 적군들이 앞다투어 달아나며 이리저리 흩어질 경우에는 적의 왼쪽과 오른쪽을 협공하는 동시에 앞뒤를 빠르게 습격하여야 합니다. 이렇게 하면 적장을 사로잡을 수 있을 것입니다.

해가 저물어 적군이 진지로 돌아갈 때에 적의 병력이 많으면 전투 대형이 반드시 흐트러지게 마련입니다. 이럴 경우에는 흐트러진 틈을 타서 기병 10기를 1대로, 100기를 1둔으로 편성하고, 전차 는 5대를 1취로, 10대를 1군으로 편성한 다음, 많은 깃발을 세우고 강력한 쇠뇌로 무장한 부대를 섞어서 편성하여, 적의 양옆을 협공하기도 하고 적의 앞뒤 부대를 끊어버리기도 합니다. 이렇게 하면 적장을 포로로 사로잡을 수 있습니다.

이상이 기병으로 승리하는 10가지 전술입니다."

무왕이 다시 물었다.

"9가지 패배하는 전술이란 무엇입니까?"

태공망이 대답하였다.

"아군의 기병이 적을 무너뜨리려고 하였으나 전투 대형을 완전히 깨부수지 못하여, 적이 일부러 달아나는 척하다가 전차 부대와 기병 부대를 동원하여 추격하는 아군의 뒤통수를 치게 되면 아군이 패배하게 됩니다. 이런 곳을 기병이 패배하는 땅이라 합니다.

달아나는 적을 멀리 추격하여 험한 곳을 지나서 너무 깊숙이 들어가고도 멈출 줄을 모르는 상황에서, 적이 아군 양옆에 복병을 숨겨 놓고 아군의 후퇴로를 끊어버린다면, 아군은 에워싸여 곤경에 빠지게 됩니다. 이런 곳을 기병이 포위되는 땅이라 합니다.

앞으로 나갈 수는 있어도 물러날 수는 없으며, 들어갈 수는 있어도 나올 수는 없는 곳에 진입하는 것을 이른바 하늘 우물 속에 빠지고 땅 구멍[16] 속으로 떨어졌다고 합니다. 이런 곳을 기병이 죽는 땅이라고 합니다.

따라 들어가는 통로는 좁고 나오는 통로는 멀리 뻗어 있어서, 약한 적이 강한 아군을 쳐부술 수 있고 적은 수의 적병이 많은 수의 아군을 무찌를 수 있는 곳을 기병이 몰살당하는 땅이라 합니다.

큰 계곡에 흐르는 물, 깊은 골짜기, 빽빽하게 우거진 숲에서는 기병이

---

16. '하늘 우물'은 원문이 '천정'(天井)이다. 사방이 높은 언덕으로 이루어지고 복판이 푹 꺼져서 계곡 물이 고여들어 낮은 습지로 이루어진 우물 모양의 지형이다. 『손자』「행군」(行軍)에 여러 가지 지형이 분류되어 있다. '땅 구멍'은 원문이 '지혈'(地穴)이다. 특별히 어떤 지형을 가리키는지 정확히 알 수 없다. 다만 위의 『손자』의 분류 가운데 '천함'(天陷)과 비슷해 보인다. 참고로 천함은 세 방향만이 험하고 깎아지른 산악으로 둘러쳐 있어서 들어오기는 쉽지만 물러나가기는 어려운 짐승 함정 모양의 지형을 말한다.

자유롭게 움직이지 못하므로 힘만 소모해 버리는 땅이라 합니다.

왼쪽과 오른쪽의 양옆에 강이나 호수가 있고, 앞에는 큰 언덕이 있으며, 뒤에는 높은 산이 솟아 있어, 아군의 모든 병력이 양옆에 물을 끼고 안팎으로 적의 압박을 받으며 싸워야 하는 곳을 기병이 온갖 어려움을 겪게 되는 땅이라 합니다.

적이 아군의 식량 보급로를 끊어버려 죽음을 무릅쓰고 나갈 수는 있어도 살기 위해서 되돌아갈 수는 없는 곳을 기병이 곤궁해지는 땅이라 합니다.

지대가 매우 낮고 늪과 못이 많아서 나가거나 물러날 때에 질퍽질퍽 빠져들어 행동이 자유롭지 못한 곳을 기병이 걱정해야 하는 땅이라 합니다.

왼쪽에는 깊은 도랑이 있고 오른쪽에는 움푹 패인 구덩이나 솟은 언덕이 있는데도 멀리서 보기에는 평평한 곳인 것처럼 보여, 적의 유인 작전에 말려들기 쉬운 곳은 기병이 함정에 빠지게 되는 땅입니다.

이상은 기병이 죽음에 이르는 9가지 땅입니다. 현명한 장수는 이런 곳을 피하여 싸우지만, 어리석은 장수는 피하지 않고 그대로 싸우다가 패배하고 맙니다."

武王問太公曰, 戰騎奈何, 太公曰, 騎有十勝九敗.

武王曰, 十勝奈何. 太公曰, 敵人始至, 行陣未定, 前後不屬, 陷其前騎, 擊其左右, 敵人必走. 敵人行陣, 整齊堅固, 士卒欲鬪. 吳騎翼而勿去. 或馳而往, 或馳而來, 其疾如風, 其暴如雷, 白晝如昏, 數更旌旗, 變更衣服, 其軍可克. 敵人行陣不固, 士卒不鬪. 薄其前後, 獵其左右, 翼而擊之, 敵人必懼. 敵人暮欲歸舍, 三軍恐駭, 翼其兩旁, 疾擊其後, 薄其壘口, 無使得入, 敵人必敗. 敵人無險阻保固, 深入長驅, 絶其糧道, 敵人必饑, 地平而易, 四面見敵, 車騎陷之, 敵人必亂. 敵人奔走, 士卒散亂. 或翼其兩旁, 或掩其前後, 其將可擒. 敵人暮返, 其兵甚衆, 其行陣必亂. 令我騎十而爲隊, 百而爲屯, 車伍而爲緊, 十而爲群, 多設旌旗, 雜以强弩, 或擊其兩旁, 或絶其前後, 敵將可虜. 此騎之十勝也.

武王曰, 九敗奈何. 太公曰, 凡以騎陷敵而不能破陣, 敵人佯走, 以車騎返擊我後, 此騎之敗地也. 追北踰險, 長驅不止, 敵人伏我兩旁, 又絶我後, 此騎之圍地也. 往而無以返, 入而無以出, 是謂陷於天井, 頓於地穴, 此騎之死地也. 所從入者隘, 所從出者遠. 彼弱可以擊我强, 彼寡可 以擊我衆, 此騎之沒地也. 大澗深谷, 翳茂林木, 此騎之竭地也. 左右有水, 前有大阜, 後有高山, 三軍戰於兩水之間, 敵居表裏, 此騎之難地也. 敵人絶我糧道, 往而無以還, 此騎之困地也. 汙下沮澤. 進退漸洳, 此騎之患地也. 左有深溝, 右有坑阜, 高下如平地, 進退誘敵, 此騎之陷地也. 此九者, 騎之死地也, 明將之所以遠避, 闇將之所以陷敗也.

10. 보병전 〔戰步〕

무왕이 태공망에게 물었다.

"보병 부대가 적의 전차 부대나 기병 부대를 맞아 싸우려면 어떻게 하여야 합니까?"

태공망이 대답하였다.

"보병이 전차 부대나 기병 부대와 싸우려면 반드시 언덕이나 험한 곳을 기대어 진지를 펼쳐야 합니다. 그리고 창 따위의 긴 병기를 사용하는 부대와 강력한 쇠뇌로 무장한 부대를 맨 앞에 배치하고, 칼이나 도끼 따위 짧은 병기를 쓰는 부대와 단거리 저격용의 약한 쇠뇌로 무장한 부대를 뒤쪽에 배치하며 상황에 따라 교대로 출전시켰다가 한편으로 불러들여 쉬게 해야 합니다.

또한 적의 전차 부대나 기병 부대가 대군으로 밀고 오더라도, 물러서지 말고 진지를 굳게 지키면서 재빠르게 적에게 타격을 입히면서 정예 병사와 쇠뇌 부대의 일부를 아군의 뒤쪽에 배치하여 적이 뒤에서 습격하는 데에 대비하여야 합니다."

무왕이 다시 물었다.

"만일 아군이 진지를 세울 만한 언덕이나 험한 곳을 차지하지 못하였는데, 적의 대병력이 기세 등등하게 공격해 왔습니다. 그래서 아군의 양옆을 협공하고 앞뒤를 가로막아서 아군 병사들이 두려움에 떨고 있어서 전열이 흐트러지고 곧 패배하여 달아날 지경에 이르렀습니다. 어떻게 하여야 합니까?"

태공망이 대답하였다.

"이런 경우에는 목책인 행마나 나무 마름쇠 등 적의 전진을 막는 장애물을 세우고, 사람과 말로 전투 대형을 만들어 사방을 굳게 지키는 사무충진을 펼치게 합니다. 또 적의 전차 부대와 기병 부대가 습격해 오는 것이 멀리 보이면 일제히 마름쇠를 뿌리고 땅을 깊이 파서 5자 깊이와 폭을 가진 해자를 빙 둘러서 만들게 합니다. 이것을 목숨을 지키는 대그

릇이라고 부릅니다.

병사들에게 저마다 행마를 가지고 앞뒤로 다니게 하고, 전차로 임시 보루를 삼아 밀고 나가기도 하고 물러나게도 하면서, 멈추어세우면 곧바로 진지의 방벽이 될 수 있도록 합니다. 이와 함께 재주가 뛰어난 정예 병사와 강력한 쇠뇌 부대를 아군의 왼쪽과 오른쪽에 배치하여 적의 침공에 대비하고, 적이 공격해 올 경우에는 이동 보루의 병력과 본진의 부대가 힘을 모아 전군이 한결같이 기민하게 싸운다면 포위를 깰 수 있습니다."

무왕은 이 말을 듣고 이렇게 칭찬하였다.

"매우 좋은 방법입니다."

武王問太公曰, 步兵與車騎戰奈何. 太公曰. 步兵與車騎戰者, 必依丘陵險阻, 長兵强弩居前, 短兵弱弩居後, 更發更止. 敵之車騎雖衆而至, 堅陣疾戰, 材士强弩, 以備我後.

武王曰, 吳無丘陵, 又無險阻. 敵人之至, 旣衆且武, 車騎翼我兩旁, 獵我前後. 吳三軍恐怖, 亂敗而走, 爲之奈何. 太公曰, 令我士卒爲行馬, 木蒺藜, 置牛馬隊伍, 爲四武衝陣, 望敵車騎將來, 均置蒺藜, 掘地匝後, 廣深伍尺, 名曰命籠. 人操行馬進步, 闌車以爲壘, 推而前後, 立而爲屯, 材士强弩, 備我左右. 然後令我三軍, 皆疾戰而不解. 武王曰, 善哉.

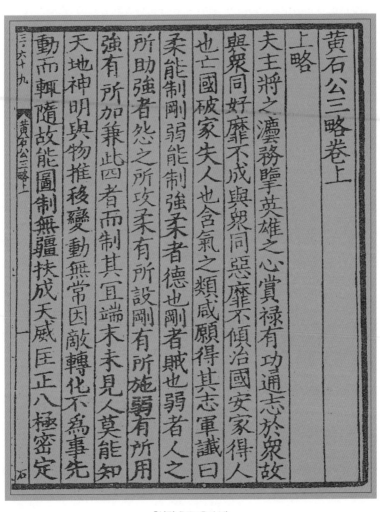

黃石公三略卷上

上略

夫主將之法務攬英雄之心賞祿有功通志於眾故
與眾同好靡不成與眾同惡靡不傾治國安家得人
也亡國破家失人也含氣之類咸願得其志軍讖曰
柔能制剛弱能制強柔者德也剛者賊也弱者人之
所助強者怨之所攻柔有所設剛有所施弱有所用
強有所加兼此四者而制其宜端末未見人莫能知
天地神明與物推移變動無常因敵轉化不為事先
動而輒隨故能圖制無疆扶成天威匡正八極密定

『삼략』(『백부총서』본)

상 략 (上 略)

이 편은 세 가지 모략 중에서 으뜸가는 정치의 큰 도리와 군대 운영의 기본 법칙을 말하고 있다.

지은이 황석공은 정치의 근본을 인의 도덕에 두고 나라의 존엄성과 군대의 기강을 확립하기 위해서는 먼저 백성과 병사를 친하게 결속시켜야 하며, 유능한 인재를 확보하고, 간신과 영웅을 가려내고, 신상필벌을 똑바로 실행하여야 한다고 강조하였다.

또한 정치나 전쟁에 있어서 승리와 패배의 본질을 논하고, 부드러움과 단단함을 바탕으로 강한 형세와 약한 형세가 서로 순환하며 변화하는 도리를 밝혀, 이것이 나라의 흥망성쇠와 이해 득실에 곧바로 연결된고 결론지었다.

전군의 총대장[1]이 나라와 군대를 이끄는 방법은 반드시 영웅들의 마음을 사로잡는[2] 데에 힘쓰고, 공로를 세운 자에게 후한 상과 많은 녹봉을 내리며, 자신의 의지를 백성들에게 철저하게 관철시키는 것이다. 그러므로 뭇 백성들이 좋아하는 일을 함께 하면 무슨 일이든 성공하지 못할 일이 없고 뭇 백성들이 싫어하는 일을 함께 싫어하면 백성들 가운데 마음이 기울어지지 않는 자가 없다.

나라가 잘 다스려지고 집안이 편안한 것은 영웅과 백성의 마음을 얻었기 때문이고, 나라가 망하고 집안이 부서지는 것은 영웅과 대중의 마음을 잃었기 때문이다. 왜냐하면 생명을 가진 뭇 생물들은[3] 모두 자기의 소원과 욕구를 채우려고 한다.

夫主將之法, 務攬英雄之心, 賞祿有功, 通志於衆, 故與衆同好靡不成, 與衆同惡靡不傾. 治國安家, 得人也, 亡國破家, 失人也, 含氣之類, 咸願得其志.

---

1. 원문은 '주장'(主將)으로 주수(主帥)라고도 한다. 군주를 뜻하는 주(主)와 장수를 뜻하는 장(將)이 합쳐져서 이루어진 낱말이다. 모든 장수들을 통솔하는 으뜸 장수이다. 고대에는 군주가 군대의 통수권을 모두 손에 넣고 있었으므로 이렇게 부른 것이다.
2. 원문은 '람'(攬)으로 '손에 넣다, 움켜쥐다, 가려 뽑아서 손에 넣다'라는 뜻이다. 람(擥)자와 같은 글자이다.
3. 원문은 '함기지류'(含氣之類)이다. '함기'는 기운이나 목숨이 붙어 있는 생물을 말한다. 여기서는 주로 사람을 가리키는 말로 쓰였다.

『군참』[4]에서 이렇게 말하였다.

"부드러움이 딱딱함을 이기고, 약한 것이 강한 것을 이긴다."[5]

부드러움은 다른 사람을 받아들이는 인덕이며, 딱딱함은 다른 사람을 해치는 재앙이다. 약한 사람은 사람들이 아끼고 도와 주지만, 강한 사람은 사람들이 미워하여 공격하게 마련이다.

그러나 부드러움이 필요할 때에는 부드러움을 베풀고, 딱딱함이 필요할 때에는 딱딱함을 시행하고, 약함이 필요할 때에는 약함을 보여주고, 강함이 필요할 때에는 강함을 써야 한다. 장수는 딱딱함과 부드러움, 강함과 약함을 적절하게 섞어가며 때와 상황에 따라 움직여야 한다.

軍讖曰, 柔能制剛, 弱能制强. 柔者德也. 剛者賊也. 弱者人之所助. 强者怨之所攻. 柔有所設, 剛有所施, 弱有所用, 强有所加. 兼此四者, 而制其宜.

어떤 일이든 처음과 끝이 모두[6] 드러나지 않으면 누구도 그 일을 알지 못한다. 하늘과 땅의 운행 법칙은 매우 오묘하여 다 헤아릴 수 없는

---

4. 『군참』(軍讖)은 옛날에 있었던 병서 가운데 하나로 전쟁에 관한 예언서의 일종이라고 추정된다. 지금은 전하지 않는다.
5. 이 부분은 『노자』 36장의 "부드럽고 약한 것이 딱딱하고 강한 것을 이긴다"는 "유약승강강"(柔弱勝剛强) 구절과 거의 똑같다. 노자 사상은 춘추전국시대 병가(兵家)에 의해서 적극적으로 활용되어 모략술과 음모술의 이론적 바탕이 되었다.
6. 원문은 '단말'(端末)이다. 처음과 끝을 뜻하는 데에서 '전체'나 '모두'라는 뜻으로 발전하였다.

데 언제나 온갖 만물과 더불어 변화하기 때문이다. 훌륭한 장수도 이와 마찬가지로 굳어있지 않고 끊임없이 변화하면서, 적의 움직임에 따라 임기응변하며, 적보다 앞질러 움직이지 않고, 적의 움직임을 보고 적절하게 대응한다. 이렇게 하여 무한한 업적을 이룩하고 천자의 권위를 치켜세우며, 온 천하[7]를 안정시키고 동쪽의 모든 이민족[8]들을 조용히 평정한다. 이러한 일을 꾀하여 이룰 수 있는 자가 바로 제왕의 스승이 된다.

端末未見, 人莫能知. 天地神明, 與物推移. 變動無常, 因敵轉化. 不爲事先, 動而輒隨. 故能圖制無疆, 扶成天威, 康正八極, 密定九夷. 如此謀者, 爲帝王師.

그러므로 "사람들은 대개 굳세고 강한 것만 좋아할 뿐, 강함과 약함, 딱딱함과 부드러움이 나뉘는 기미를 잘 간직할 수 있는 자는 드물다. 그

---

7. 원문은 '팔극'(八極)이다. 동서남북의 네 방향과 동북, 동남, 서북, 서남의 네 방향을 합쳐서 팔방(八方)이라고 한다. 팔극은 이 팔방의 끝을 가리키는데, 여기서는 팔방의 끝, 다시 말해 '천하의 모든 곳'을 의미한다.

8. 원문은 '구이'(九夷)이다. 동쪽 오랑캐를 뜻하는 이(夷)자는 본래 커다란(大) 활(弓)을 들고 서있는 사람의 모습을 본딴 글자이며, 고대 중국의 북동쪽 지역에서 용맹을 떨치던 종족을 동이(東夷)족이라고 불렀다. 이 종족은 모두 아홉 부족이었다. 그 아홉 부족은 견이(畎夷), 우이(于夷), 방이(方夷), 황이(黃夷), 백이(白夷), 적이(赤夷), 원이(元夷, 또는 玄夷), 풍이(風夷), 양이(陽夷)이다. 우리 민족도 이 아홉 종족 가운데 하나라고 전한다. 『삼략』에서 '구이'를 말한 것은 이 책이 지어질 즈음에 이 종족이 대단히 위협적이고 강력하였음을 보여준다.

러나 만약 이 기미를 잘 간직할 수 있다면, 어떠한 경우에라도 그 목숨을 지켜 나갈 수 있다"고 하였다. 성인은 모든 일에 기미를 잃지 않고, 이를 가지고 모든 조짐에 잘 적응해 나간다. 그리고 이를 넓게 펼치면 온 세상[9] 구석구석까지 미치고, 거두어들이면 잔 하나도 채우지 못한다. 이것은 집안에 숨겨 보관할 만한 것도 아니고, 성곽으로 지킬만한 것도 아니다. 오로지 사람의 가슴속에 깊이 담겨져 있는 것인데 적국은 이 때문에 무릎을 꿇게 된다.

故曰, 莫不貪强, 鮮能守微, 若能守微, 乃保其生. 聖人存之, 以應事機. 舒之彌四海, 卷之不盈杯, 居之不以室宅, 守之不以城郭, 藏之胸臆, 而敵國服.

『군참』에 이런 말이 있다.

"부드러울 수도 딱딱할 수도 있으면서 이 둘을 적절히 섞어가며 활용하면 나라가 더욱 빛난다. 강할 수도 약할 수도 있으면서 이 둘을 적절히 돌아가며 쓴다면 나라가 더욱 발전한다. 그러나 나라에 부드러움과 나약함만 있다면 그 나라는 반드시 약해지며,[10] 딱딱함과 강함만 있다면 그 나라는 반드시 멸망한다."

---

9. 원문은 '사해'(四海)이다. 옛날 중국인들은 중국의 사방이 바다로 둘러싸여 있다고 믿었다. 그래서 사해는 바로 온 세상을 가리키는 말이 되었다.
10. 원문은 '삭'(削)이다. '깎이다', '줄다'라는 뜻인데, 여기서는 국력이 약해져서 영토를 빼앗긴다는 뜻이다.

나라를 잘 다스리는 길은 전적으로 뛰어난 인물과 백성들에게 달려 있다. 군주나 장수가 뛰어난 인물을 심복처럼 믿고, 백성을 손발처럼 마음대로 부릴 수 있다면, 모든 나라의 시책은 버려지지 않고 잘 시행될 것이다. 마찬가지로 군대의 움직임은 마치 손발이 한 몸으로 움직이고 뼈마디가 서로 맞물려 움직이듯 천지의 순환[11]처럼 너무나도 자연스러워서 그 교묘함이 조금도 빈틈이 없다.

軍讖曰, 能柔能剛, 其國彌光. 能弱能强, 其國彌彰. 純柔純弱, 其國必削, 純剛純强, 其國必亡.

夫爲國之道, 恃賢與民, 信賢如腹心, 使民如四肢, 則策無遺. 所適如肢體相隨, 骨節相救, 天道自然, 其巧無間.

군대를 잘 통솔하고 나라를 잘 다스리는 핵심은 백성의 마음을 잘 헤아리고 온갖 일[12]을 상황에 따라 알맞게 처리해 나가는 데에 달려 있다.

위험에 처한 자는 다독거려 안정시키고, 두려움에 떠는 자는 어루만져 기쁘게 해 주며, 배반한 자는 잘 타일러 돌려보낸다. 억울한 일을 당한 자는 원래대로 되돌려 주고, 하소연하는 자는 사실 여부를 살펴 주

---

11. 원문은 '천도'(天道)이다. 본래는 해·달·별 등의 천체의 순환과 사계절이라는 시간의 순환 현상을 가리키는 말이다. 그런데 훗날 이러한 의미가 발전하여 천지 자연의 법칙과 그 법칙을 본 따서 이루어진 인간 사회의 도덕을 뜻하는 철학 개념이 되었다. 여기에서는 본래의 의미로 쓰였다.
12. 원문은 '백무'(百務)이다. 병사와 정치에 관한 수많은 일들을 가리킨다. 여기서 '백'은 구체적인 숫자를 가리키는 말이 아니라 매우 많다는 뜻이다.

며, 재능이 있지만 신분이 비천한 자는 지위를 높여 준다. 강한 힘만 믿고 날뛰는 자는 억누르고, 적대 행위를 하는 자는 철저하게 밟으며, 재물을 탐내는 자는 욕심을 채워주고, 의욕이 넘치는 자는 뜻을 펼치게 해주며, 남에게 알려질까 두려운 약점이 있는 자는 슬그머니 덮어 준다.

꾀가 많은 자는 가까이 두고, 남을 헐뜯는 자는 벌을 내리며, 까닭 없이 명예를 훼손당한 자는 회복시켜 준다. 반역 행위를 한 자는 처벌하고, 포악한 자는 기를 꺾으며, 교만함이 지나친 자는 깎아 내리고, 귀순하는 자는 불러서 어루만져 준다. 머리를 숙이는 자는 살려 주고, 항복하는 자는 죄를 용서해 준다.

軍國之要, 察衆心, 施百務. 危者安之, 懼者歡之, 叛者還之. 冤者原 之, 訴者察之, 卑者貴之. 强者抑之, 敵者殘之, 貪者豊之, 欲者使之, 畏者隱之. 謀者近之, 讒者覆之, 毀者復之. 反者廢之. 橫者挫之, 滿者損之, 歸者招之. 服者活之, 降者脫之.

적의 견고한 땅을 빼앗으면 단단히 지키고, 험한 길을 손에 넣으면 철저히 막으며, 공격하기 어려운 요충지를 차지하면 병력을 주둔시킨다. 성읍을 빼앗으면 전공을 세운 자들에게 나눠주고, 땅을 얻으면 장수들에게 갈라 주며, 전리품을 얻으면 독차지하지 않고 골고루 나눠 준다.

그리고 적이 움직이면 행동을 빠짐없이 정찰하며, 적이 가까이 오면 엄중하게 대비하여야 한다. 적의 전력이 더 강할 때에는 힘에 부치는 듯 낮춰 보여서 적이 뻐기게 만들고, 적이 충분히 쉰 상태에서 아군이 지치기를 기다린다면 싸움을 피해야 한다. 적의 기세가 등등하면[13] 서둘러 싸우지 말고 기세가 약해지기를 기다리며, 적이 포악하게 달려들면 맞서지 말고 물러난다. 적이 사리에서 벗어나 무도한 짓을 저지르면 정의를 내세워 불의를 밝혀야 하며, 적의 위아래가 단결되어 있다면 모략으로 이간[14]시켜야 한다.

적의 움직임에 따라가며 대처해야[15] 적의 세력을 꺾을 수 있으며, 진쟁터의 형세에 따라 임기응변해야 적을 쳐부술 수 있다. 유언비어를 듣고서 전하는 자에게는 엄중한 벌을 내리고, 뛰어난 인재를 모을 때는 사방에 그물을 치듯 철저하게 하여 적국으로 가지 않게 한다.

적에게서 전리품으로 얻으면 혼자 삼키지 말고 골고루 나눠주어야 하며, 적의 영토를 빼앗으면 오래 눌러 앉아 있지 말아야 한다. 적의 성을 공략할 때에는 속전속결로 해야 하며, 새로운 왕을 세우면 자기 나라 사람으로 갈아치우지 말고 그대로 두어야 한다.

獲固守之. 獲阨塞之. 獲難屯之. 獲城割之. 獲地裂之. 獲財散之. 敵動伺之. 敵近備之. 敵强下之. 敵佚去之. 敵陵待之. 敵暴綏

---

13. 원문은 '릉'(陵)이다. 큰 언덕이라는 원래 뜻에서 업신여기다, 기세 등등하다라는 뜻으로 발전하였다.

14. 원문은 '휴지'(攜之)이다. 이간질하다, 떼어놓다는 뜻이다.

15. 원문은 '순거'(順擧)이다. 상대방의 움직임[擧動]에 맞춰서[順] 대응한다는 뜻이다. 병가의 기본 원칙 가운데 하나로 먼저 움직여 아군의 움직임을 드러내지 말고 적의 행군이나 진격 태세를 보고 이에 걸맞게 대처해 나가야 피해를 줄이면서 큰 효과를 얻는다는 뜻이다.

之. 敵悖義之. 敵睦攜之. 順擧挫之. 因勢破之. 放言過之. 四網羅
之. 得而勿有, 居而勿守, 拔而勿久, 立而勿取.

나라를 위한 계략을 꾸민 사람은 장수 자신이지만, 이를 완수하여 공
을 세우고 상을 받는 사람은 병사들이다. 그렇다면 승리의 이익이 통치
자 자신에게 있다는 것을 어찌 알겠는가? 장수들을 제후로 임명하여 각
지역을 담당하고, 군주 자신은 천자가 되어 천하를 다스린다. 그리하여
저마다 각지의 성을 스스로 지키게 하며, 뛰어난 인재를 뽑아 스스로 일
하게 한다.

세상에는 정성을 다해서 조상을 받들 줄 아는[16] 사람은 많아도, 은혜
를 베풀어 백성을 사랑할 줄 아는 사람은 드물다. 조상을 잘 받드는 것
은 후손의 도리이나, 백성을 사랑하는 것은 천하를 다스리는 군주의 도
리이다.

아래로 백성을 사랑하는 일은 다음과 같다. 농업[17]을 권장하여 때를
놓치지 않도록 농번기에는 백성들을 부역에 끌어내지 않는다. 세금을
줄여서 백성들의 재산이 줄어들지 않게 하며, 부역을 되도록 줄여 백성
들이 너무 지치지 않게 해야 한다. 이렇게 하면 나라가 부강해지고 백성
들이 기뻐할 것이니, 그런 뒤에 뛰어난 인물을 뽑아서 백성을 이끌게 하

---

16. 원문은 '조조'(祖祖)이다. 앞의 '할아비 조'자는 동사로 쓰여 존경하다, 제사를 모신
다는 뜻이 된다. 뒤의 글자는 명사로 쓰였다. 아래의 '백성을 사랑할 줄 아는'의 원
문인 '하하'(下下)도 같은 구조이다.
17. 원문은 '경상'(耕桑)이다. 경작(耕作)과 양잠(養蠶)을 합친 말로 고대 농업의 두 기
둥이다. 그 자체로 농업 전체를 가리키는 말이다.

여야 한다.

여기서 '뛰어난 인물'이란 영웅을 가리키는 것이다. 그러므로 '천하의 영웅을 모두 가려 뽑으면 상대국이 곤란해진다'는 말이 있음을 명심하여야 한다. 영웅은 나라의 기둥이며, 백성은 나라의 뿌리이다. 기둥인 인재를 얻어 등용하고 나라의 뿌리인 백성의 마음을 얻는다면, 정치가 제대로 시행되고 백성이 불평하는 소리를 하시 않는다.

爲者則己, 有者則士, 焉知利之所在. 彼爲諸侯, 己爲天子, 使城自保, 令士自處. 世能祖祖, 鮮能下下, 祖祖爲親, 下下爲君. 下下者, 務耕桑, 不奪其時. 薄賦斂, 不匱其財. 罕徭役, 不使其勞, 則國富而家㝡, 然後選士以司牧之. 夫所謂士者, 英雄也. 故曰羅其英雄, 則敵國窮. 英雄者國之幹. 庶民者國之本. 得其幹, 收其本, 則政行而無怨.

군대를 움직이는 용병술의 핵심은 뛰어난 인물에게 예우를 다하고, 전공을 세운 자에게 녹봉을 후하게 주는 데에 달려 있다. 예우를 극진히 하면 지략이 있는 자들이 모여들고, 녹봉은 후하게 주면 의리 있는 자가 목숨을 아끼지 않게 될 것이다. 그러므로 뛰어난 인물에게 녹봉을 내릴 때에는 재물을 아끼지 말고, 공로를 세운 자에게 상을 줄 때에는 때를 넘기지 말고 곧바로 시행하여야 한다. 이렇게 하면 부하들의 힘이 하나로 뭉쳐지고 적국은 쇠퇴하게 된다.

인재를 부리는 용인술의 방법은 높은 작위와 많은 녹봉을 주는 데에 달려 있다. 그렇게 하면 인재가 스스로 모여든다. 또 예의를 다하여 그

들을 맞아들이고 대의명분과 의리로 격려하면, 죽기를 무릅쓰고 임무를
수행한다.

夫用兵之要, 在崇禮而重祿. 禮崇則智士至, 祿重則義士輕死. 故
祿賢不愛財, 賞功不逾時, 則下力幷, 而敵國削. 夫用人之道, 尊以
爵, 贍以財, 則士自來. 接以禮, 勵以義, 則士死之.

장수는 맛있는 음식이 있으면 반드시 병사들과 함께 나누어 먹으며,
즐거움이든 괴로움이든 단맛이든 쓴맛이든 같이 나누어야 한다. 그래야
만 위아래가 한 마음 한 뜻이 되어 적을 무찌를 수 있다. 그러므로 이러
한 군대는 출동하기만 하면 전승을 거두고, 반대로 적군은 모두 몰살을
당하게 된다.[18]

옛날 어느 훌륭한 장수가 적과 대치할 때에 어떤 이가 탁주 한 통을
바쳤다.[19] 그런데 그 장수는 바친 술을 강물에 쏟아 붓고서 병사들과 함
께 엎드려서 강물을 마셨다. 단지 한 통의 술을 강물에 쏟았다고 해서
그 강물이 술맛을 낼 리가 없다. 그런데도 병사들이 모두 앞다투어 목숨

---

18. 원문은 '전인'(全因)이다. 모든 판본에서 똑같이 쓰여져 있지만 뜻이 통하지 않는
    다. 『무경칠서』(武經七書)본에 실려 있는 『삼략직해』에서는 '인'자가 '인'(湮)자의
    오자라고 보고, 적군이 전몰(戰沒)하였다고 풀었다. 옮긴이는 이 해석을 따라서 풀
    었다.

19. 원문은 '궤단료'(饋簞醪)이다. '궤'는 음식을 대접하거나 음식이나 물건을 바친다
    는 뜻이다. '단'은 대광주리로 술이나 음식을 담는 그릇이다. '료'는 막 걸은 술로
    막걸리를 뜻한다. 이를 합쳐서 한 통의 술을 바친다는 뜻이 된다.

을 바쳐가며 싸우려고 한 것은 그 술이 자기들에게까지 미쳤다는 사실에 감격하였기 때문이다.[20]

夫將帥者, 必與士卒同滋味而共安危, 敵乃可加, 故兵有全勝, 敵有全因. 昔者, 良將之用兵, 有饋簞醪者, 使投諸河, 與士卒同流而飮. 夫一簞之醪, 不能味一河之水, 而三軍之士, 思爲致死者, 以滋味之及己也.

『군참』에 이런 말이 있다.

"군대의 진지 안에 우물을 파는데 아직 물이 나오지 않았다면 장수는

---

20. 이 이야기는 월나라 왕 구천(句踐)의 사례이다. 병가에서 병사들을 아낀 좋은 사례로 회자되는 이야기로 여러 책에 실려 있다. 여기서는 당나라 때의 이한(李瀚)이 지은 『몽구』(蒙求)의 '구천투료(句踐投醪)' 항목에 인용된 樗髎『고열녀전』(古列女傳)의 이야기를 소개한다.

초나라의 자발이 진나라를 공격했을 때 초나라 군대는 식량이 떨어졌다. 병사들은 콩 알갱이를 나누어 먹었지만, 자발은 아침저녁 고기와 좋은 곡식을 거르지 않았다. 진나라 군대를 크게 무찌르고 돌아오자, 그의 어머니는 문을 닫고서 집안에 들이지 않고 사람을 보내 그를 꾸짖었다. "너는 월나라 왕 구천이 오나라를 토벌할 때의 일을 듣지 못했느냐? 손님 가운데 좋은 술을 한 통을 바치는 자가 있었다. 그런데 왕은 사람을 시켜 강 상류에 술을 붓게 하고 병사들에게 그 하류에서 마시게 했다. 물의 맛이 전보다 더 좋아질 리 없었겠지만, 병사들의 사기는 다섯 배나 높아졌다. 어느 날 말린 곡식을 바치는 자가 있었다. 그런데 왕은 또 그것을 병사들에게 주었고 병사들은 그것을 나누어 먹었다. 그것은 겨우 목구멍을 넘길 정도의 양에 지나지 않지만, 사기는 열 배나 높아졌다. 너는 장수이면서도 병사들은 콩 알갱이를 나누어 먹고 있는데도 너만 고기와 곡식을 먹은 것이 잘한 일이더냐. 너는 내 아들이 아니다. 내 집에 들일 수 없다." 자발은 어머니에게 손이 발이 되도록 사죄하고 겨우 들어갈 수 있었다. 영웅은 어머니가 만드는 법이다.

목마르다는 말을 하지 않아야 하며, 병사들이 머물 막사가 완성되지 않았다면 장수는 피로하다는 말을 하지 않아야 하며, 식사 준비가 다 끝나지 않았다면 장수는 배고프다는 말을 하지 않아야 한다. 또한 장수는 추운 겨울철에도 털가죽 옷을 입지 않아야 하고, 무더운 여름철에도 부채를 잡지 않으며, 비가 내려도 우산을 받치지 않아야 한다." 이것이 바로 장수가 지켜야 할 도리이다.

장수가 이처럼 병사들과 더불어 편안함과 위태로움을 나누면, 병사들은 한 마음 한 몸처럼 똘똘 뭉쳐서 배반하지 않고, 싸울수록 더욱 분발하여 지치지 않는다. 이는 장수의 은혜가 평소 병사들에게 골고루 미치고 서로 생각이 잘 통했기 때문이다. 그러므로 옛말에 '장수가 부지런히 은혜를 베풀면, 한 사람으로 수많은 병사들을 얻을 수 있다'고 한 것이다.

軍讖曰, 軍井未達, 將不言渴. 軍幕未辦, 將不言倦. 軍竈未炊, 將不言飢. 冬不服裘, 夏不操扇, 雨不張蓋, 是謂將禮. 與之安, 與之危, 故其衆可合而不可離, 可用而不可疲, 以其恩素蓄, 謀素合也. 故曰, 蓄恩不倦, 以一取萬.

『군참』에 이런 말이 있다.

"장수의 위엄은 엄격한 명령에 의하여 세워지고, 전쟁에서 백전백승하는 것은 올바른 군정[21]의 처리에 의하여 얻어지며, 병사들이 목숨을

---

21. 원문은 '군정'(軍政)이다. 군대의 훈련, 편제, 장비, 관리, 보급 등 모든 병사 행정을 가리킨다.

걸고 용감하게 싸우는 것은 장수의 명령에 마음으로 따르기 때문에 이루어진다."

그러므로 장수는 명령을 신중하게 내리고, 일단 내린 명령은 취소하거나 바꾸는 일이 없어야 하며, 신상필벌을 철저하게 지켜서 하늘과 땅이 어김없이 운행하는 것처럼 공명정대해야 병사들을 자유자재로 지휘할 수 있다. 이처럼 병사들이 장수의 명령에 절대 복종하게 되어야만 그들을 이끌고 국경을 넘어 적지에 들어가 싸울 수 있다.

군대를 통솔하고 군대의 위세를 유지하는 일은 장수에게 달려 있고, 적을 깨부수고 승리를 쟁취하는 일은 병사들에게 달려 있다. 그러므로 명령이 분명치 못한 장수[22]는 군대를 제대로 이끌 수 없으며, 명령을 따르지 않고 멋대로 행동하는 병사[23]는 적을 토벌하게 할 수 없다. 명령이 분명치 못한 장수와 명령을 제대로 따르지 않는 병사는 적의 성을 공격한다 하여도 함락시키지 못하고, 마을을 포위한다 하여도 섬멸시키지 못한다. 이렇게 두 전투에서 성과를 얻지 못하면 결국 병사들만 지치게 된다. 병사들이 지치게 되면, 장수는 외톨이가 되고 병사들은 거역하게 된다. 이처럼 기강이 없고 무질서한 군대는 성을 지키더라도 굳게 지켜내지 못하고, 적과 싸우게 되더라도 앞뒤 가릴 것 없이 꽁무니를 빼기만 한다. 이렇게 기강이 없고 지친 군대를 '노쇠한 군대'라고 부른다

---

22. 원문은 '난장'(亂將)이다. 이랬다저랬다 명령이 자주 바뀌고 분명치 못해서 명령
계통이 어지러운 장수이다.

23. 원문은 '괴중'(乖衆)이다. 서로를 업신여기며 조화롭지 못한 무리를 뜻한다. 여기
서는 명령을 따르지 않고 멋대로 움직이는 군대를 가리킨다.

군대에 기강이 풀리고 지치면 장수의 위엄이 바로 서지 못하고, 장수가 위엄이 없으면 병사들이 군법을 깔보고 제멋대로 행동하게 된다. 병사들이 군법을 깔보고 제멋대로 행동하면 군대의 대오가 어지럽게 흩어지고, 군대의 대오가 흐트러지면 도망병이 많이 발생하며, 도망병이 많이 발생하면 적이 빈틈을 타서 공격해 올 것이요, 적이 틈을 타서 공격해 오면 그 군대는 반드시 패배하고 만다.

軍讖曰, 將之所以爲威者, 號令也. 戰之所以全勝者, 軍政也. 士之所以輕死者, 用命也. 故將無還令, 賞罰必信, 如天如地, 乃可使人, 士卒用命, 乃可越境.

夫統軍持勢者, 將也. 制勝敗敵者, 衆也. 故亂將不可使保軍, 乖衆不可使伐人. 攻城不可拔, 圍邑則不廢. 二者無功, 則士力疲敝, 士力疲敝, 則將孤衆悖, 以守則不固, 以戰則奔北, 是謂老兵. 兵老則將威不行. 將無威則士卒輕刑. 士卒輕刑則軍失伍. 軍失伍則士卒逃亡. 士卒逃亡則敵乘利. 敵乘利則軍必喪.

『군참』에 이런 말이 있다.

"뛰어난 장수가 군대를 통솔할 때에는 자기의 마음을 미루어 다른 사람의 마음을 헤아려서 다스리며, 혜택을 주고 은혜를 베풀어서 다스린다."

장수가 이와 같이 군대를 이끌면 병사의 사기가 새록새록 왕성해져서, 싸울 때에는 세찬 바람처럼 재빠르고, 공격할 때에는 거대한 봇물이 터진 것처럼 힘차다. 그러므로 이러한 군대는 적이 멀리서 바라만 볼 뿐 맞서서 싸울 수가 없으며, 적은 오로지 깃발을 내리고 손을 들 뿐 승리란 있을 수가 없다. 아울러 장수가 몸소 앞장서서 모범을 보이므로 그 군대는 천하무적의 강군이 될 것이다.

『군참』에 이런 말이 있다.

"군대에서 상과 벌은 겉과 속의 관계이다. 그러므로 반드시 함께 시행하여야 한다."

상과 벌이 분명하면 장수의 위엄이 바로 선다. 직책에 따라 알맞은 사람을 임명하면 병사들이 모두 진심으로 따른다. 임명된 자들이 모두 뛰어난 인재라면 적군이 몹시 두려워하게 된다.

『군참』에 이런 말이 있다.

"현명한 장수가 지휘하는 부대가 나가는 곳에는 앞을 가로막는 어떤 적도 없다."

장교들에게는 언제나 겸손하게 대해야지 교만하게 굴어서는 안 된다. 장수는 필승의 신념을 가지고 기꺼이 움직여야지 다른 사람의 말을 듣고 이것저것 걱정하는 모습을 보여서는 안 된다. 계략은 매우 깊이 생각하여 세우되 터럭만큼의 머뭇거림도 없이 과감하게 밀고 나가야 한다.

장수가 교만하면 부하가 머리 숙여 따르지 않고, 안절부절 걱정하면 병사들이 자신감을 잃고 안팎의 부대가 서로 믿지 못하게 된다. 장수가 계략을 세우는 데 있어서 머뭇거리며 실행에 옮기지 못하면 적이 떨쳐 일어나게 된다. 이와 같은 상황에서 적을 공격하면 아군은 혼란에 빠지게 될 뿐이다.

장수는 나라의 운명을 좌우하는 더없이 큰 책임을 맡은 자이다. 장수가 뛰어나서 승리할 수 있다면, 나라는 저절로 편안해진다.

軍讖曰, 良將之統軍也, 恕己而治人, 推惠施恩, 士力日新. 戰如風發, 攻如河決, 故其衆可望而不可當, 可下而不可勝. 以身先人, 故其兵爲天下雄.

軍讖曰, 軍以賞爲表, 以罰爲裏, 賞罰明則將威行. 官人得則士卒服. 所任賢則敵國畏.

軍讖曰, 賢者所適, 其前無敵. 故士可下而不可驕, 將可樂而不可憂, 謀可深而不可疑. 士驕則下不順. 將憂則內外不相信. 謀疑則敵國奮, 以此攻伐則致亂. 夫將者, 國家之命也, 將能制勝, 則國家安定.

『군참』에 이런 말이 있다.

"장수는 청렴 결백하여 욕심을 부리지 말아야 하며, 차분하여 가볍게 들썩거리지 말아야 한다. 공평하여 치우치지 말아야 하며, 가지런하여 뒤섞이지 말아야 한다. 남이나 아랫사람의 충고를 잘 받아들이고, 다툼의 진상을 잘 가려서 옳고 그름을 가릴 줄 알아야 한다. 좋은 인재를 끌어들이고 부하의 제안에 귀기울일 줄 알아야 한다. 뿐만 아니라 천하 각국의 풍속을 잘 알아야 하고, 각 나라의 산과 내를 손바닥 위에 놓고 볼 줄 알아야 하며, 갖가지 지형 지물이 험한지를 훤히 꿰뚫을 줄 알아야 한다.[24] 무엇보다 전군의 지휘권을 완전히 손에 넣고 슬기롭게 다룰 줄

---

24. 원문은 '능도산천, 능표험난'(能圖山川, 能表險難)이다. 여러 주석에 따르면 '도'는 산과 내의 모습을 지도에 그린다는 뜻이고, '표'는 지형 지물의 상태를 농담(濃淡)으로 표시한다는 뜻이다. 이러한 뜻이 발전하여 각 나라의 산천과 지형의 특징을

알아야 한다."

　그러므로 옛말에 훌륭한 장수는 '어질고 현명한 자의 지략, 성군[25]의 생각, 나무꾼 같은 민초들[26]의 건의, 조정 대신들[27]의 말을 모두 귀담아 듣고, 지나간 역사의 흥망성쇠도 자세히 살펴서 알아야 한다'고 하였다.

　장수가 뛰어난 인재를 간절히 바라기를 마치 목마른 자가 물을 찾듯이 한다면, 온갖 좋은 계책이 모여들어 실행된다. 그러나 장수가 남의 충고를 귀담아 듣지 않으면 영웅호걸들은 흩어져 떠나 버리며, 좋은 계책을 받아들이지 않으면 참모들이 등을 돌리게 된다. 일의 잘잘못을 분명하게 가리지 않으면 공로자들의 마음이 풀어져서 전혀 애쓰지 않는다.

　장수가 제멋대로 일을 처리하면 아랫사람은 잘못된 결과를 모두 윗사람에게 뒤집어씌운다. 장수가 자신의 공로만을 떠벌리면 아랫사람들은 책임지고 일을 처리하려 하지 않는다. 장수가 남의 모함을 그대로 믿으면 부하들의 마음이 떠나서 단결하지 못한다. 장수가 재물에 욕심을 부리면 부정부패를 막을 수 없다. 장수가 자기 가족이나 패거리만을 끼고 돌면 장교나 병사들이 제멋대로 방탕해진다.

환히 알고 있다는 의미가 되었다.

25. 원문은 '성명'(聖明)이다. 도덕성과 재주가 보통 사람을 뛰어넘는 사람을 가리킨다. 보통 성인과 명석한 자로 풀지만 전통적으로 이 말은 '성인과 다름없는 군주'를 가리키는 말로 성군(聖君)의 다른 말이다.

26. 원문은 '부신'(負薪)이다. '땔나무를 지다'라는 뜻으로 원래는 나무꾼을 가리키는 말이었다. 여기서는 나무꾼처럼 비천한 신분과 지위에 있는 보통 백성들을 뜻한다.

27. 원문은 '낭묘'(廊廟)이다. 궁궐의 복도와 왕족의 신주를 모신 종묘를 뜻하는 말로 나라의 중대사를 논의하던 장소를 의미한다. '조정'(朝廷)과 같은 뜻이다. 여기서는 조정의 높은 벼슬아치들을 가리키는 말로 쓰였다.

위에서 꼽은 여덟 가지 병폐 가운데 장수가 한 가지라도 저지르고 있다면 부하들이 마음으로 따르지 않게 된다. 두 가지를 저지르고 있다면 기강이 무너지게 되며,[28] 세 가지를 저지르고 있으면 싸움터에서 병사들이 도망가서 반드시 지게 된다. 네 가지를 저지르고 있다면 군대는 스스로 무너지고 장수 자신이 죽을 뿐만 아니라, 나라가 몽땅 멸망하는 재앙이 미치게 된다.

軍讖曰, 將能淸, 能靜, 能平, 能整, 能受諫, 能聽訟, 能納人, 能採言, 能知國俗, 能圖山川, 能表險難, 能制軍權. 故曰, 仁賢之智, 聖明之慮, 負薪之言, 廊廟之語, 興衰之事, 將所宜聞. 將者, 能思士如渴, 則策從焉. 夫將拒諫則英雄散, 策不從則謀士叛. 善惡同則功臣倦. 專己則下歸咎. 自伐則下少功. 信讒則衆離心. 貪財則奸不禁, 內顧則士卒淫. 將有一則衆不服. 有二則軍無式. 有三則下奔北. 有四則禍及國.

『군참』에 이런 말이 있다.

"장수의 계략은 은밀히 세워 비밀이 새나가지 않게 해야 하고, 병사들을 한 마음 한 몸처럼 단결시켜야 하며, 적을 공격할 때에는 세차고 재빠르게 해야 한다."

장수의 계략이 은밀하여 보안이 잘 유지되면 적의 첩보 활동을 막을

---

28. 원문은 '무식'(無式)이다. 법규나 규정이 없다고 직역하는데, 여기서는 군법이 없는 듯 무시하고 제멋대로라는 뜻이다.

수 있고, 병사들이 하나로 뭉쳐 있으면 전군이 한 마음으로 단결하여 큰 힘을 발휘할 수 있으며, 공격이 세차고 재빠르면 적이 미처 대비할 틈을 주지 않아 쉽게 처부술 수 있다. 이 세 가지 조건을 고루 갖춘 군대는 어떠한 전략 전술을 세우더라도 성공할 수 있다.[29]

그러나 장수의 계략이 보안을 지키지 못하여 적에게 새나간다면, 작전의 주도권을 빼앗겨 아군의 위세가 떨어진다. 적의 접자가 침투하여 내부 사정을 엿보고 공작을 하면 군대가 무너지는 재앙을 막을 수 없다. 부당한 재물이 군대 안으로 들어온다면 부정한 무리들이 많이 모여든다. 이 세 가지 결함을 지닌 군대는 반드시 패배한다.

장수의 생각이 깊지 않으면 꾀 있는 참모들이 떠나가 버린다. 장수가 나약하여 용맹하지 않으면 장교와 병사들이 공포감에 빠지게 된다. 장수가 찬찬하지 못하여 경거망동하면 군대의 움직임이 신중하지 못해진다. 장수가 무고한 사람에게 화풀이[30]를 하면 모든 병사들이 두려움에 떨며 발을 동동 구르게 된다.

『군참』에 이런 말이 있다.

"치밀한 계획과 거침없는 용기는 장수에게 매우 중요한 것이다. 신중한 행동과 옳지 못한 것에 대한 분노는 장수가 전쟁에서 실행하는 것이다."

이 네 가지는 장수가 언제나 명심하고 경계하여야 할 사항이다.

---

29. 원문은 '불탈'(不奪)이다. '빼앗지 못한다' 또는 '깨지 못한다'는 뜻에서 성공한다는 뜻으로 풀 수 있다.

30. 원문은 '천노'(遷怒)이다. 자신의 분노를 무고한 다른 사람에게 돌려서 화풀이를 한다는 뜻이다.

軍讖曰, 將謀欲密, 士衆欲一, 攻敵欲疾. 將謀密, 則姦心閉. 士
衆一, 則軍心結. 攻敵疾, 則備不及設. 軍有此三者, 則計不奪將謀
泄, 則軍無勢. 外窺內, 則禍不制. 財入營, 則衆奸會. 將有此三者,
軍必敗. 將無慮, 則謀士去. 將無勇, 則士卒恐. 將妄動, 則軍不重,
將遷怒, 則一軍懼.

軍讖曰, 慮也勇也, 將之所重. 動也怒也, 將之所用. 此四者, 將
之明誡也.

『군참』에 이런 말이 있다.

"군대에 재물이 마르면 뛰어난 인재가 모여들지 않고, 상을 내리지
않으면 병사들이 용감하게 적진에 뛰어들지 않는다."

또 『군참』에 이런 말이 있다.

"향기로운 낚시 밥[31] 밑에는 반드시 미끼를 노리다 걸려든 큰 물고기
가 달려 있고, 두터운 상을 내리는 군대에는 반드시 상을 받으려 용감하
게 싸우는 장사들이 있게 마련이다."

특별한 예우로 인재를 맞이하면 훌륭한 인물을 얻게 되고, 두터운 상
으로 공로에 보답하면 용감한 병사들이 목숨을 걸고 싸우게 된다. 특별
한 예우로 불러모으고 두터운 상을 보여 주면, 이러한 예우와 포상을 추
구하는 인재들이 모두 찾아온다.

그러나 특별히 예우하여 인물을 맞아들인 뒤에 후회한다면 뛰어난 인

---

31. 원문은 '향이'(香餌)이다. 향기로운 미끼 또는 맛있는 미끼라는 뜻이다.

재가 오래 머물지 않고, 두터운 상을 내린 뒤에 또 후회한다면 용감한 병사들이 다시는 목숨을 걸고 싸우려 들지 않게 된다. 특별한 예우와 두터운 상을 거르지 말고 꾸준히 시행해야만 병사들이 자기 몸을 돌보지 않고 앞다투어 나서게 된다.

『군참』에 이런 말이 있다.

"군대를 일으키려는 나라는 반드시 먼지 백성에게 두터운 은혜를 베푸는 데에 힘써야 한다. 적국을 공격하여 점령하려는 나라는 반드시 먼저 백성부터 돌보며 민심을 얻어야 한다."

적은 수의 병력으로 많은 수의 적을 이길 수 있는 방법은 병사들에게 두터운 은혜를 베푸는 길뿐이다. 약한 군사력으로 강한 적을 이길 수 있는 방법은 백성의 마음을 얻는 길뿐이다. 그러므로 타고난 장수는 병사를 자기 몸처럼 아끼며 돌본다. 그래서 전군이 한 마음으로 똘똘 뭉쳐서 장수 한 사람이 자유자재로 움직일 수 있게 된다면, 싸울 때마다 모두 이길 수 있다.

軍讖曰, 軍無財, 士不來. 軍無賞, 士不往. 軍讖曰, 善餌之下, 必有死魚. 重賞之下, 必有勇夫. 故禮者士之所歸, 賞者士之所死, 招其所歸, 示其所死, 則新求者至. 故禮而後悔者, 士不止, 賞而後悔者, 士不使. 禮賞不倦, 則士爭死.

軍讖曰, 興師之國, 務先隆恩. 攻取之國, 務先養民. 以寡勝衆者, 恩也. 以弱勝强者, 民也. 故良將之養士, 不易於身, 故能使三軍如一心, 則其勝可全.

『군참』에 이런 말이 있다.

"용병의 핵심은 반드시 먼저 적군의 정세를 잘 살피는 데에 있다. 적의 창고를 관찰하여 식량과 사료의 양을 헤아리고, 전투력이 강한지 약한지 재보며,[32] 기상과 지리를 자세히 헤아려 보고, 적군의 태세에 빈틈이나 약점이 없는지 엿보아야 한다."

그러므로 적국에 전쟁이나 충돌이 일어나지도 않았는데도 식량을 수송하는 모습이 보인다면 적국의 창고가 텅 비어 있는 증거이다. 백성들에게 창백하고 굶주린 낯빛[33]을 보인다면 이는 적국의 식량 사정이 바닥이라는 증거이다. 천 리 먼 곳에서 식량을 수송해 간다면 병사들은 굶주림에 시달리게 마련이며, 산에 가서 땔나무를 하고 풀을 베어[34] 모은 뒤에 취사를 한다면 병사들은 오래도록 배부르지 못한다.[35]

1,000리의 먼 곳으로 식량을 수송해 간다면 나라 안에는 1년치 식량이 없어지며, 2,000리의 먼 곳으로 식량을 수송해 간다면 2년치 식량이 없어지며, 3,000리의 먼 곳으로 식량을 수송해 간다면 3년치 식량이 없어지니, 이것을 두고 나라 안이 텅 비었다고 말한다.[36]

---

32. 원문은 '복'(卜)이다. 원래는 점치거나 길흉을 알아낸다는 뜻이지만 여기서는 가늠해보거나 재본다는 뜻으로 쓰였다.

33. 원문은 '채색'(菜色)이다. 푸성귀처럼 창백한 얼굴빛으로 굶주림으로 핼쑥해진 낯빛을 표현한 말이다.

34. 원문은 '초소'(樵蘇)이다. 땔나무를 모으고 풀을 벤다는 뜻이다. 적지에 들어와서 전투 중인 병사들이 취사 재료를 보급해야 한다면 전투력에 지장이 많다는 뜻이다.

35. 원문은 '숙포'(宿飽)이다. 다음 날 아침까지 배가 부르다는 해석도 있는데 여기서는 오래도록 배부름이 유지된다는 뜻으로 풀었다.

36. 식량의 보급과 수송이 전쟁 비용과 백성들의 생활에 얼마나 큰 영향을 미치는지에

나라 안이 텅 비면 백성들은 가난에서 벗어나지 못하고, 백성들이 가
난에서 벗어나지 못하면 윗사람과 아랫사람이 등을 돌리고 서로 어울리
지 못한다. 이러한 때에 밖으로부터 적이 침입하고, 안에서는 백성들이
도적질에 나선다면, 나라는 반드시 무너지고 만다.

軍讖曰, 用兵之要, 必先察敵情, 視其倉庫, 度其糧食, 卜其强弱,
察其天地, 伺其空隙. 故國無軍旅之難而運糧者, 虛也. 民菜色者,
窮也. 千里饋糧, 士有飢色. 樵蘇後爨, 師不宿飽. 夫運糧千里, 無
一年之食, 二千里, 無二年之食, 三千里, 無三年之食, 是謂國虛.
國虛則民貧, 民貧則上下不親. 敵攻其外, 民盜其內, 是謂必潰.

『군참』에 이런 말이 있다.

"윗사람이 포악한 짓을 저지르면, 아래의 벼슬아치들도 반드시 각
박하고 잔인해진다.[37] 그리하여 백성들에게 부역을 거듭 매기고 세금
을 무겁게 부과하며 형벌을 끊임없이 집행한다. 이렇게 되면 백성들이

대해서는 고대의 여러 병서에서 자주 경고하고 있다. '무경칠서'(武經七書)의 첫
손에 꼽히는 『손자』의 「작전」에 보면 "지혜로운 장수는 적지에서 식량을 빼앗아 보
급하려고 노력한다. 적지에서 조달한 10섬의 식량은 본국에서 생산하여 천 리 밖
면 거리를 수송해 온 200섬의 곡식과 맞먹는다"〔智將務食於敵. 食敵一鍾, 當吾二
斗鍾〕고 하면서 본국에서 가져오는 보급품이나 식량보다는 전쟁터에서 빼앗은 노
획물의 가치를 높게 평가하고 있다. 「용간」에서도 천리 길에 보급로를 유지하고 식
량을 조달하려면 본국의 재정과 식량 사정에 얼마나 치명적인 영향을 주는지 경고
하고 있다. 『삼략』에서도 이와 같은 정신을 그대로 이어받고 있다.

37. 원문은 '급각'(急刻)이다. 매우 각박하고 잔인해진다는 뜻이다.

봉기를 일으켜 윗사람을 해치게 된다.[38] 이를 두고 '망하는 나라'라고
한다."

『군참』에 이런 말이 있다.

"속으로는 탐욕스러우면서도 겉으로는 애써 청렴결백한 척하고, 거
짓으로 남을 속여 명예를 얻으며, 나라에서 실시하는 상이나 은전을 빌
어 개인적으로 은혜를 베풀며 생색을 내고, 윗사람이나 아랫사람을 모
두 헷갈리게 만들어 속이고, 정직한 척 자신을 꾸미고 올바른 듯한 낯빛
을 지으며 높은 벼슬자리를 빼앗는다. 이를 두고 '나라를 훔치는 싹'이
라고 부른다."

『군참』에 이런 말이 있다.

"벼슬아치들이 패거리를 지어 저마다 자기가 친한 사람만을 등용하
며, 간사하고 부정한 자들만 불러모으면서 어질고 뛰어난 사람은 억누
르고 내친다. 그리고 공정함은 등지고 사리사욕만을 앞세우며, 같은 동
아리끼리도 서로 헐뜯고 모함한다. 이를 두고 '나라를 어지럽히는 원천'
이라고 부른다."

『군참』에 이런 말이 있다.

"군주의 종친이나 외척들이 강한 세력을 믿고 간사한 무리들을 모

---

38. 원문은 '잔적'(殘賊)이다. 이 용어는 『맹자』(孟子) 「양혜왕하」(梁惠王下)에 나온
다. "인덕을 해치는 것을 해친다고 말하고, 정의를 해치는 것을 잔학하다고 말한
다."(賊仁者謂之賊, 賊義者謂之殘.) 맹자 시대를 전후해서 '잔적'이라는 용어는 주
로 농민 봉기를 가리키는 말이었다. 유학자인 맹자나 통치자들의 눈에는 이들이
'불인불의'(不仁不義)한 반역자들이겠지만, 여기서는 이렇게 농민 봉기가 일어날
정도의 상황이라면 더 볼게 없는 나라라는 점을 강조하고 있다.

아서 직위가 없는데도 제멋대로 높은 권력을 행사하여 그 등등한 기세에 떨지 않는 백성들이 없다. 친척들이나 패거리끼리 칡덩굴처럼 얽히고 설키며[39] 사사로운 은혜와 인덕을 베풀며 세력을 넓히고 자리에 있는 사람들의 권력을 빼앗고 백성들을 업신여기고 괴롭힌다. 그 원망과 불평의 소리[40]가 온 나라에 가득한데도 조정의 신하들이 누구나 사실을 가리고 말하지 않는다. 이를 두고 '나라를 어지럽히는 뿌리'라고 부른다."

軍讖曰, 上行虐, 則下急刻. 賦重斂數, 刑罰無極, 民相殘賊, 是謂亡國.

軍讖曰, 內貪外廉, 詐譽取名, 竊公爲恩, 令上下昏, 飾躬正顔, 以獲高官, 是謂盜端.

軍讖曰, 羣吏朋黨, 各進所親. 招擧姦枉, 抑挫仁賢, 背公立私, 同位相訕, 是謂亂源.

軍讖曰, 强宗聚姦, 無位而尊, 威無不震, 葛藟相連, 種德立恩, 奪在位權, 侵侮下民, 國內誼譁, 臣蔽不言, 是謂亂根.

『군참』에 이런 말이 있다.

---

39. 원문은 '갈류'(葛藟)이다. 칡과 덩굴을 뜻하는데 두 가지 모두 얽히는 덩굴나무[蔓木] 종류이다. 패거리나 핏줄로 얽히면서 세력을 넓혀 가는 모습을 비꼬는 표현이다.

40. 원문은 '훤화'(誼譁)이다. 판본에 따라서는 '화훤'(譁誼)으로 되어 있기도 한데, 뜻은 같다. 원래는 떠들썩하고 시끄럽다는 뜻인데, 여기서는 백성의 원한에 사무친 소리가 들끓는다는 뜻으로 쓰였다.

"대대로 비행을 저지르고 천자[41]의 권위를 침해하고 빼앗으며, 벼슬에 나가고 들어가는 데에도 자기 편한 대로 처리하였고, 사리사욕을 채우기 위하여 공문서를 위조하고 법조문을 멋대로 해석하여 나라의 군주까지 위태로운 지경에 빠뜨린다. 이를 두고 '나라의 간신'이라고 부른다."

『군참』에 이런 말이 있다.

"벼슬아치는 많고 백성의 수는 적어 벼슬아치들끼리 위아래의 신분이 뚜렷이 밝혀지지 않고 높고 낮은 위계 질서가 지켜지지 않으며, 오로지 힘센 자가 약한 자를 마구 깔보는데도, 아무도 이런 상황을 막을 수 없어서 그 화가 윗사람에게까지 미치면, 나라는 반드시 재앙을 입게 된다."

『군참』에 이런 말이 있다.

"착한 사람을 칭찬하면서도 제대로 뽑아서 쓰지 못하고, 악한 사람을 미워하면서도 제대로 물리치지 못한다. 현명한 자가 쓰이지 못하고 묻히고, 어리석은 자가 높은 자리에 오르면, 나라는 반드시 해를 입게 된다."

『군참』에 이런 말이 있다.

"뿌리인 군주는 허약하고, 가지나 잎에 지나지 않는 종실이나 신하가

---

41. 원문은 '현관'(縣官)이다. 두 가지 해석이 전해진다. 하나는 말 그대로 지방의 현의 현령이나 군현의 낮은 벼슬아치라는 견해이다. 다른 하나는 『사기』(史記) 「강후세가」(絳侯世家)에 나오는 "천자의 그릇을 훔쳐 팔았다"[盜賣縣官器]는 구절에 대한 『사기색은』(史記索隱)의 해석인 "현관은 천자를 뜻한다"[縣官, 謂天子也]에 근거한 견해이다. 옮긴이는 뒤의 의견을 따라서 세습하는 권력층이 천자의 권력마저 도용하여 횡포를 부리는 상황으로 보았다.

강성하여, 그들의 패거리[42]가 세력을 독차지하고서, 비천한 주제에 존귀한 군주를 업신여기며, 날이 갈수록 그 정도가 더 심해지는데도 군주가 차마 이들을 제거하지 못한다면, 나라는 결국 패망한다."

軍讖曰, 世世作姦, 侵盜縣官, 進退求便, 委曲弄文, 以危其君, 是謂國姦.

軍讖曰, 吏多民寡, 尊卑相若, 强弱相虜, 莫適禁禦, 延及君子, 國受其害.

軍讖曰, 善善不進, 惡惡不退, 賢者隱蔽, 不肖在位, 國受其害.

軍讖曰, 枝葉强大, 比周居勢, 卑賤陵貴, 久而益大, 上不忍 廢, 國受其敗.

『군참』에 이런 말이 있다.

"아양을 떨면서 아첨하는 간신이 윗자리에 있으면 군대 안에서도 모두 이러쿵저러쿵 불평불만을 늘어놓게 된다. 그런데도 간신은 조정의 권위를 내세우며 스스로 잘난 체하여 하는 짓이 모든 사람의 비위를 거슬린다. 게다가 소신을 가지고 나가고 물러나는 것이 아니라 오로지 윗사람에게 적당한 말로 비위만 맞추고, 독단으로 일을 처리하고 자기 공로를 떠벌리기 좋아하며, 맘에 안 들면 덕 있는 군자를 헐뜯고 맘에 들면 평범한 사람도 거짓으로 칭찬한다.

---

42. 원문은 '비주'(比周)이다. 원래는 '가깝다, 두루 친하다'는 뜻인데, 여기서는 패거리나 당파를 만들어 결속한다는 뜻이다.

착한 사람이건 악한 사람이건 가리지 않고 모두 자기 마음에 맞는 사람만을 추천하며, 공무를 주춤거리며 미루고[43] 윗사람의 명령이 제대로 전달되지 못하도록 막으며, 이것저것 꾸며서 가혹한 정치를 저지르고, 예로부터 내려오는 규범과 일상의 관습을 제멋대로 바꾼다. 이러한 간신을 등용하면 나라는 반드시 재앙을 받게 된다."

『군참』에 이런 말이 있다.

"나쁜 꾀를 쓰는 간사한 인물은 서로 자기 패거리를 칭찬하여 군주의 똑똑한 지혜를 가려서 흐리게 한다. 또한 착한 사람을 깎아 내리고 악한 사람을 거짓으로 두둔하여 군주의 밝은 판단력을 가로막는다. 게다가 자기가 아끼는 패거리만을 추천하여 요직에 앉혀서 군주가 충신을 잃게 만든다."

　軍讖曰, 佞臣在上, 一軍皆訟. 引威自與, 動違於衆. 無進無退, 苟然取容, 專任自己, 擧措伐功. 誹謗盛德, 誣述庸庸. 無善無惡, 皆與己同, 稽留行事, 命令不通. 造作苛政, 變古易常. 君用佞人, 必受謁殃.

　軍讖曰, 姦雄相稱, 障蔽主明. 毀譽竝興, 壅塞主聰, 各阿所私, 令主失忠.

그러므로 군주는 한 사람의 말만을 듣지 말고 여러 사람들의 다른 의

---

43. 원문은 '계류'(稽留)이다. 원래는 오래 머무르다는 뜻인데, 여기서는 '늦추다, 미루다'라는 뜻으로 쓰였다.

견을 살필 수 있어야 재앙의 싹을 가려낼 수 있다. 후덕하고 현명한 인재를 불러모아야 간사한 인재가 내쫓겨서 꼬리를 감추게 된다. 경험이 많고 노련한 사람[44]에게 임무를 맡겨야 모든 일이 제대로 돌아가게 된다. 초야에 묻혀 은둔하는 인재[45]에게도 찾아갈 수 있어야 인재들이 재능을 기꺼이 발휘할 수 있다. 나무꾼의 의견이라도 소중히 받아들여야 뛰어난 업적을 이룰 수 있다. 백성들의 믿음을 잃지 않아야 훌륭한 제왕의 공덕을 온 세상에 가득 넘쳐 나게 할 수 있다.

　　故主察異言, 乃覩其萌. 主聘儒賢, 姦雄乃遯. 主任舊齒, 萬事乃理. 主聘巖穴, 士乃得實. 謀及負薪, 功乃可述. 不失人心, 德乃洋溢.

---

44. 원문은 '구치'(舊齒)이다. 나이가 많고 경험과 덕을 많이 쌓은 사람이다. 보통은 조정의 기둥 역할을 하는 덕 있고 나이 든 대신을 뜻한다.
45. 원문은 '암혈'(巖穴)이다. 산 속 또는 바위굴 속에 숨어사는 사람이다. 다시 말해 산야에서 은둔 생활을 하는 뜻 있는 인재를 가리킨다.

중 략 (中略)

이 편에서는 「상략」에서 말한 통치자의 덕목과 권도를 구체화하여, 역사적인 사례를 들어 차례로 논하고, 삼황오제 시대부터 제왕의 시대에 이르기까지 통치술의 변화에 따라서 민심의 방향이 어떻게 변화하였으며, 백성과 신하를 제어하는데 어떠한 정략이 유리한가 를 밝혔다.

이러한 군주의 정략에는 전군을 지휘하는 장수에게 독자적인 재량 권을 부여하는 것을 비롯하여, 병사들의 개성과 심리 파악, 은덕과 위엄 등의 통솔 요령이 포함되어 있다.

또한 적군과 전쟁을 치를 때 권모술수와 기습 전술의 중요성, 그리 고 작전이 끝난 다음 군권의 회수, 전공자의 포상 및 복리까지 열거 하고, 이러한 조치들이 모두 군주의 권위를 보장하고 신하의 세력 을 제어하는 비장의 책략이라고 하였다.

옛날 삼황 시대에는 군주가 아무 말을 하지 않아도 백성이 저절로 교화되어 온 세상에 두루 미치게 되었다. 그러므로 천하 사람들은 그렇게 잘 다스려지는 것이 누구의 공인지 알지 못하였다.

오제[1] 시대에는 하늘과 땅의 자연 법칙을 온 몸으로 본받으며, 말로 가르치고 명령으로 다스려 천하가 크게 평안하였다. 군주와 신하 사이에 서로 공로를 돌리며 온 세상에 널리 교화가 펼쳐졌다. 그런데도 백성들은 천하가 잘 다스려지는 까닭을 깨닫지 못하였다. 그러므로 당시에는 아랫사람을 부릴 때에 예우나 상을 내리지 않아도 스스로 분발하여 공을 세웠으며, 아름다운 미덕만 있었고 폐단이 생기는 일이 없었다.

夫三皇無言, 而化流四海, 故天下無所歸功.

帝者, 體天則地, 有言有令, 而天下太平, 君臣讓功, 四海化行, 百姓不知其所以然, 故使臣不待禮賞. 有功美而無害.

그 후 삼왕[2] 시대에는 사람의 도리로 백성을 다스려 마음과 의지를 복

---

1. 삼황 시대를 이어서 다스리던 고대의 군주이다. 세 가지 견해가 있다. ① 소호(少昊)·전욱(顓頊)·제곡(帝嚳, 高辛)·당요(唐堯)·우순(虞舜) ②『사기』(史記)에는 다른 군주는 똑같고 소호 대신 황제(黃帝)를 꼽고 있다. ③ 태고(太皥, 伏羲)·소호(少皥, 少昊)·유제(類帝, 神農)·황제(黃帝)·전욱(顓頊). 그들은 중국 고대의 부락이나 부락 연맹체의 추장을 가리킨다. 특히 ①번과 ②번이 가장 많이 이야기되고 있다.

2. 원문은 '왕자'(王者)이다. 하(夏)나라의 우(禹)임금, 은(殷)나라의 탕(湯)임금, 주(周)나라의 문왕(文王)과 무왕(武王)을 가리킨다. 문왕과 무왕 부자는 같은 왕조에 속하므로 하나로 친다. 모두 나라를 천자의 나라로 끌어올린 군주로 이들이 활동한 시대는 훌륭한 왕도 정치가 시행되고 천하가 안정되었다 하여 '삼대'(三代) 또

종시켰으며, 제도와 법률을 만들고 정하여 쇠퇴하고 어지러워질 것에 대비하였다. 천하의 제후들로 하여금 천자 나라에 모여[3] 충성을 다하게 하였고, 천자의 직권은 쇠퇴하지 않았다. 당시에는 비록 갑옷이나 무기 등 전쟁에 필요한 장비가 갖추어져 있었으나 전쟁을 저지르는 불상사는 일어나지 않았다. 그리고 군주와 신하 사이에 터럭만큼도 의심 없이 서로 굳게 믿었다. 그리하여 나라가 안정되고 군주가 편안하였으며 신하는 의리에 따라 은퇴하였으니, 이 때에도 모든 것이 아름다울 뿐이었고 조금도 해로운 일이 없었다.

오패[4] 시대에 인재를 통제할 때에는 권모술수를 쓰고, 인재를 묶어 둘 때에는 신의를 내세웠고, 인재를 부릴 때에 두터운 상을 내걸었다. 그러므로 신의가 지켜지지 않으면 인재들이 떠나가고, 상을 내리지 않으면 인재들이 명령을 따르지 않았다.

王者, 制人以道, 降心服志, 設矩備衰, 四海會同, 王職不廢, 雖有甲兵之備, 而無戰鬪之患, 君無疑於臣, 臣無疑於主, 國定主安,

---

는 '삼왕'(三王) 시대라고 부른다.

3. 원문은 '회동'(會同)이다. 제후들이 천자를 알현하는 모임을 뜻한다. 일설에는 '회'가 제후들의 회맹(會盟), 곧 맹약 모임을 가리키고, '동'은 제후들이 공동으로 천자를 알현하고 조회하는 일을 가리킨다. 여기서는 천하의 제후들이 다함께 모여 천자를 뵙고 충성을 바친다는 뜻으로 쓰였다.

4. 춘추시대를 전후하여 무력으로 천하를 제패한 군주들이다. 일반적으로 제환공(齋桓公)·진문공(晉文公)·송양공(宋襄公)·진목공(秦穆公)·초장왕(楚莊王)을 꼽는다. 그런데 일설에는 송양공과 진목공 대신에 오왕(嗚王) 합려(闔閭)와 월왕(越王) 구천(句踐)을 넣어서 오패(伍霸)라고도 한다.

臣以義退, 亦能美而無害

　覇者, 制士以權, 結士以信, 使士以賞, 信衰則士疏, 賞虧則士不用命.

『군세』[5]에 이런 말이 있다.

"군대가 싸움터로 출동하면, 모든 군대 안의 일은 장수의 뜻대로 판단하여 처리할 수 있도록 재량권이 주어야 한다. 만일 싸움터에 나가 있는 군대가 나가고 물러나는 것마저 조정에 앉아 있는 군주가 이러쿵저러쿵 참견한다면, 그 군대는 승리를 거두기 어렵다."

『군세』에 이런 말이 있다.

"장수는 사람을 부리면서 지혜롭건, 용맹스럽건, 탐욕스럽건, 우직하건 누구 하나 버리지 말고 저마다의 자질에 따라 쓸모 있게 써야 한다. 지혜로운 자는 자기의 꾀를 써서 공을 세우기를 좋아하고, 용맹스러운 자는 자기의 의지를 떨치며 목적을 이루기를 좋아하며, 탐욕스러운 자는 재물을 추구하고, 우직한 자는 목숨을 돌보지 않고 싸운다. 그러므로 저마다 사람의 성질과 자질에 따라서 알맞게 활용한다. 이것이 바로 군내의 비묘한 권모술수이다."

　軍勢曰, 出軍行師, 將在自專. 進退內御, 則功難成.

---

5. 앞장에서 나온 『군참』(軍讖)이나 『손자』에서 자주 언급되는 『군정』, 그리고 여기저기 조각만 전하는 『군지』(軍志) 등을 비롯하여 여기서 말한 『군세』(軍勢) 역시 고대의 병서였던 것으로 보인다. 지금은 전하지 않는다.

軍勢曰, 使智, 使勇, 使貪, 使愚. 智者樂立其功. 勇者好行其志. 貪者邀趨其利. 愚者不顧其死. 因其至情而用之, 此軍之徵權也.

『군세』에 이런 말이 있다.

"논변에 뛰어난 인재들이 적국의 장점을 칭찬하게 해서는 안 된다. 이는 여러 사람들을 헷갈리게 하여 흔들어 놓기 때문이다. 착한 사람에게 재정을 맡겨서는 안 된다. 아랫사람들에게 앞뒤 재보지 않고 퍼주어 재정이 마르게 될 뿐만 아니라 부하들이 그에게 빌붙게 되기 때문이다."

『군세』에 이런 말이 있다.

"무당이나 점쟁이[6] 따위가 군대 안에 들락거리지 못하게 하여, 장교와 병사들이 싸움에 대한 길흉이나 개인의 화복을 점치지 못하게 하여야 한다."

『군세』에 이런 말이 있다.

"정의로운 인재들을 부릴 때에는 명분과 도덕으로 설득시켜야지, 재물로 매수하려고 하지 말아야 한다. 의로운 자는 명분과 도덕을 지키지 않는 자를 위해서 목숨을 바치지 않으며, 지혜로운 자는 어리석은 군주와 장수를 위해서 꾀를 내지 않는다."

---

6. 원문은 '무축'(巫祝)이다. 고대에는 신에게 기도를 올려 소원을 비는 사람을 '무'라고 하고, 제사를 올릴 때 축도(祝禱)를 읽거나 신의 말을 전달하는 영매(靈媒)를 '축'이라고 하였다. 모두 신비한 힘에 의지하여 미신을 조장하는 사람들로 무당이나 점쟁이를 가리킨다.

軍勢曰, 無使辯士談說敵美, 爲其惑衆. 勿使仁者主財, 爲其多施
而附於下.

軍勢曰, 禁巫祝, 不得爲吏士, 卜問軍之吉凶.

軍勢曰, 使義士, 不以財. 故義者不爲不仁者死. 智者不爲闇
主謀.

군주와 장수는 덕이 없어서는 안 된다. 덕이 없으면 부하가 배반한다.
또한 위엄이 없어서는 안 된다. 위엄이 없으면 권위를 잃어 기강을 세우
지 못한다.

신하 역시 덕이 없어서는 안 된다. 덕이 없으면 군주를 제대로 섬길
수 없다. 또 위엄이 없어서도 안 된다. 위엄이 없으면 나라의 권위가 땅
에 떨어져 권력이 약해진다. 그러나 위엄이 너무 지나치면 군주가 꺼리
게 되어 자신의 목숨을 잃게 된다.

성군이 세상을 다스리는 방법은 하늘의 시운이 일어나는지 기우는지
를 잘 살피고, 사람의 일에서 얻을지 잃을지를 찬찬히 재보고 거기에 알
맞은 제도를 만드는 데에 있다. 그러므로 작은 제후 나라에는 2군의 병
력을 두고, 제후의 우두머리인 방백[7]에는 3군을 두며, 천자 나라에는 6
군[8]을 두었다.

---

7. 주나라의 제도에서 제후의 우두머리를 가리킨다. 『예기』(禮記) 「왕제」(王制)에
"천리 밖에 방백을 임명하였다"(千里之外設方伯)는 구절이 보인다.

8. 원문은 '육사'(六師)이다. 앞에서의 2군과 3군도 '이사'(二師)와 '삼사'(三師)이다.
'사'는 '군'(軍)으로도 쓰이는데 군대의 병력 수와 편제 방식을 뜻한다. 『상서』(尙
書) 「주관」(周官)에 보면 "국방을 담당한 사마가 정치를 손에 넣고 6군을 통솔하여

세상이 서로 맞서서 어지러워지면 반역자가 생겨나고, 천자의 은혜[9]
가 메마르면 제후들이 제멋대로 동맹을 맺어 끼리끼리 뭉쳐서 서로 정
벌을 일삼게 된다. 이럴 때에 덕망이나 세력이 서로 엇비슷하면 상대국
을 무릎 꿇게 할 수 없다. 그러니 영웅의 마음을 손에 넣고, 백성들과 더
불어 좋아함과 싫어함을 함께 한 다음, 교묘한 권모술수를 적절히 더하
여야 한다. 그러므로 좋은 계책이 강구되지 않으면 의심스러운 상황을
해결하지 못하며, 비정규의 속임수[10]를 쓰지 않으면 간악한 신하나 외
적의 침입을 때려잡을 수 없다. 또한 은밀한 계략을 쓰지 않으면 성공을
거두지 못한다.

　　主不可以無德, 無德則臣叛, 不可以無威, 無威則失權.

　　臣不可以無德, 無德則無以事君, 不可以無威, 無威則國弱, 威多

　　뭇 나라를 평정한다"[司馬掌邦政, 統六師, 平邦國]는 구절이 보인다. 또 『주례』(周
　　禮)「하관사마」(夏官司馬)에 보면 "군대를 편성하는데 12,500명을 1군(軍)으로 짜
　　서 천자 나라에는 6군을 두고, 큰 제후 나라에는 3군을 두며, 그 다음 나라는 2군을
　　두고, 작은 나라에는 1군을 둔다"[凡制軍, 萬有二千伍百人爲軍, 王六軍, 大國三軍,
　　次國二軍, 小國一軍]라는 구절이 보인다. 이를 미루어 계산해 보면 6군은 75,000
　　명이고, 3군은 37,500명이며, 2군은 25,000명이다. 또한 2군, 3군, 6군에서 2, 3, 6
　　은 상하(上下), 상중하(上中下), 좌우전후상하(左右前後上下)라는 부대 편제 방식
　　을 가리키기도 한다.

9.　원문은 '왕택'(王澤)이다. 왕자(王者), 곧 천자의 은택(恩澤)을 말한다. 여기서 은혜
　　란 천자가 내릴 수 있는 땅과 재물, 명예와 권력을 뜻한다.

10.　원문은 '휼기'(譎奇)이다. 원래는 속임수와 비정규 전술인데 상대가 마음을 놓게 만들
　　고 빈틈을 노려서 뒤통수를 친다는 뜻이다. 이는 병가에서 자주 쓰는 개념으로 정규
　　전술인 '정'(正)과 비정규 전술인 '기'(奇)를 견주어 이해해야 한다.

則身蹶.

故聖王御世, 觀盛衰, 度得失, 而爲之制, 故諸侯二師. 方伯三師,
天子六師. 世亂則叛逆生, 王澤竭則盟誓相誅伐.

德同勢敵, 無以相傾, 乃攬英雄之心, 與衆同好惡, 然後加之以
權變. 故非計策無以決嫌定疑. 非譎奇無以破姦息寇, 非陰謀無以
成功.

성인은 하늘의 도리를 몸으로 따르고, 현인은 땅의 법칙을 본받으며,
지자는 옛 성현들의 가르침을 스승 삼아 배웠다. 그러므로 『삼략』은 이
들이 없어서 세상이 혼란한 때를 위하여 지은 글이다.

「상략」에는 예법과 상벌에 관한 내용을 싣고, 간신과 영웅을 가려내
고, 성공과 패배의 자취를 분명히 드러내었다. 「중략」에는 삼황과 오제,
삼왕과 오패의 도덕과 행동에 어떤 차이가 있는지 구분하고, 권모술수
로 임기응변하여 난세에 대응하는 방법을 밝혔다. 「하략」에는 도덕의
실행을 말하고 나라의 평안함과 위태로움에 미치는 영향을 살펴보고,
현인을 해치는 재앙에 대하여 밝혔다.

그러므로 군주가 「상략」을 깊이 이해하면 훌륭한 인물을 등용하여 적
국을 무너뜨리고 적장을 사로잡을 수 있으며, 「중략」을 깊이 이해하면
장수를 제대로 부리고 병사와 백성을 잘 다스릴 수 있다. 그리고 「하략」
을 깊이 이해하면 나라가 흥망성쇠하는 이치와 나라를 다스리는 근본
원리를 확실하게 알게 된다. 한편 신하가 「중략」을 깊이 이해하면 공로
를 온전히 세우고 몸을 잘 지키게 된다.

聖人體天, 賢人法地, 智者師古. 是故三略爲衰世作, 上略設禮賞, 別姦雄, 著成敗. 中略差德行, 審權變. 下略陳道德, 察安危, 明賊賢之咎. 故人主深曉上略, 則能任賢擒敵. 深曉中略, 則能御將統衆. 深曉下略, 則能明盛衰之源, 審治國之紀. 人臣深曉中略, 則能全功保身.

옛말에 이런 말이 있다.

"하늘 높이 나는 새가 모두 떨어지고 나면 좋은 활은 상자 속에 깊이 간직해 두게 되고, 적국이 멸망하고 나면 좋은 계략을 세우던 모신은 쓸모가 없게 된다."

모신이 쓸모가 없다는 말은 모신을 죽여 없애는 것이 아니라 권위와 지휘권을 되돌려 받고 조정으로 불러들임을 말한다. 불러들인 모신은 제후로 봉하여 신하 가운데 최고의 지위를 누리게 하고 그의 공로를 널리 밝힌다. 또한 중원의 좋은 땅[11]을 영지로 내려 주어 그 집안이 부귀공명을 누리게 하고, 미인과 진귀한 보물을 주어 그의 마음을 기쁘게 해 주어야 한다.

많은 병사를 모아 일단 군대를 편성하고 나면 갑자기 해산시킬 수 없고, 권위와 지휘권을 한 번 주고 나면 갑자기 거두기가 쉽지 않다. 그러나 전쟁이 끝나서 군대를 해산하고 장수를 조정으로 불러들일 때가 바로 나라의 보존과 멸망이 판가름나는 가장 위험한 순간이다. 그러므로

---

11. 원문은 '중주선국'(中州善國)이다. '중주'는 고대 황하 유역의 중원(中原)을 가리킨다. '선국'은 좋은 영지라는 뜻으로 많은 생산물이 나오는 부귀한 땅이다.

장수에게 중앙의 높은 벼슬을 주되 권력은 주지 않아서 세력을 약화시키고, 영지를 봉해 주고 군대의 지휘권을 되돌려 받아야 한다. 이것이 바로 패자가 신하를 통제하는 책략이다. 그러므로 패자는 나라를 다스리면서 순수하게 도덕 명분만을 내세우지 않고 권모술수를 섞어 쓴다.

이렇게 하여 나라[12]를 보존하고, 영웅호걸들을 잘 통제하는데 이는 「중략」에서 말한 권세이다. 군주는 권세를 은밀하게 운용하지 않으면 안 된다.

夫高鳥死, 良弓藏, 敵國滅, 謀臣亡. 亡者, 非喪某身也, 謂奪其威, 廢其權也. 封之于朝, 極人臣之位, 以顯其功. 中州善國, 以富其家, 美色珍玩, 以悅其心.

夫人衆一合而不可卒離. 權威一與而不可卒移. 還師罷軍, 存亡之階. 故弱之以位, 奪之以國, 是謂霸者之略, 故霸者之作, 其論駁也. 存社稷, 羅英雄者, 中略之勢也, 故勢主秘焉.

---

12. 원문은 '사직'(社稷)이다. 고대의 천자나 제후가 제사지내던 땅의 신과 곡식의 신을 가리킨다. 나라의 바탕이며 경제력을 상징하는데 보통 왕실의 조상을 모시며 정통성을 상징하는 종묘(宗廟)와 함께 쓰인다. 나라를 구성하는 가장 핵심적인 요소이므로 '나라'를 대신하는 이름으로 많이 쓰였다.

하 략 (下略)

이 편에서는 나라의 안위를 좌우하는 최고 규범으로서 도덕 윤리를
말하였다.

통치자가 덕으로써 어질고 유능한 인재를 등용하고, 등용된 인재는
도(道)·덕(德)·인(仁)·의(義)·예(禮)의 다섯 가지 규범으로써 백성을
화목하게 하여 단결을 유지하며, 이를 몸소 실천하여 백성이 기꺼이
따르게 만들어야 한다고 하였다.

여기에 다시 정치 제도를 갖추어 시행한다면 나라의 폐단과 사악함
을 제거할 수 있다. 그리고 군주가 권력을 확실하게 손에 넣고
넓은 포용력으로 현명한 인재를 끌어 안아 만백성에게 고르게 이익
이 돌아가게 하면 정치의 혼란을 막고, 부국강병의 목표를 달성할
수 있다고 하였다.

천하의 위기를 구하여 안정시킬 수 있는 자는 천하 제일의 편안한 자리를 차지하고, 천하의 근심을 제거할 수 있는 자는 천하 제일의 즐거움을 누리고, 천하의 재난을 구제할 수 있는 자는 천하 제일의 행복을 얻게 된다.

그러므로 군주의 은혜가 만백성에게 미치면, 현인이 그를 따르게 된다. 또 은혜가 벌레에게까지 미치면, 성인이 그를 따르게 된다. 현인이 그를 따르면 나라가 부강해지고, 성인이 그를 따르면 온 세상[1]이 하나로 통일된다.

군주가 현인을 구하려면 덕을 실천해야 하고, 성인을 모시려면 도리를 지켜야 한다. 현인이 떠나가면 나라가 쇠약해지고, 성인이 떠나 버리면 나라가 쪼개지고 만다. 나라가 쇠약해지는 것은 위태로운 단계이며, 나라가 쪼개지는 것은 멸망하는 조짐이다.

夫能扶天不之危者, 則據天下之安. 能除天下之憂者, 則享天下之樂. 能救天下之禍者, 則獲天下之福. 故澤及於民, 則賢人歸之, 擇及昆蟲, 則聖人歸之. 賢人所歸, 則其國强. 聖人所歸, 則六合同. 求賢以德, 致聖以道. 賢去則國微. 聖去則國乖. 微者危之階, 乖者亡之徵.

현인의 다스림은 자신이 몸으로 솔선수범을 보여서 백성을 복종시키

---

1. 하늘과 땅에다 동서남북〔天地東西南北〕의 모든 곳을 가리킨다. 천하(天下) 보다 넓은 개념이다.

는 것이다. 그리고 성인의 정치는 마음으로 기쁘게 하여 백성을 복종시킨다. 몸으로 솔선수범을 보여 복종시킬 수 있으면 일을 탄탄하게 계획할 수 있고, 마음으로 기쁘게 하여 복종시킬 수 있으며 일을 잘 마무리지을 수 있다.

몸으로 솔선수범을 보이는 것은 예의를 가지고 하고, 마음으로 기쁘게 하는 것은 음악을 가지고 한다. 여기서 음악이란 쇠로 만든 종이나 돌로 만든 석경, 비단실로 만든 현악기나 대나무로 만든 관악기 따위만을 말하는 게 아니다. 음악이란 본래 백성들이 저마다 즐거운 가정 생활을 누리고, 친족들끼리 모여 즐겁게 지내며, 저마다의 직업에 만족하며 즐겁게 지내고, 자신의 향토에 즐거이 안주하여 다른 곳으로 옮기지 않으며, 나라의 정사와 장수의 명령에 기꺼이 따르고, 윤리 도덕을 즐겁게 실천하는 것을 일컫는 말이다.

백성들이 이처럼 즐거워한다면 군주는 음악을 만들어 백성의 감정을 적절히 조절해서, 본래의 조화를 잃지 않게 해야 한다. 그러므로 덕이 있는 군주는 천하의 백성들과 음악을 함께 즐기고, 덕이 없는 군주는 자기 한 몸만 즐긴다. 백성을 즐겁게 하는 군주는 오래도록 행복을 누리고, 자기의 한 몸만을 즐겁게 하는 군주는 빨리 멸망한다.

賢人之政, 降人以體, 聖人之政, 降人以心. 體降可以圖始, 心降可以保終. 降體以禮, 降心以樂. 所謂樂者, 非金石絲竹也, 調人樂其家, 謂人樂其族, 謂人樂其業, 謂人樂其都邑, 謂人樂其政令, 謂人樂其道德, 如此君人者, 乃作樂以節之, 使不失其和. 故有德之君, 以樂樂人, 無德之君, 以樂樂身. 樂人者久而長, 樂身者不久而亡.

가까운 일을 버리고 머나먼 일을 꾀하는 자는 수고롭기만 할 뿐 성과가 없다. 머나먼 일을 버리고 가까운 일을 꾀하는 사람은 편안한 가운데 손쉽게 마무리를 거둘 수 있다. 손쉬운 정치를 하는 나라는 충신이 많아지고, 수고로운 정치를 하는 나라에는 원망하는 백성만이 많아진다.

그러므로 땅을 탐내며 영토 확장에만 혈안이 되어있는 군주의 나라는 황폐해지고, 덕을 널리 베풀려고 힘쓰는 군주의 나라는 부강해진다. 또한 자기 것만을 간직하며 분수를 지킬 줄 아는 군주의 나라는 편안해지고, 욕심을 부리며 남의 것까지 빼앗으려는 군주의 나라는 멸망하게 된다. 나라를 망치는 잔혹한 정치를 저지르는 나라에는 여러 세대에 걸쳐 폐단이 이어지며, 제도를 넘어서는 일을 하면 비록 일시적으로 성공하더라도 언젠가 반드시 패망하고 만다.

자기 자신을 내버려두고 백성만을 교화시키려 하는 자는 사리를 거스르게 되어 모든 일이 제대로 이루어지지 못한다. 그런데 자기 자신을 바르게 가다듬고 백성을 교화시키려 하는 자는 사리를 따르게 되어 모든 일이 잘 이루어진다. 사리를 거스르는 일은 나라를 혼란에 빠뜨리는 요인이며, 사리를 따르는 일은 나라를 잘 다스리는 핵심이다.

釋近謀遠者, 勞而無功. 釋遠謀近者, 佚而有終. 佚政多忠臣, 勞政多怨民. 故曰, 務廣地者荒, 務廣德者强, 能有其有者安, 貪人之有者殘. 殘滅之政, 累泄受患. 造作過制, 雖成必敗. 舍己而敎人者逆, 正己而化人者順. 逆者亂之招, 順者治之要.

도·덕·인·의·예, 이 다섯 가지는 본래 한 몸이다.

도란 사람이 실행해야 하는 천지 자연의 이치이며, 덕은 사람이 도를 따라 했을 때 얻어지는 덕목이며, 인은 사람의 마음에 언제나 간직하여야 할 사랑이며, 의는 사람이 마땅히 지켜야 할 의리이며, 예는 사람이 몸소 실천해야 할 규범이다. 이 다섯 가지 가운데 하나라도 없어서는 안 된다.

아침 일찍 일어나고 밤늦게 자면서[2] 맡은 바 임무에 충실하고, 일상 생활에 규율이 있는 행동은 예법의 절제이다. 역적을 토벌하고 나라와 백성의 원수를 갚는 행동은 의리의 결단이다. 딱한 사람을 가엽게 여기는 마음은 인자함의 발현이다. 내 마음을 미루어 남의 마음을 헤아리며 믿음을 얻는 것이 인덕의 길이다. 그리고 사람들을 모두 공평하게 대우하여 저마다의 자리에서 행복을 누리며 잘 살게 하는 것은 도리의 교화이다.

道德仁義禮伍者, 一體也. 道者人之所蹈, 德者人之所得, 仁者人之所親, 義者人之所宜, 禮者人之所體, 不可無一焉. 故夙興夜寐, 禮之制也. 討賊報讎, 義之決也, 惻隱之心, 仁之發也. 得己得人, 德之路也. 使人均平, 不失其所, 道之化也.

군주의 입에서 나와 신하에게 내리는 것을 어명이라 하고, 군주의 말을 대나무나 비단[3]에 써서 발표하는 것을 포고령이라 하며, 군주의 명령

을 신하들이 받들어 시행하는 것을 정치라고 한다. 군주의 어명이 잘못되면 포고령이 제대로 시행되지 못하고, 포고령이 제대로 시행되지 못하면 정치가 바로 이루어지지 못한다. 또한 정치가 바로 이루어지지 못하면 도리가 백성들에게 두루 미치지 못하고, 도리가 두루 미치지 못하면 간신이 극성을 부리고, 간신이 극성을 부리면 군주의 권위를 해치게 된다.

현명한 신하를 맞이하는 일은 천리 밖의 먼 곳까지도 서슴없이 찾아가야 하는 어려운 일이지만, 어리석은 신하는 어디에나 있어서 달려들기 쉬운 법이다. 그러므로 똑똑한 군주는 곁에 가까이 있는 어리석은 신하들을 버려 두고, 천 리 먼 곳에 있는 현명한 신하를 맞이해 온다. 그렇게 해야 나라의 사업을 오래도록 온전히 지키고, 현인을 옳게 받들어야 아랫사람들이 힘을 다해 충성을 바친다.

군주가 한 명의 착한 사람을 물리치면 뭇 착한 사람들이 모두 물러가 버리고, 한 명의 악한 자에게 상을 내리면 많은 악한 자들이 몰려들게 마련이다. 착한 사람이 선행에 알맞은 보답을 받고 악한 자가 죄에 걸맞은 처벌을 받는다면, 나라가 편안해지고 수많은 착한 사람들이 모여들게 된다.

그런데 많은 사람들이 의심을 품게 되면 나라가 안정되지 못하고, 옳고 그름이 헷갈려서 갈팡질팡하면 백성을 평안하게 다스리지 못한다. 모든 의심이 제대로 판가름나고 옳고 그름이 제자리를 찾아야만 비로소

쓰였다. 여기서는 대나무를 좁고 평평하게 깎아 만든 죽간(竹簡, 簡牘)과 흰 비단인 백서(帛書)를 말하였다. 말을 글로 적어 간직한다는 말이다.

나라가 편안해질 수 있다.

　　出君下臣, 名曰命. 施於竹帛, 名曰令. 奉而行之, 名曰政. 夫命
失則令不行, 令不行則政不立. 政不立則道不通. 道不通則邪臣勝,
邪臣勝則主威傷.
　　千里迎賢其路遠, 致不肖其路近. 是以明君舍近而取遠, 故能全
功尙人, 而下盡力. 廢一善則衆善衰, 賞一惡則衆惡歸. 善者得其
祐, 惡者受其誅, 則國安而衆善至. 衆疑無定國, 衆惑無治民, 疑定
惑還, 國乃可安.

　　군주의 명령이 한 번 어긋나면 모든 명령이 잘못되게 마련이고, 한 가
지 악행이 저질러지면 온갖 악행이 꼬여들게 마련이다. 그러므로 착하
고 좋은 백성에게 혜택이 미치고, 흉악한 백성에게 형벌이 내려지면, 군
주의 명령이 잘 시행되고 조정을 원망하는 일도 없게 된다.
　　비리를 저질러 백성으로부터 원망을 받고 있는 자에게 백성을 다스리
게 하면, 이를 '하늘을 거스른다'고 말한다. 악행을 저질러 백성에게서
원수 취급을 받고 있는 자에게 백성을 처벌하게 한다면 그 재앙은 구제
할 수 없을 정도로 심각하게 된다. 고르고 올바른 사람에게 백성을 다스
리게 하여 청렴결백하고 공평한 정치가 시행되면 백성들은 저마다 자기
가 살 곳을 얻게 되어 천하가 평화로워진다.
　　윗사람을 범한 자가 높은 자리에 있고 탐욕스럽고 비루한 자가 부유
함을 누린다면, 비록 성군이 있다 하더라도 그 나라는 훌륭한 정치를 이
룩할 수 없다. 그러나 이와 반대로 윗사람을 범한 자가 처단되고 탐욕스

러운 자가 잡혀 들어간다면, 나라의 교화가 잘 시행되고 모든 악행이 사라진다.

一令逆則百令失, 一惡施則百惡結. 故善施於順民, 惡加於凶民, 則令行而無怨.

使怨治怨, 是謂逆天. 使讎治讎, 其禍不救. 治民使平, 致平以淸. 則民得其所, 而天下寧. 犯上者尊, 貪鄙者富, 雖有聖王, 不能致其治. 犯上者誅, 貪鄙者拘, 則化行而衆惡消.

청렴결백한 인재는 벼슬자리나 봉급으로는 얻을 수 없으며, 절개와 의리를 지키는 인재는 위력이나 형벌로 윽박질러서 불러모을 수 없다. 그러므로 현명한 군주가 훌륭한 인재를 구하려면, 반드시 그를 불러올 수 있는 방법을 잘 살펴서 모셔야 한다. 청렴결백한 인재를 불러오려면 반드시 예의를 다하여야 하고, 절개와 의리를 지키는 인재를 불러오려면 반드시 도의를 닦아야 한다. 군주가 이처럼 한 뒤에야 훌륭한 인재를 불러와서 선정을 베풀고, 명군의 이름을 끝까지 지킬 수 있게 된다.

淸白之士, 不可以爵祿得. 節義之士, 不可以刑威脅. 故明君求賢, 必觀其所以而致焉. 致淸白之士, 修其禮, 致節義之士, 修其道. 然後士可致, 而名可保.

성인과 군자는 나라가 흥성하고 쇠망하는 원인을 밝게 알고, 성공과 패배의 단서를 꿰뚫어 알고, 통치와 혼란의 조짐을 훤히 알며, 나갈 때와 물러날 때의 절도를 잘 안다. 그리므로 비록 어렵더라도 멸망하는 나라의 벼슬자리에 오르지 않고, 가난하더라도 어지러운 나라의 봉급은 받아먹지 않는다.

세상이 어지러워지면 이름을 숨기고 도리를 지키며 조용히 지내다가 때를 만나서 세상에 나와서 신하 가운데 최고의 자리에 오른다. 그리하여 군주의 인덕이 자기와 맞으면 비할 데 없이 커다란 공적을 세운다. 그러므로 그의 도덕은 천하에 드높아지고, 이름은 후세에까지 드날리게 된다.

夫聖人君子, 明盛衰之源, 通成敗之端, 審治亂之機, 知去就之節 雖窮不處亡國之位, 雖貧不食亂邦之粟. 潛名抱道者, 時至而動, 則 極人臣之位. 德合於己, 則建殊絶之功. 故其道高而名揚於後世.

성군이 군대를 움직여 적을 공격하는 것은 전쟁을 즐기기 때문이 아니다. 포악한 자를 베어 버리고, 어지럽히는 자를 쳐죽이기 위해서이다. 정의로운 군대로 불의한 나라를 공격하는 것은 마치 엄청난 강줄기를 터서 조그마한 횃불을 끄는 것과 같고, 바닥을 알 길 없는 깊은 골짜기로 떨어지려는 자를 뒤에서 떠미는 것과 같아서 틀림없이 승리한다. 그런데도 때로는 담담하고 느긋하게 움직이며[4] 서둘러 진격하지 않는 것

---

4. 원문은 '염담우유'(恬淡優游)이다. '염담'은 편안하고 고요한 상태나 담담하고 초연한 모습을 가리킨다. 『노자』(老子) 31장에 "담담하고 초연한 것이 가장 좋다"(恬淡爲上)도 같은 용례이다. '우유'는 매우 느긋한 모양, 초조해지지 않는 모습을 가리킨다.

은 사람이나 물자가 다칠까봐 염려했기 때문이다.

전쟁이란 불길한 흉기이다.[5] 자연의 도리는 살려 주기를 좋아하고 다치게 하는 것을 싫어한다. 그러므로 성인은 어쩔 수 없는 경우에만 마지못해 전쟁을 일으킨다. 이는 자연의 도리를 따른 것이다. 사람은 언제나 자연의 도리에서 벗어나지 말아야 한다. 이는 마치 물고기가 물 속에 있는 것과 같다. 물고기는 물 속에 있으면 살고, 물 속에서 벗이니면 죽고만다. 그러므로 성인과 군자는 언제나 조심하고 두려워하여 자연의 도리를 벗어나지 않는다.

聖人之用兵, 非樂之也, 將以誅暴討亂也. 夫以義誅不義, 若決江河而漑爝火, 臨不測而擠欲墜, 其克必矣. 所以優游恬淡而不進者, 重傷人物也. 夫兵者, 不祥之器, 天道惡之. 不得已而用之, 是天道也. 夫人之在道, 若魚之在水, 得水而生, 失水而死, 故君子常懼而不敢失道.

야심만만한 호걸[6]이 조정의 벼슬자리를 독차지하고 있으면, 나라의

---

5. 원문은 '병자불상지기'(兵者不祥之器)이다. 손자를 비롯해서 대부분의 병가에서는 널리 경고한 '신중한 전쟁'[愼戰]에 대한 입장을 보여주는 구절이다. 또한 똑같은 구절이 『노자』(老子) 제31장에 "전쟁이란 불길한 흉기이다. 그러니 군자가 다룰 도구가 아니다. 어쩔 수 없을 경우에만 한다"[兵者不祥之器, 非君子之器, 不得已而用之]라는 말에서도 보인다.

6. 원문은 '호걸'(豪傑)이다. 본래 의미는 뛰어난 재능과 거침없는 담력을 가진 영웅을 뜻한다. 그러나 여기서는 당시의 권력을 독차지한 채 정치를 제멋대로 움직이는 실권자를 가리킨다.

권위가 약해진다. 또한 호걸이 죽이고 살리는 모든 대권을 쥐고 있으면 군주의 권세가 말라버린다. 호걸이 고개를 숙이고 군주의 명령에 복종하여야 나라가 오래도록 이어질 수 있고, 죽이고 살리는 대권이 군주에게 있어야 나라가 편안해지고 질서가 지켜진다.

벼슬아치·농사꾼·기술자·장사치와 같은 백성[7]이 가난에 허덕이면 나라의 재정도 바닥이 드러나고, 백성이 넉넉하면 나라가 편안해지고 즐거움을 누리게 된다.

충신이 조정 안으로 등용되면 간신은 밖으로 내쫓기고, 간신이 안으로 등용되면 충신은 밖으로 쫓겨나 죽임을 당하고 만다. 조정 안팎에서 인재의 등용이 마땅함을 잃게 되어 간신이 안에 있고 충신이 밖으로 쫓겨나면, 재앙과 혼란이 대대로 이어져 내려온다.

권력을 손에 쥔 대신이 군주의 마음을 의심하면 뭇 간신들이 이틈을 타고 모여든다. 그리하여 신하가 군주의 대권을 휘어잡고 군주보다 높은 자리를 차지하면, 위아래의 구별이 없어진다. 또한 군주가 신하보다 낮은 자리로 떨어지면 위아래의 순서가 뒤엉켜 버린다.

豪傑秉職, 國威乃弱, 殺生在豪傑, 國勢乃竭. 豪傑低首, 國乃可久, 殺生在君, 國乃可安. 四民用虛, 國乃無儲. 四民用足, 國乃安樂. 賢臣內, 則邪臣外. 邪臣內, 則賢臣斃. 內外失宜, 禍亂傳世.

大臣疑主, 衆姦集緊. 臣當君尊, 上下乃昏. 君當臣處, 上下失序.

---

7. 원문은 '사민'(四民)이다. 전통적인 사(士)·농(農)·공(工)·상(商)의 계급 제도를 뜻한다.

현명한 인재를 해치는 자는 재앙이 3대 뒤의 자손에게까지 미치고, 현명한 인재를 가려서 앞길을 막는 자는 재앙이 자신에게 미치며, 현명한 인재를 힐뜯은 자는 명예를 끝까지 지키지 못한다. 그러나 현명한 인재를 추천하여 앞길을 열어준 자는 하늘의 복을 받아 혜택이 자손에게까지 미치게 된다. 그러므로 군자는 현명한 인재를 추천하는 데에 힘써서, 아름다운 이름을 세상에 떨친다.

다만 한 사람에게 이익을 주려고 백 사람에게 해를 끼치면, 백성들은 고을[8]을 지키지 않고 떠나버린다. 또한 한 사람에게 이익을 주려고 만 사람에게 해를 끼치면, 온 백성이 모두 나라를 버리고 흩어질 생각만 품게 된다.

한 사람을 제거하여 백 사람을 이롭게 하면, 백성들이 그 은혜를 가슴에 고이 간직한다. 한 사람을 제거하여 만 사람을 이롭게 하면, 정치가 어지러운 지경에 빠지지 않고 잘 다스려지게 된다.

傷賢者, 殃及三世. 蔽賢者, 身受其害. 嫉賢者, 其名不全. 進賢者, 福流子孫. 故君子急於進賢, 而美名彰焉. 利一害百, 民去城郭. 利一害萬, 國乃思散. 去一利百, 人乃慕澤. 去一利萬, 政乃不亂.

---

8. 원문은 '성곽'(城郭)이다. 고대에는 성을 안팎에 내성(內城)과 외성(外城)으로 겹쳐 쌓았다. 그리고 내성을 '성'이라 부르고 외성을 '곽'이라고 불렀다. 춘추전국시대에 정치와 경제의 중심이었다. 여기서는 나라보다 작은 삶의 단위를 나타내기 때문에 고을이라고 풀었다.

슬기바다 10

육도·삼략(六韜·三略)

초판 제1쇄 발행일	1999년 08월 25일
개정판 제1쇄 발행일	2005년 04월 11일
신개정판 제1쇄 발행일	2022년 09월 30일

지은이	태공망(太公望)·황석공(黃石公)
옮긴이	유동환

발행인	이지연
발행처	도서출판 홍익
출판등록번호	제 2020-000321 호
출판등록	2020년 08월 24일
주소	서울시 마포구 독막로18길 12, 2층(상수동)
대표전화	02-323-0421
팩스	02-337-0569

ISBN	979-11-91805-10-9 (04140)
	979-11-91805-07-9 (세트)